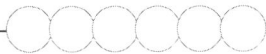

警官高等职业教育"十三五"规划教材

经济法教程

JING JI FA JIAO CHENG

主　编◎李淑慧

撰稿人◎（以撰写内容先后为序）

李淑慧　王贵荣　王　萌

沈　璐

中国政法大学出版社

2023·北京

图书在版编目（CIP）数据

经济法教程 / 李淑慧主编. —北京：中国政法大学出版社，2023.9
ISBN 978-7-5764-0995-6

Ⅰ.①经…　Ⅱ.①李…　Ⅲ.①经济法－中国－教材　Ⅳ.①D922.29

中国版本图书馆CIP数据核字(2023)第130374号

出　版　者	中国政法大学出版社
地　　　址	北京市海淀区西土城路 25 号
邮　　　箱	fadapress@163.com
网　　　址	http://www.cuplpress.com (网络实名：中国政法大学出版社)
电　　　话	010-58908435(第一编辑部) 58908334(邮购部)
承　　　印	保定市中画美凯印刷有限公司
开　　　本	720mm×960mm　1/16
印　　　张	15
字　　　数	286 千字
版　　　次	2023 年 9 月第 1 版
印　　　次	2023 年 9 月第 1 次印刷
印　　　数	1~5000 册
定　　　价	49.00 元

◆ 主编简介

李淑慧 女，1984年6月生，安徽警官职业学院副教授，省级"教坛新秀"，兼职律师，"双师"型专职教师，武汉大学访问学者，现为安徽警官职业学院法律一系知识产权管理教研室副主任。2013年9月入校以来，扎根教学一线，拥有丰富的教学经验。

从2013到至今，主持并参与省级教科研项目十余项，并在《河南教育学院学报》《贵州警察学院学报》《安徽职业技术学院学报》《安徽警官职业学院学报》等期刊杂志上发表多篇论文，参编《法律文书写作》教材一书。

❖ 编写说明

作为高等职业教育的重要组成部分，警官高等职业教育正随着经济社会的快速发展和一线政法工作对专门人才的迫切需求而与时俱进。近年来，全国司法类高职院校都积极探索高职教育教学规律、完善专业人才培养模式，以适应经济社会发展对司法类专门人才的客观需求，创新内容涉及各个方面，包括专业建设、课程建设、师资队伍建设等，当然也少不了至关重要的教材建设。编写一套以促进就业为导向、以能力培养为核心、以服务学生职业生涯发展为目标、突出当前警官高等职业教育教学特点的系列规划教材就显得尤为重要。

为适应司法类专业人才培养的需要，安徽警官职业学院决定遴选理论功底扎实、教学能力突出、实践经验丰富的优秀教师组成编写组，对警官高等职业教育原有的系列教材进行重新编写。本次编写按照"就业导向、能力本位、任务驱动"等职业教育新理念的要求，紧紧围绕培养高素质技术技能型人才开展工作。基础课程教材体现以应用为目的，以必需、够用为度，以讲清概念、强化应用为教学重点；专业课程教材加强针对性和实用性。同时，遵循高职学生自身的认知规律，紧密联系司法工作实务、相关专业人才培养模式以及课程教学模式改革实践，对教材结构和内容进行了革故鼎新的整合，力求符合教育部提出的"注重基础、突出适用"的要求，在强调基本知识和专业技能的同时，强化社会能力（含职业道德）和应用能力的培养，把基础知识、基本技能和职业素养三者有机融合起来。

本系列教材的主要特点是：

1. 创新编写思路，培养职业能力。"以促进就业为导向，注重培养学生的职业能力"是高等职业教育课程改革的方向，也是职业教育的本质要求。

本系列教材针对司法类高职院校学生的特点，在教材编写过程中突出实用性和职业性，以我国现行的法律、法规和司法解释为依据，使学生既掌握法学原理，又明晓现行法律制度，提高学生运用法律知识解决实际问题的能力。同时，在教材内容编排上，本系列教材遵循由浅入深和工作过程系统化的编写思路，为学生搭建合理的知识结构，以充分体现高职的办学要求。

2. 体例设计新颖，表现形式丰富。为了突出实践技能培养，践行以能力为本位的职业教育理念，本系列教材改变以往教材以理论讲述为主的教学模式，采用新颖的编写体例。除基本理论外，本系列教材在体例上设置了学习目标、工作任务、导入案例、案例评析、实务训练、延伸阅读等相关教学项目，并在每章结束时通过思考题的形式，启发学生巩固本章教学内容。该编写体例为学生课后复习和检验学习效果提供便利，对提高学生的学习兴趣、促进学以致用、丰富教学形式、拓宽学生视野、提升职业素养具有积极的推动作用。

3. 课程针对性强，职业特色明显。高等职业教育教材突出相关职业或岗位群所需实务能力的教育和培养，并针对专业职业能力构成来组织教材内容。法律实务类专业在社会活动中具有与各方面接触频繁、涉及面广的特点，要求学生具有较高的综合素质和良好的应变能力。因此，本系列教材采用案例教学法，通过案例导入，并辅以简洁的案例分析，提供规范的实务操作范例，使学生能够更为直观地体会法律的适用，体验工作的情境和流程，增强学生的综合能力。

4. 文字表述简洁，方便学生使用。本系列教材在概念等内容编写中，尽量采用简洁明了的语言表述，使学生明确概念的要点即可，从而避免教材"一个概念多个观点""理论争论较多"的现象。

本系列教材共 16 本，在其编写过程中借鉴吸收了相关教材、论著的成果和资料；中国政法大学出版社也给予作者们大力支持和指导，责任编辑在审读校阅过程中更是付出了辛勤的劳动，在此我们深表谢忱。同时，由于时间紧、任务重，教材中难免出现不足和疏漏，恳请广大师生和读者给予批评指教，以便我们再版时进一步改进和提高教材质量，更好地服务于警官高等职业教育事业的发展。

警官高等职业教育"十三五"规划教材编审委员会
2019 年 3 月

✦ 再版前言

　　本书自 2014 年 7 月出版以来，承蒙各位亲爱读者厚爱。考虑到我国已经进入全面深化改革时期，涉及的经济法律法规也在频频修改和完善之中，如证券法、税法、土地法等变化太大，此书内容停留在旧法规定中，已然不能满足教学工具书的要求。随着党的二十大召开，着眼于全面建设社会主义现代化国家的历史任务，构建高水平社会主义市场经济体制的战略部署深入人心。我们要不断深入学习贯彻习近平总书记的经济思想，完整、准确、全面贯彻新发展理念，坚定不移深化改革、扩大开放，构建更加系统完备、更加成熟定型的高水平社会主义市场经济体制，为加快构建新发展格局、着力推动高质量发展提供强有力的制度保障。为此，编者围绕二十大中始终坚持社会主义市场经济改革方向的精神，以转变经济发展方式、优化经济结构、转换经济增长动力为基础，以完善产权制度和优化各类要素市场化配置为重点，以最新的经济法律法规文本为依据，力求使本书做到科学性、系统性和实践性的有机统一，使本书的论述更贴近经济法的本源精神。

　　本书由李淑慧老师任主编，王贵荣、王萌、沈璐三位老师参与教材的编写工作。具体编写分工如下（以撰写内容先后为序）：

　　李淑慧：第一、七单元；

　　王贵荣：第二、四单元；

　　王萌：第三、六单元；

　　沈璐：第五、八单元；

全书最后由主编修改定稿。由于水平有限，本书在内容及文字表述上，缺点和错误在所难免，敬请读者批评指正。

编　者
2023 年 7 月

❖ 前 言

　　经济法是社会发展到一定阶段的产物，是社会化导致现代国家对经济生活广泛而深入地介入的结果。当今，随着我国市场经济的飞速发展，经济法律已经成为重要的法律规范。《经济法原理与实务》课程是法律和经济类专业的核心课程，同时也属于高职高专法律类专业的主干课程之一。

　　本教材在"工学结合，项目导向"教育模式下，结合经济法课程的教学内容与特点，设置项目体系，以学习任务为前引，以案件为载体，设置知识点，依据社会主义市场经济发展的基本脉络，通过学习经济法律知识内容，系统介绍经济法的基本理论和基础知识，实现传统课程体系与学习过程系统的有机结合，切实满足高职高专法律专业教学改革和建设的需要。

　　本教材融入了最新的经济法律规范，逻辑严谨、深入浅出；通过图表、举例、程序流程等方式突出教材的直观性和实用性。

　　本教材分为八大模块，即经济法概述、反不正当竞争法律制度、反垄断法律制度、产品质量法律制度、消费者权益保护法律制度、证券法律制度、土地管理法律制度和城市房地产管理法律制度、税收法律制度。本书可作为高职高专学校法律事务、会计等经济类专业的基础教材，也可作为高等院校法律专业师生、律师及其他从事法律服务工作的社会相关人员的学习和参考用书。

　　本书由陆薇老师任主编，蔡飏老师任副主编，王贵荣、齐四明、桂文丹三位老师参与教材的编写工作。具体编写分工如下（以撰写章节先后为序）：

　　陆薇：第一、七单元；

王贵荣：第二、四单元；

齐四明：第三单元；

蔡飏：第五、八单元；

桂文丹：第六单元。

全书最后由主编修改定稿。由于水平有限，本书在内容及文字表述上，缺点和错误在所难免，敬请读者批评指正。

编　者

2014 年 4 月

规范性法律文件名称缩略语表

本书使用法律文件名称	法律文件名称全名
《宪法》	《中华人民共和国宪法》
《民法典》	《中华人民共和国民法典》
《刑法》	《中华人民共和国刑法》
《反不正当竞争法》	《中华人民共和国反不正当竞争法》
《反垄断法》	《中华人民共和国反垄断法》
《产品质量法》	《中华人民共和国产品质量法》
《消费者权益保护法》	《中华人民共和国消费者权益保护法》
《食品安全法》	《中华人民共和国食品安全法》
《工业产品生产许可证管理条例》	《中华人民共和国工业产品生产许可证管理条例》
《农产品质量安全法》	《中华人民共和国农产品质量安全法》
《证券法》	《中华人民共和国证券法》
《城市房地产管理法》	《中华人民共和国城市房地产管理法》
《土地管理法》	《中华人民共和国土地管理法》
《个人所得税法》	《中华人民共和国个人所得税法》
《企业所得税法》	《中华人民共和国企业所得税法》
《商标法》	《中华人民共和国商标法》
《广告法》	《中华人民共和国广告法》

本书使用法律文件名称	法律文件名称全名
《行政强制法》	《中华人民共和国行政强制法》
《价格法》	《中华人民共和国价格法》
《行政许可法》	《中华人民共和国行政许可法》
《税收征管法》	《中华人民共和国税收征收管理法》
《税收征管法细则》	《中华人民共和国税收征收管理法实施细则》
《消费税暂行条例》	《中华人民共和国消费税暂行条例》
《海关进出口税则》	《中华人民共和国海关进出口税则》
《进出口关税条例》	《中华人民共和国进出口关税条例》
《海关法》	《中华人民共和国海关法》
《印花税法》	《中华人民共和国印花税法》
《车船税法》	《中华人民共和国车船税法》
《民事诉讼法》	《中华人民共和国民事诉讼法》
《药品管理法》	《中华人民共和国药品管理法》
《计量法》	《中华人民共和国计量法》
《标准化法》	《中华人民共和国标准化法》
《治安管理处罚法》	《中华人民共和国治安管理处罚法》
《公司法》	《中华人民共和国公司法》
《商业银行法》	《中华人民共和国商业银行法》
《增值税暂行条例》	《中华人民共和国增值税暂行条例》
《公益事业捐赠法》	《中华人民共和国公益事业捐赠法》
《资源税法》	《中华人民共和国资源税法》

❖❖ 目　录

第一单元

经济法概述

项目一　经济法的产生和发展

基本理论

　　经济法的概念是把握经济法理论的首要问题。科学地界定经济法的概念，直接决定着经济法能否作为独立的法律部门存在。若这一问题不能得到圆满解决，无论经济法是如何的繁荣，在实践中是多么的重要，其结果都只能是无源之水，无本之木，成为没有根基的空中楼阁。而要准确把握经济法的概念，则应从了解经济法的产生和发展入手。

一、经济法的产生

（一）经济法产生的历史根源

　　经济法是社会发展到一定阶段的产物，市场经济发展到社会化大生产阶段，国家自觉或不自觉地承担起对经济加以协调的职能，这也是经济法产生的经济根源，当这些基础和条件形成时，经济法就应运而生。与此同时，学者对社会经济和国家对经济的调整建立在法治的基础之上的现象进行了深入研究并予以传播，逐步形成了经济法学说。

（二）经济法产生的政治根源

　　一般认为，经济法产生的政治根源是社会化导致现代国家对经济生活广泛而深化地介入，使得垄断资产阶级与国家政权合而为一。国家担负起调节社会经济的职能，是国家职能的重大转变，也是国家性质的一种进化，其实质是国家职能的逐渐社会公共职能化。故国家干预经济的政策措施的实施，国家在整个社会经济生活中的地位与作用的增强，是现代经济法产生的政治根源。

（三）经济法产生的理论根源

　　法律作为一个社会制度的上层建筑，有其相应的经济制度为基础。经济法产生的理论根据是凯恩斯主义的经济理论和政策。

早期的资本主义是一种完全竞争的社会，社会的每个主体在经济生活中都是完全自由的，这种社会模式的形成与建立受到政治经济学代表人物亚当·斯密基于资产阶级的人性论和自由主义提出的观点的影响。亚当·斯密认为，在市场经济条件下，市场应该由"看不见的手"调节。[1] 在亚当·斯密看来，政府无须适应和插手社会经济生产，"任它去做，任它去走"。因此，他主张政府在市场经济中应是"无为"的，崇尚经济自由主义，反对政府干预。他甚至说，最好的政府就是最廉价、最无为而治的政府。但在 1929 年 - 1933 年世界性的经济危机后，自由放任和私法自治的市场理论受到严重挑战。凯恩斯行动主义逐渐兴起。凯恩斯认为，亚当·斯密的理论是建立在完全市场机制的前提下的，但并非所有的经济当事人都有对称的市场信息和完全的理性，且生产社会化和垄断的出现会使价值规律和市场调节机制失灵，即"市场失灵"。[2]

凯恩斯主义认为应该放弃自由放任原则，实行国家对经济生活的干预和调节的政策，运用财政政策和货币政策刺激消费，增加投资，以保证社会有足够的有效需求，实现充分就业。凯恩斯主义强调的是将政府对市场的干预作为市场机制的必要补充，而不是经济发展的唯一动力。于是在此理论影响下的市场管理法律制度的建设，一方面是在传统的民法中渗透公法因素，强调权利不得滥用，确保追求私利的民事行为不违背社会公共利益；另一方面寻求新的立法措施，制定专门以维护竞争和必要的行业管理、以维护社会公正为己任的经济法律，这方面的典型，主要表现在反垄断法和反不正当竞争法以及有关行业管制的市场规制法被制定出台。

（四）经济法产生的经济根源

法是社会关系的反映，社会关系特别是以生产关系为核心的各种物质利益关系，即经济关系是法的本源。经济法是直接同经济关系相关的，经济法产生的最根本最直接的原因是社会经济原因。人类社会形态经历了从自然经济到商品经济的发展阶段，随着商品经济的发展，市场成为经济发展的枢纽。具体而言，在自由放任经济条件下，经济活动由"看不见的手"来调节，产生自发性经济关系。

---

〔1〕 亚当·斯密认为，在市场经济条件下，每个人追求的仅仅是个人的利益，但"在这样做时，一只看不见的手引导他去促进一个目标，而这个目标绝不是他所追求的东西，由于追逐他自己的利益，他经常促进了社会的利益，其效果要比他真正想促进社会利益时所得的效果大"。这就是著名的"看不见的手"原理。

〔2〕 所谓市场失灵，按照西方经济学家的观点，是指由于许多因素使市场在资源配置方面呈现出低效率运行的一种非理想状态，用博弈论的观点解释市场失灵的原因就是"个人理性与团体理性"的冲突。而凡是市场可能失灵的地方，都是政府监管干预的地方，都可以揽入经济法管辖的范围内。

作为"看不见的手"的经济规律盲目作用的结果，自发性经济关系失去了自律性。尤其是随着生产社会化的不断推进产生了垄断企业，市场调节的缺陷充分暴露出来：自由竞争遇到阻碍，价值规律被扭曲；市场的唯利性对社会经济的可持续发展的制约日益显著；生产规模的扩大使得市场调节被动和滞后，对社会经济生活的影响也日益严重，突出表现在周期性经济危机一次又一次的爆发上。

在市场调节失灵并引发了社会和经济生活严重后果的情况下，为了适应国家对经济的统治，为了使市场经济免于崩溃，为了维护资本主义的自由竞争秩序，资本主义国家对于失去了自动调节作用的自发性经济制度做出了改变，从对经济活动的自由放任并依靠"看不见的手"来调整经济关系，转而靠"国家之手"来维持垄断主义市场经济的经济关系。原来那种以绝对的财产自由、完全的契约自由、经营自由为原则，以平等等价为调整方式的传统的民商法就不能完全适应垄断资本的需要了，而需要以权力为象征的经济法。随之经济法在各国迅速发展，不仅仅立法数量众多，内容也更加广泛，体系逐渐完备。经济法正是在这个背景下产生的，并逐步形成了符合市场经济发展要求的经济法体系。

时至今日，由于科学技术的突飞猛进，社会生产日益趋向高度专业化协作，经济集中和经济民主的对立统一，要求市场"无形之手"和国家"有形之手"的协同并用。因为社会经济的发展使法和法学的发展进入了在专业高度分化基础上的高度整合阶段，法调整经济的深度和广度为历史上任何时代所不可比拟，实践呼唤着经济法和经济法学的进一步专业化、系统化。同时，由于现代科学技术的迅猛发展和经济全球化的深入，各国和地区的经济朝着市场化、现代化和民主化、法治化的方向发展，从而为经济法的发展和繁荣培育了良好的土壤。

二、经济法的发展

（一）西方国家经济法的发展

在西方国家，经济法产生于19世纪下半叶自由竞争的资本主义向垄断资本主义过渡的阶段。这一阶段，出于克服市场自身调控的不足，实现国家公共管理职能和经济职能的需要，经济法得以产生。

在自由竞争时期，受亚当·斯密提出的"自由放任主义"经济学观点的影响，资产阶级国家反对国际对经济生活的干预，政府对社会经济运行采取完全放任自由的政策，与之相适应，在这一时期，提倡平等、自由、自治的民法获得了极大发展，"私有财产神圣不可侵犯""契约自由""权利平等"原则成为当时资本主义国家最重要的三大法律原则，社会经济的运行完全任由市场这只"看不见的手"进行调节，[1] 政治国家与市民社会有着严格界限。

---

〔1〕 徐杰主编：《经济法概论》，首都经济贸易大学出版社2000年版，第1页。

当自由资本主义发展到末期，自由竞争引起的生产集中必然导致垄断，迅速扩大的垄断势力凭借其自身的资源优势操纵或者独占市场，市场经济所固有的竞争机制和市场调节机制失去了应有的效应，自由竞争的环境被破坏殆尽，经济危机频繁爆发，社会矛盾日益激化，这些都严重地威胁着资本主义的经济和政治制度。资产阶级国家逐渐意识到，仅凭市场这只"看不见的手"已经不能解决市场中存在的问题，必须把国家干预和市场调节结合起来，实行政府对经济的全面干预，加强国家组织管理经济的职能。由于政府介入了经济生活，打破了传统的市民生活和政治生活的划分界限，在经济生活中出现了单纯的公法和私法手段都不能解决的经济关系。这种经济关系需要一个新的法律部门来调整，这就是经济法。

从19世纪末到20世纪初，西方国家开始对经济进行干预，至20世纪30年代的资本主义世界大危机，以美国为代表的资本主义国家转为全面、自觉干预社会经济，再到20世纪60年代以后西方国家面对全面干预已阻碍经济发展的事实转而寻求有限、适当干预经济，在这期间西方国家完成了由自由发展、零散干预经济到自觉、全面干预经济，再到适度干预经济的转变，现代经济法在此过程中日趋成熟。

鉴于经济法在振兴和扶持企业稳定发展、反对垄断、保护竞争、提高生产力等方面具有重要作用，现代西方国家都较为重视经济法制建设。

（二）中国经济法的发展

中国经济法，在20世纪70年代末80年代初伴随着社会主义市场经济的确立和发展而产生和发展，并与经济法学相伴而生。我们知道，在我国实行社会主义市场经济是解放和发展生产力的一场深刻改革，为了将中国经济体制改革深入下去，也是为了提高我国资源配置效益，进一步解放和发展生产力，使得中国经济立法紧紧围绕着经济体制改革进行。

从党的十一届三中全会到党的十四大期间，我国经济法制建设进入恢复和大发展的重要时期，也是经济法进入创建和发展的时期。在此期间，我国社会主义民主和法制取得了很大成就，国家运用法律手段管理经济，保护改革开放成果，使愈来愈多的经济关系和经济活动准则以法律手段固定下来，逐步使各项经济活动都有法可依。为了适应改革开放的需要，我国制定了大批的经济法律、法规，经济法制建设取得了极大的成就，我国经济法也得到了较大的发展，其主要表现为：规范了市场主体；健全了市场管理；加强了宏观调控；完善了社会保障。但是，经济立法尚不平衡，有的方面无法可依；不少法律、法规没有得到切实的贯彻执行，有法不依、执法不严、违法不究的现象还相当严重；经济法有待于进一步的发展和完善。

十五大确立了"依法治国"的方略，我国经济法得到了迅速的发展。2001年第九届全国人大第四次会议上提出，将中国特色社会主义法律体系划分为七个法律部门，即宪法及宪法相关法、民商法、行政法、经济法、社会法、刑法、诉讼与非诉讼程序法。2002年11月，党的十六大报告提出："本世纪头20年经济建设和改革的主要任务是，完善社会主义市场经济体制"。2003年10月，党的十六届三中全会通过了《中共中央关于完善社会主义市场经济体制若干问题的决定》（以下简称《决定》）。《决定》认为，虽然"社会主义市场经济体制初步建立"，但真正意义上的"市场经济"还远未形成。如何"更大程度地发挥市场在资源配置中的基础性作用"，如何"建设统一开放竞争有序的现代市场体系"等，还是"完善社会主义市场经济体制的目标和任务"。2007年10月，党的十七大报告指出："要完善社会主义市场经济体制，推进各方面体制改革创新"。2011年第十一届全国人大第四次会议宣布，中国特色社会主义法律体系已经形成，这是我国社会主义民主法治建设史上的重要里程碑。国家各项事业发展进入法制化轨道。经济法作为中国特色社会主义法律部门的地位得到充分确立，社会主义市场经济体制不断完善，这是经济法制建设的重大成就。这一时期是经济法发展相对成熟稳定时期。

2012年党的十八大把全面依法治国摆在党和国家工作中的突出位置，明确提出要全面推进依法治国，加快建设社会主义法治国家，到2020年实现依法治国基本方略全面落实、法治政府基本建成、司法公信力不断提高、人权得到切实尊重和保障、国家各项工作实现法治化的宏伟目标。2013年党的十八届三中全会把全面深化改革与法治建设紧密结合起来，开创性地提出推进法治中国建设，推进国家治理体系和治理能力现代化。

2014年党的十八届四中全会是专门研究法治建设的中央全会。全会做出《中共中央关于全面推进依法治国若干重大问题的决定》，围绕中国特色社会主义总体布局，提出了全面推进依法治国的指导思想、基本原则、总目标、总抓手和基本任务。党的十八届五中全会明确提出"创新、协调、绿色、开放、共享"的新发展理念，提出法治是发展的可靠保障，必须把经济社会发展纳入法治轨道，加快建设法治经济和法治社会。

2017年党的十九大报告以新时代、新思想、新矛盾、新目标、新征程等重大政治判断为主线，深刻阐述了推进全面依法治国的一系列新思想、新理念、新任务，对建设法治中国做出整体设计和战略规划。

2020年10月中国共产党第十九届五中全会审议通过《中共中央关于制定国民经济和社会发展第十四个五年规划和二〇三五年远景目标的建议》（以下简称

《建议》),〔1〕 十九届五中全会公报和《建议》明确提出了"十四五"期间经济社会发展目标，描绘了到 2035 年基本实现社会主义现代化的远景目标，为今后一个时期中国经济社会发展指明了方向，有利于顺利推进社会主义现代化建设。

2022 年党的二十大报告中指出，"建设现代化产业体系。坚持把发展经济的着力点放在实体经济上，推进新型工业化，加快建设制造强国、质量强国、航天强国、交通强国、网络强国、数字中国"。二十大报告中强调，坚持把发展经济的着力点放在实体经济上，这对引导广大民营企业保持定力，坚守实体经济，将产生积极的推动作用。

从以上分析不难看出，中国经济法的生成路径，相异于西方国家，中国经济法并非脱胎于自由竞争的经济环境，并非是经济发展到一定阶段"水到渠成"的产物，中国经济法的产生与我国改革开放、经济体制改革相适应，是我国政府将其作为推进法制建设的一部分予以推动而形成、确立的。

综上所述，从西方国家到我国的经济法产生的理论与实践可见，各国的经济法制度都有别于传统法律制度。无论是中国还是西方国家，经济法的产生都源于各国对经济的调控、组织和管理等的需要，都是随国家对经济进行干预的实践而产生并出现的。

项目二　经济法的概念和调整对象

基本理论

一、经济法概念

(一) 经济法概念的起源

经济法的概念，是法国空想共产主义者摩莱里在 1755 年出版的《自然法典》一书中率先提出的。但摩莱里所指的经济法调整范围，仅仅只限于分配领域。因为在摩莱里看来，社会产品分配上的弊端，是私有制度产生的直接原因。所以，他力图从分配角度确定社会经济生活的主要原则。后来，法国空想共产主义者德萨米在 1842 年出版的《公有法典》一书中也使用了"经济法"这一概念，并且发展了这一概念。德萨米很大程度上继承了摩莱里的经济法思想，同时他还提出了很多自己的见解。但是，此时的"经济法"并非现代意义上的经济法，仅仅是从分配意义上设想国家对产品分配的干预。

---

〔1〕 "深刻把握党的十九届五中全会的时代特点与重要意义"，载 https：//www.gmw.cn/xueshu/2020-12/21/content_34481981.htm。

作为部门法的经济法正式产生于第一次世界大战前后。那时，资本主义自由竞争走向垄断，其基本矛盾更加尖锐，经济危机猛烈冲击着资本主义制度。在垄断资本主义时期，为了克服经济上高度垄断和市场机制失灵带来的各种问题，资本主义国家调整了经济政策，国家干预得到了很大发展，以弥补自由放任主义经济政策的不足。在这样的背景下，经济立法得到了较大发展。德国最早产生了资产阶级经济法。德国学者莱特（Ritter）在 1906 年创刊的《世界经济年鉴》中首先使用了"经济法"这一概念，用来说明与世界经济有关的各种法规，虽然接近现代意义上经济法的含义，但并不具有严格的学术意义。当时，为应对第一次世界大战后国内经济危机、负担巨额战争赔款和摆脱经济上的困境，解决垄断经济组织操纵市场所带来的经济社会问题，德国进一步加大对经济的干预，颁布了《煤炭经济法》《钾素经济法》《防止滥用经济力法令》等法律法令。之后，德国出版了很多以"经济法"为题的学术著作和教科书，这时经济法概念才有了较为完整的含义。此后，在许多国家的法学著作和有些国家的法律文件中均使用"经济法"这一概念，经济法学逐渐发展成为一门独立的法律科学。

（二）我国对经济法概念的界定

经济法自产生以来，对经济法的概念的界定就不统一，到目前为止，国内外的学术界和司法界对于经济法概念仍各抒己见，对经济法概念的研讨始终是我国经济法学界乃至整个法学界所高度关注的热点问题之一。

我国较早使用"经济法"一词是在 1979 年的《中华人民共和国第五届全国人民代表大会第二次会议文件》中，与此同时，在我国的法学教材和学术专著、论文、工具书、资料中，广泛地使用了"经济法"概念。

今天"经济法"的概念被愈来愈多的学者和国家所承认和使用，许多学者对经济法的概念进行了界定，但是，人们仁者见仁，智者见智，对经济法的概念作出了种种不同的界定，并由此形成了不同的经济法学说（对经济法概念的不同认识，形成了种种不同的经济法学说）。其中主要学术观点如下：

1. 认为经济法是协调本国经济运行过程中发生的经济关系的法律规范的总称，简称为"协调说"。[1]

2. 认为经济法是国家为了克服市场调节的盲目性和局限性而制定的调整需要由国家干预的具有全局性和社会公共性的经济关系的法律规范的总称，简称为"干预说"。[2]

3. 认为经济法是国家为了保证社会主义市场经济的协调发展而制定的，有

〔1〕 杨紫烜主编：《经济法》，北京大学出版社 2010 年版，第 35 页。
〔2〕 李昌麒：《经济法——国家干预经济的基本法律形式》，四川人民出版社 1995 年版。

关调整经济管理关系和市场运行关系的法律规范的统一体系，简称为"经济管理与市场运行说"。[1]

4. 认为经济法是调整国家在调节社会经济运行过程中发生的各种社会关系，规范和保障国家调节，促进社会经济协调、稳定发展的法律规范的总称，简称为"经济调节关系说"。[2]

5. 认为经济法是调整发生在政府、政府管理机关和经济组织、公民个人之间的以社会公共性为根本特征的经济管理关系的法律规范的总称，简称为"社会公共性说"。[3]

综上所述，可以看到上述观点尽管在表述方式上存在一定差异，但是都有一个共同的特点，即都强调经济法是为了克服市场失灵和维护社会公共利益的需要而存在的。在我国对经济法概念的认识不仅受制于经济体制，而且还受制于法制的发展水平。随着我国社会主义市场经济体制的确立以及法制建设的发展与法律体系的完善，我国的经济法理论研究亦日趋深化，尽管在具体的认识和表述上仍有差异，但在原则问题上可以说已经形成了最基本的共识。经济法是国家公权力对社会经济生活的适度干预。

本书采用第一种观点，将经济法的概念定义为：经济法是调整在国家协调本国经济运行过程中发生的经济关系的法律规范的总称。在这个定义中，指出了经济法是具有特定调整对象的法律规范的总称，表明经济法属于法的范畴，经济法与其他法的部门存在普遍联系；指出了经济法的特定调整对象是在国家协调经济运行过程中发生的经济关系，表明经济法与其他法的部门是有根本性的区别的；指出了经济法协调的是本国经济运行过程中发生的经济关系，表明了经济法属于国内法体系。

二、经济法的调整对象

（一）经济法调整对象的基本出发点

自从法学界提出"经济法"这一命题后，论证与质疑就一直伴随着经济法的发展历程。这些论证最为根本的分歧集中在经济法的调整对象上，即经济法是否具备独立的调整对象，经济法有哪些具体的调整对象。目前，经济法学界一致认为应以实践的需要来确定经济法的调整对象，"根据改革开放的需要，根据社会主义现代化建设的需要，根据发展生产力的需要，来确定经济法的调整对

---

〔1〕 刘隆亨：《经济法概论》，北京大学出版社 2002 年版，第 28 页。
〔2〕 漆多俊主编：《经济法学》，武汉大学出版社 1998 年版，第 14~17 页。
〔3〕 项宏峰："国家干预与中国经济法"，载《经济与法》1998 年第 10 期。

象"。[1] 究其原因，无外如下：其一，从法理上看，法的部门是实质意义上的，即它是由特定的法律规范组成的，而不是指某一个规范性法律文件；其二，从法的发展历史来看，西方的法的体系是历史地形成的，对于我们而言，有必要进行扬弃，而在扬弃中，其基本依据必然是从实践的需要出发。

（二）经济法调整对象的范围标准

根据我国经济法产生和发展的情况，以及我国经济立法情况来看，我国经济法具有特定的调整对象。因为经济法的调整对象有一定的范围，它的调整对象同其部门法的调整对象是有区别的。

经济法调整对象的范围的特定性，是由经济法调整的特定的经济关系的性质所决定的。目前，国内经济法学界虽然对经济法所调整的经济关系的性质有不同的表述，但均认为经济法不调整非经济关系，也不调整所有的经济关系，只调整国家对经济生活发生作用而产生的经济关系，即体现国家意志的经济关系。

（三）经济法调整对象的界定

我们知道在市场经济条件下，市场对资源配置虽然起着决定性作用，但市场不是万能的，在经济运行中存在着"市场失效"或"市场失灵"，市场调节具有自发性、滞后性和一定的盲目性，这就决定了国家协调经济运行的必要性。国家对经济运行的协调，体现了国家管理经济的职能，体现了国家对经济活动的干预，体现了"国家之手"在经济运行中的作用。实践证明，只有既强化市场机制的作用，又进行必要的国家协调，才能保证国民经济高效、正常运行。但应注意，国家协调也是随着经济的发展而发展变化的。

任何法都是以一定的社会关系作为调整对象的。经济法作为我国法律体系中一个独立的法律部门，以特定的经济关系作为调整对象。经济法的调整对象是国家在经济管理和协调发展经济活动过程中所产生的经济关系。

1. 市场主体组织关系。国家为了协调经济的运行，对于各种市场经济主体的设立、变更、终止及其内部各部门之间的关系，也应当通过法律的手段进行规范，这是我国经济体制改革的重要层面。通过市场主体组织管理关系的规制，解决市场主体的责任不清，效率低下等一系列问题，使市场主体做到自主经营、自负盈亏；做到产权清晰、权责明确，最终提高经济效益。

经济法所规范的市场主体是由其参加的经济关系的性质决定的。只要参加了经济法调整的经济关系，即体现国家意志协调的经济关系，该市场主体，不论是商品的生产者、经营者和消费者，还是国家、政府、企业、个人等，均成为经济

〔1〕 杨紫烜："论中国的经济法理论"，载《北京大学学报（哲学社会科学版）》1991年第3期。

法规范的对象。

在市场主体中，企业是市场最具活性、最具拓展力量的经济实体。它既是生产者，又是初次分配承受者，还是交换主体，以及同时面对生产、生活的消费主体，它是市场上最经常、最大量的需求者和供应者，它体现了所有市场经济关系，决定市场的发展和功能。企业经济关系可分为企业外部经济关系和企业内部经济关系。只有体现国家意志的，受国家干预的企业内部经济管理关系才是经济法调整的范围，这一范围在不同国家或在同一国家的不同时期是不同的。经济法所规范的市场主体的范围是由市场主体参加的经济关系的性质决定的。对于企业这一最重要的主体，只有企业外部经济管理关系和有国家协调因素的企业内部经济管理关系由经济法调整。

2. 市场规制关系。市场机制对市场交易的调节并非是万能的，一方面它取决于市场的状况，即是否存在一个较为完善的市场体系；另一方面，市场调节又具有自发性、盲目性和滞后性。市场经济的统一性、竞争性、法治性的特征，决定了社会主义市场经济的建立和健全，有赖于统一的、开放的、竞争的、法治化的市场经济体系的建立健全。统一的市场要求打破行政垄断、地方封锁、条块分割；开放的市场要求生产要素的流动；竞争的市场要求禁止封锁和垄断；法治化的市场要求有法可依、有法必依、执法必严、违法必究。而市场本身是不能达到这一目标的，必须依赖国家的干预，加强市场管理。而弥补市场机制的缺陷，消除垄断和不正当竞争，保护消费者权益，也需要国家干预。通过对市场的管理，可以有效地反对垄断，制止不正当竞争。由经济法调整市场管理关系，有助于完善市场规则、维护市场秩序、实现市场的功能和保护消费者权益。

3. 宏观调控关系。所谓宏观调控关系是指国家在组织、领导社会经济生活中，为了国家的整体利益，在进行统筹规划、组织协调、提供服务和监督检查等活动中与各种经济组织之间发生的经济关系。它涉及现实社会中的国民经济整体利益、社会公共利益和国家根本和长远利益。主要包括产业调节、计划、财政、金融、投资、国有资产管理、能源、自然资源、环境保护等方面的关系。通过宏观调控，弥补市场调节的不足和缺陷，预防和消除经济运行中的总量失衡和结构失衡，促进经济结构的优化，调整中央经济和地方经济的关系，更好地把当前利益与长远利益结合起来，达到社会资源合理配置的目的，最终引导国民经济持续、快速、健康发展。

4. 社会保障关系。在市场经济条件下，由于市场的运作信息的差异，营销策略的不同，资本运营的迥异，个人竞争力的差距、老龄化等因素必然导致市场的优胜劣汰，进而带来一系列相关的社会问题，如失业、破产、养老、企业与个人的两极分化等。市场本身无法为劳动者在遇到风险时提供基本生活保障，需要国家出面干预，建立强制性的、互济互助的、社会化管理的社会保障制度，保证充分开发和合理利用劳动力资源，保护劳动者的基本生活权利，促进经济发展。

目前，关于社会保障并没有一个明确一致的定义，但有一些共识：社会保障的目的是保障人们基本生活的需要；它主要以收入的形式提供扶助；它是由国家参与，一般通过立法而确立的制度。[1] 社会保障具有强制性和互济性，具有与经济法相一致的弥补市场机制的缺陷，促进社会经济健康发展的功能。社会保障关系属于经济关系，但严格而言，社会保障关系与宏观调控、市场管理和企业组织管理关系有一定的区别，它并不一定是直接在经济运行中发生的经济关系，它包含了与经济运行密不可分的经济关系，它是经济运行的基础和要素。

从社会保障的特点看，社会保障关系的"强制性"与民法的"自愿平等、等价有偿"相违背，所以不由民法调整，其"互济性"与行政法不符，也不应当由行政法调整。由经济法调整社会保障关系有利于稳定社会经济运行的基础，促进经济的发展。

综上所述，经济法的调整对象的范围是由经济法所调整的经济关系的特殊性决定的，它发生在经济运行过程中，是体现国家协调意志的经济关系的总和。

项目三　经济法的原则

基本理论

一、经济法基本原则的概述

我们知道，经济法是适应生产社会化及其引起的社会经济调节机制和国家经济协调职能的需要而产生的，它调整国家在经济运行过程中所发生的经济关系，以维护和促进社会经济总体结构和运行的协调、稳定和发展。经济法作为一个独立部门法，应当有其特有的调整原则。经济法的基本原则应当是能够全面反映它所调整的社会经济关系的本质和内在规律，是整个经济法体系中的指导思想。在不同的历史时期，国家主权者有不同的利益追求，那么经济法所调整的国家经济协调关系也会有不同的变化，其指导性原则也就随之变动，因而，经济法的基本原则不是一成不变的。经济法的基本原则是带有国别色彩的，西方发达国家的经济法往往着重于国家干预，而我国需要的是开放自由的市场，防止行政垄断的干预。

---

[1]　覃有土、樊启荣：《社会保障法》，法律出版社 1997 年版，第 3 页。

　　经济法是一个独立的部门法，对于其调整原则是什么，人们众说纷纭，提出了许多"原则"。经济法原则应为经济法所特有，它不适用于其他部门法；反之，其他部门法的原则不能适用于经济法。不能将其他部门法的原则作为经济法原则去适用，更不能将其他一些根本不是法的原则，作为经济法的原则而适用，这是经济法原则的特定性。当前学术界提出的一些基本原则主要有：按客观经济规律办事的原则；坚持发展社会主义公有制，保护非公有制经济共同发展的原则；国家宏观调控与市场机制相结合的原则；实行责、权、利相结合和国家、集体、个人利益统一的原则；兼顾公平和效率的原则；经济民主和经济法治相结合的原则；促进和保障社会主义市场经济健康发展的原则；经济效益和社会效益相结合的原则等。

二、经济法基本原则的确立

　　经济法是一种社会性法律，它重在从社会总体角度维护和促进社会总体效率和社会公平，这也就决定了经济法基本原则的范围。本书认为经济法的基本原则应该包括资源优化配置原则、国家适度干预原则、兼顾效率与公平原则、兼顾利益原则和可持续发展原则。现分述如下：

　　（一）资源优化配置原则

　　资源优化配置是指资源在生产和再生产各个环节上的合理、有效的流动和配置，通俗说就是"人能尽其才，物能尽其用"。经济法把资源优化配置作为经济法的首要基本原则，是市场经济体制对经济法的基本要求。社会主义市场经济体制就是要使市场在国家宏观调控下对资源配置起决定性作用的市场经济，而在强调市场在配置资源中的决定性作用的同时，不能忽视国家在资源配置中的作用，从根本上要在各种经济法律、法规中保证市场在资源配置中的决定性作用的充分发挥，实现生产要素和生产关系要素资源的优化配置。同时，要在各种经济法律、法规中保障国家宏观调控措施在资源配置中作用的发挥。

　　（二）国家适度干预原则

　　国家适度干预原则是体现经济法本质特征的原则。适度干预是指国家经济自主和国家统制的边界条件或者临界点上所作的一种介入状态。将适度干预作为经济法的基本原则，一方面有利于彰显经济法的本质特征，另一方面有利于消除人们对国家干预的误解。政府与市场的关系焦点不再是国家干预还是不干预，而是干预多少，即干预程度的问题。干预太多和干预不足都会影响经济的健康发展。经济法不仅是国家干预经济之法，更是规范国家干预经济之法。从政府与市场的关系而言，经济法既要作为国家干预之法，应对市场失灵，防止干预不足，又要作为规范国家干预经济之法，应对政府失灵，防止过度干预。如反垄断法律制度、反不正当竞争法律制度等都是国家对经济的调整管理，"国家之手"在经济关系中的作用是协调本国经济，完善产业结构。因此，国家适度干预原则应该是经济法基本原则体系中非常重要的一个原则。

（三）兼顾效率与公平原则

效率与公平，是经济法调整的重要目标，这是经济法领域里一种普遍的价值和原则。经济效率亦为效益，经济法原则应当体现经济效益公平，并且是在注重维护社会总体经济效益前提下的经济效益公平，这意味着要在注重维护社会经济总体效益的同时，兼顾社会各方效益；经济效益即为经济利益，效益是利益的源泉。在效率问题上同时注意个体、团体、社会乃至全人类的效率和利益，注意眼前、长远乃至子孙后代的效率和利益。

兼顾各方经济效益公平，实为兼顾各方经济利益公平；效率和公平往往是不能兼顾的，一项政策的出台和实施要么重效率轻公平，要么重公平轻效率。经济法的作用就在于用法律的形式保护整个国民经济的效率和公平。在某一个阶段可以促进其中的一面，但就整体而言必须兼顾二者。

社会总体公平要求绝大多数个体和团体间必须公平，但不要求所有个体和团体间都绝对公平。为了总体公平，有时需要允许某些个体和团体间存在某种不公平。公平是相对的、变动的；绝对公平是不存在的。

所谓公平应理解为机会公平，但要顾及各主体的不同情况和不同起点，要区别对待，不顾情况和起点，号称机会公平，实质不公平。分配公平，但也需兼顾各种具体情况，为了社会总体公平，允许某些分配不公平现象存在。例如国家对税收杠杆的运用，就是通过某些不公平以达到社会总体公平。经济法在重视机会公平、分配公平的同时，还要兼顾结果公平，例如社会救济措施即属此类。

总之，经济法所注重的是社会公平、实质公平。如公平竞争可以理解为：①平等竞争。公平的竞争应当是平等的竞争。在市场经济条件下，必须营造并维护一个平等、公平、统一、有序的外部竞争环境，使各市场竞争主体站在同一起跑线上。②自由竞争和正当竞争。公平的竞争必须是自由和正当的。

经济法主要通过两方面的作用来达此目的：一是消极反对和禁止。即通过反对垄断和限制竞争，恢复和维护充分的自由竞争；通过反对不正当竞争，以使竞争合理、正当和适度。这些作用都是被动的、间接的。二是积极引导和促进。即国家在宏观调控政策和措施的决策、设计和实施中，必须从有利于自由、正当的竞争的角度出发。

（四）兼顾利益原则

考察各国的经济法立法和实施情况，实际上都非常明确地体现和贯彻着维护社会经济总体效益、兼顾各方利益这一基本原则。要贯彻利益兼顾原则必须正确处理以下四个关系：正确处理国家与企业之间的利益关系，正确处理国家与劳动者个人之间的利益关系，正确处理企业与劳动者个人之间的利益关系，正确处理中央与地方之间的利益关系。经济法的任务就在于坚持国家整体经济利益，兼顾地方、企业、个人等各种利益，实现社会整体利益最大化。如消费者保护法律制度的要旨则在于，国家法律通过在权利分配的天平上向消费者一方倾斜，以平衡消费者与生产经营者在实力上的悬殊差异，力求实现实质平等。又如，通过一系列税收法律制度，可以平衡个人收入中的畸高畸低，达到一定的社会个人分配公正。

要做到利益兼顾，则要求经济法主体的责、权、利相统一。经济管理机关和企业、企业的所有者与企业经营者、消费者等经济法主体，在各种经济法律关系中，都必须责、权、利一致，不允许有纯粹的义务主体，也不允许有纯粹的权利主体。

（五）可持续发展原则

可持续发展原则作为一种新的发展思想和发展模式，其最终目标是要保证人类社会具有长期的和持续的发展能力。经济的发展涉及资源的开发利用、废弃物的排放、环境保护和治理等一系列社会性问题。因此，经济法必须强调坚持可持续发展的原则，不能为眼前的利益而牺牲长远利益。可持续发展理论有两个基本点：一是强调人类在追求健康而富有的生产成果的生活权利的同时，也应该与自然保持一种和谐的关系，不能通过破坏生态和污染环境实现所追求的权利；二是强调当代人在创造和追求发展与消费的时候，应该承认并努力做到使后代人与自己的机会平等，不允许当代人一味只顾自己的发展与消费，而剥夺了后代人本应该享有的机会。可持续发展原则是经济法的终极原则和目标，它能确保经济发展的公平性、稳定性和可持续性。

上述五个原则是相辅相成的统一整体，联系着各个经济主体的利益分配，贯穿了国家协调经济运行的全部过程，使当前利益与长远利益得到结合，具有重要作用。

项目四 经济法的体系和渊源

基本理论

一、经济法体系的概念

经济法体系是指由多层次的门类齐全的经济法部门组成的有机联系的统一整体。经济法部门是经济法体系的构成要素，由经济法律规范组成。作为一个基本部门法，经济法体系除了有众多的经济法律规范外，从内部结构看，各种法律规范要和谐一致，相辅相成；从外部结构看，应该是各个层次的各项经济法和各个部门经济法门类齐全、严密完整。经济法体系包括内容构成和形式构成两方面。

经济法体系同调整经济关系的规范性文件体系既有区别，又有联系，不能混淆。调整经济关系的规范性文件体系是指由多层次的、门类齐全的调整经济关系的规范性文件组成的有机联系的统一整体。它的构成要素是经济法律、经济法规、经济规章等规范性文件；经济法体系的构成要素是经济法部门。

二、经济法体系的结构

经济法体系的内容构成，即经济法体系的内容究竟应由哪些层次、门类的经济法部门组成或构成。不同层次的经济法部门是以不同层次的国家经济协调关系为调整对象的，不同门类的经济法部门是以各该层次的国家经济协调关系的不同方面为调整对象的。

经济法体系的结构，决定于作为经济法调整对象的特定经济关系的结构，而经济法调整的特定经济关系应该是在国家协调本国经济运行过程中发生的经济关系。实行社会主义市场经济的我国，在国家协调本国经济运行过程中发生的经济关系的结构决定了经济法的体系应该采取如下结构：

（一）市场主体法

市场主体法是指关于市场主体组织的法律法规，是调整各种市场主体组织在其设立、变更、终止及其存续期间的有关活动中所发生的社会关系的法律规范的总称。在市场经济条件下，为了满足保护国家和社会公共利益的需要，国家必须对经济关系主体通过制定相应的法律、法规加以限定，明确其应具备的资格、权限、责任等。因此，市场主体法主要调整经济组织内部关系、经济组织的部分与其组织特点直接相关的业务活动中产生的经济关系以及经济组织与国家的关系。可以划分为个人独资企业组织管理法、合伙企业组织管理法和公司企业组织管理法等。

（二）市场管理法

市场管理法是指调整在国家管理市场过程中发生的经济关系的法律规范的总称。我国是市场经济体制，任何市场的存在和发展都离不开和谐、有序和稳定运行状态的良好秩序。市场管理法就在于通过调整国家在干预市场秩序的过程中所发生的经济关系，对市场秩序进行规范并最终保证良好的市场经济运行秩序。市场管理法主要包括：《反垄断法》《反不正当竞争法》《消费者权益保护法》《产品质量法》等。

（三）宏观调控法

宏观调控法是指调整在国家对社会经济总体活动进行调控过程中发生的经济关系的法律规范的总称。国家为使社会总供求与总需求达到平衡，运用宏观经济的间接手段，以经济规律作为运行机制引导经济主体的活动，即宏观调控。宏观调控是现代市场经济的重要组成部分。在社会主义市场经济体制下，政府对经济的宏观调控就是借助政府宏观调控的力量实现促进市场经济健康发展的目的。宏观调控法涉及国民经济全过程，内容十分广泛，主要包括计划法、产业法、投资法、国有资产管理法、财政法、税法、金融法、价格法、对外贸易法等。

（四）社会保障法

社会保障法是调整社会保障关系的法律规范的总称。社会保障法的基本构成要素主要有社会保障项目、社会保障基金、社会保障待遇及其给付、社会保障管理机构等。社会保障法一般包括社会保险法、社会救济法、社会福利法、社会优抚法等。

三、经济法渊源的概念

法的渊源，有实质渊源和形式渊源之分。一国不同的法的形式构成该国法的形式体系。法的形式，指法的具体的外部表现形态。经济法也不例外，也有实质渊源和形式渊源之分。

经济法的实质渊源，是指经济法律规范来源于谁的意志。具体来说，是指经济法律规范来源于掌握国家政权的阶级的意志。

经济法的形式渊源，是指经济法律规范来源于何种法的形式，是经济法的内容在立法上的表现形态，亦即各种经济法律规范组织结构的外部表现。

按法的创制方式不同，经济法的形式可分为成文法（制定法）及不成文法（非制定法），其中成文法是法的主要形式，在我国主要表现为：宪法、法律、行政法规、部门规章、地方性法规和规章、国际条约。另外自治条例和单行条例以及特别行政区基本法和有关规范性文件也是我国经济法的渊源。

不成文法（非制定法）包括习惯法和判例法。习惯法，是指由国家认可的并赋予法律约束力的习惯。在我国习惯法属于经济法的渊源，但不是经济法的主要渊源。判例法，则是指由国家认可并赋予法律约束力的判例。在我国（除香港特别行政区外）有判例而无判例法，尽管判例在审判实践中有一定的参考价值，但判例未经国家认可并赋予法律约束力，不是判例法，因而判例不是我国经济法的渊源。

项目五　经济法律关系

基本理论

经济法律关系，是指在国家协调经济运行过程中根据经济法的规定发生的权利和义务关系。经济法律关系同经济法调整的特定经济关系有密切的联系，但有原则区别。经济法律关系的构成要素，是指构成经济法律关系不可缺少的组成部分。经济法律关系是由经济法律关系的主体、经济法律关系的内容和经济法律关系的客体这三个要素构成的。

一、经济法律关系的主体概述

经济法律关系的主体，即经济法的主体，指在国家协调经济运行过程中，依法享有权利（权力）和承担义务的当事人。享有经济权利的当事人称为权利主体，承担经济义务的当事人称为义务主体。经济法律关系的主体是法律关系中最基本的要素。没有主体，法定权利和义务就没有承受者，法律关系就无从形成。

经济法主体既是经济法律关系构成的基本要素，又是经济法律关系中最积极、最活跃的因素。理解和把握经济法主体的内涵，必须明确三点：

首先，经济法主体一定是被经济法律、法规所规范的社会主体。

其次，经济法主体是可能参加或实际参加经济法律关系的主体。只有当其实际参加经济法律关系时，才能被称为经济法律关系主体。

最后，经济法主体是依照经济法享有经济权利和承担经济义务的社会实体。[1]

经济法律关系主体按照其法律地位、职能性质和活动范围，可以分为以下几种类型：

1. 国家机关。国家机关是行使国家职能的各种机关的通称。作为经济法主体的国家机关，主要是国家行政机关中的经济管理机关，比如国家权利机关、国家行政机关等。国家管理机关在市场管理和宏观经济调控中发挥着重要作用。

2. 经济组织和社会团体。经济组织和社会团体是市场中最主要的主体。经济组织包括了企业和其他经济组织，它是经济法律关系中最广泛的主体。社会团体主要是指非经营性的社会组织，比如公益组织、学术团体等。

3. 经济组织内部人员。经济组织担负一定经济管理职能的有关人员，根据法律、法规的有关规定参加经济组织内部的经济管理法律关系时，具有经济法律关系主体的资格。

4. 个体经营户。个体工商户是指公民在法律允许的范围内，依法经过核准登记，从事工商业经营的自然人或者家庭。个体工商户的登记机关是县以上工商行政管理机关，个体工商户只能经营法律、政策允许个体经营的行业。

本书根据经济法自身的特点和经济法主体在国民经济中的功能和作用，将经济法主体分为：决策主体、管理主体、实施主体、消费主体、监督主体。

---

〔1〕 刘瑞复：《经济法学原理》，北京大学出版社 2002 年版，第 190 页。

二、经济法律关系的内容

（一）经济法律关系内容的概念

经济法律关系的内容，是指经济法律关系的主体享有的经济权利和承担的经济义务。经济权利，是指经济法主体在国家协调经济运行过程中，依法具有的自己为一定行为和不为一定行为和要求他人为或不为一定行为的资格。经济义务，是指经济法主体在国家协调经济运行过程中必须为一定行为和不为一定行为的责任。

（二）经济权利和经济义务的主要内容

不同的经济法主体所享有的经济权利并不是相同的。经济法主体在国家协调经济运行过程中享有的权利主要有下列三个方面：

1. 经济职权。经济职权是国家经济管理主体进行经济管理时依法享有的权力和责任。经济职权的享有者只能是国家各级权力机关和各级行政机关及其所属的职能部门，非国家机构的事业单位。经济职权的特征如下：首先，经济职权的产生是由法律直接规定或国家授权；其次，管理职能的行使必须依法进行；再次，经济职权既是权力也是义务和责任；最后，经济职权具有国家意志性。经济职权的种类主要有：①经济决策权；②市场管理权；③经济协调权；④经济立法权；⑤经济监督权。

2. 财产所有权。财产所有权是所有制的法律表现形式，是民法的一项基本法律制度，现在已经成为多个经济法律部门的一项共同的制度。财产所有权是所有人依法对其财产享有的占有、使用、收益和处分的权利。除了法律规定以外，此种权利是不受任何限制的。企业的财产权是一项独立的权利，企业设立后，其财产即与投资者的其他财产相分离。

3. 经营管理权。经营管理权是指企业进行生产经营活动时依法享有的权利，即依法享有的对企业财产的占有、使用、收益和一定的处分权。不同类型的企业所享有的经营管理权的内容不同。该项权利有利于企业自主经营、自负盈亏。企业依法享有独立地进行生产经营活动的自主权，不受任何单位或个人的非法干预。

经济法主体义务是指经济法主体在法律规定范围内必须实施某种行为或者不得实施一定行为的一种约束力，以履行自己应尽的责任。[1] 经济法主体在国家协调本国经济运行过程中承担的义务，因主体的性质、地位不同而有所不同，包括了一般经济义务和特殊经济义务两种。

1. 一般经济义务。一般经济义务是指经济组织、个体工商户以及其他公民

---

〔1〕 杨紫烜主编：《经济法》，北京大学出版社1999年版，第90页。

依照法律规定，必须做出一定行为或者不得做出一定行为的约束，主要包括：遵守法律、法规，依法进行生产经营活动；服从国家的管理和监督；按照国家规定缴纳税金；守法经营、公平竞争；诚信、守诺，切实履行经济合同；依法缴纳税金；不得侵犯其他经济法主体的合法利益等其他经济义务。

2. 特殊经济义务。特殊经济义务主要是指国家经济管理主体依照经济法律、法规规定，履行的职责。主要包括：贯彻国家的方针和政策，遵守法律、法规；严格依法履行经济职权，做好服务性管理工作；权力的行使必须符合规范，不得超越权限范围，违反法定程序；接受法律和社会监督；为市场主体的生产经营活动提供或者创造便利条件的义务等。

三、经济法律关系的客体

经济法律关系的客体，是指经济法律关系的主体享有的经济权利和承担的经济义务所共同指向的对象。经济法律关系的客体必须是经济法主体能够控制、支配的事物。经济法律关系的客体一般包括以下几类：

1. 经济行为。经济行为是指经济法主体在经济管理和市场经营过程中所进行的活动，是经济权利和经济义务所共同指向的作为或者不作为。作为经济法律关系客体的经济行为，经济行为客体包括实现经济任务或者指标、完成工作、履行劳务等。

2. 物。物是指有一定经济价值的以物质形态表现出来的物。作为经济法律关系的客体的物是指具有一定的经济价值和实物形态的物品。

3. 货币和有价证券。货币是充当一般等价物的特殊商品；而有价证券则是指具有一定票面金额，代表某种财产权的凭证。

4. 智力成果。智力成果是人们智力劳动所创造的非物质财富，比如专利、商标、生产经营标记等。它是一种无形财产，但是却是一种可以创造物质财富、提供经济效益的知识成果。

四、经济法主体法律责任

（一）经济法主体法律责任的概念

法律责任，在本质上是国家为保障法律关系实现而对违反义务的人实行制裁的手段。经济法主体的法律责任，是指经济法主体因违反经济法的规定或由于某种事实状态符合经济法的特别规定而依法应当由经济法主体及其责任人承担的法律后果，它使得责、权、利统一在经济法主体的身上，并在经济法的各项制度中具体体现和得以保障。如果没有经济法主体法律责任，责、权、利相统一将无从谈起，社会主义市场经济的法治则会成为一纸空谈。

经济法主体法律责任具有明显的社会公益性。经济法主体法律责任的规定，在许多方面都是基于社会公益的考虑，从全社会的高度来规定主体的法律责任，它既包括对当事人的责任，也包括对国家、对社会的责任。

（二）经济法主体法律责任的种类

经济法主体法律责任分经济责任、行政责任、刑事责任三大类。

1. 民事责任。民事责任是指法律关系主体由于民事违法、违约等所承担的不利法律后果。根据《民法典》第 179 条的规定，承担民事责任的主要形式有：①停止侵害；②排除妨碍；③消除危险；④返还财产；⑤恢复原状；⑥修理、重作、更换；⑦继续履行；⑧赔偿损失；⑨支付违约金；⑩消除影响、恢复名誉；⑪赔礼道歉。

2. 刑事责任。刑事责任是指触犯国家刑法的犯罪分子所应当承担的由国家审判机关给予的不利法律后果。根据《刑法》规定，刑罚分为主刑和附加刑两大类。主刑具体包括管制、拘役、有期徒刑、无期徒刑和死刑；附加刑包括罚金、剥夺政治权利、没收财产。附加刑可以附加于主刑使用，也可以单独使用。

3. 行政责任。行政责任是指国家行政机关和国家行政机关授权的组织依据行政程序对违反法律、法规规定的当事人所给予的不利后果。行政责任包括行政处分和行政处罚。对违反经济法的责任人通常给予的行政处罚种类有：①警告；②罚款；③没收违法所得、没收非法财物；④责令停产停业；⑤暂扣或者吊销许可证、暂扣或者吊销执照；⑥行政拘留；⑦法律，行政法规规定的其他行政处罚。

思考题

1. 试分析经济法产生的根源。
2. 试述经济法的调整对象。
3. 试述经济法的原则。
4. 简述经济法体系的概念。
5. 试分析我国经济法的体系。
6. 试述我国经济法的形式渊源。
7. 为什么说经济法主体是经济法律关系中最积极、最活跃的因素？
8. 试分析我国经济法主体的体系。
9. 如何理解经济职权？
10. 试分析经济法的主体责任有哪些。

第二单元

反不正当竞争法律制度

项目一　反不正当竞争法概述

引　例

2011 年 10 月 10 日，淘宝商城推出 2012 年度新招商办法和规则调整公告。

该公告大幅提升了进驻商家的技术服务费和保证金。以前每年最低 6000 元的技术服务费提高至 3 万元或 6 万元，在年销售额达到 36 万至 120 万时（数额因销售品类不同），这部分费用将予以返还。此外，商家进驻淘宝商城将根据所经营或者代理的品牌缴纳违约保证金。商家一旦有一定程度的违约行为，将扣除至少 1 万元的保证金，用以对消费者进行先行赔付。

10 月 11 日起，因对淘宝商城提高收费的新规定不满，部分小卖家通过建立 YY 频道聚集人数 2 万多人。频道和 QQ 群不定时发出指令让大家去某个大卖家购物或集中点击淘宝 C2C 大商家的"淘宝直通车"服务，以迫使后者无法正常经营，引发淘宝重视并修改招商条款。

从 10 月 11 日晚间开始，淘宝商城一些大卖家开始接到很多订单，这些订单的共同特点是大多会咨询人工客服、要求开具发票、要求货到付款，或在付款后马上给差评再要求无理由退款。据一个服装大卖家"韩都衣舍"负责人透露，其店铺遭到一两千人同时攻击。为了防止上述攻击，韩都衣舍、七格格、优衣库等淘宝商城服装类大卖家已对店内大部分货品进行下架处理。

小卖家的行为是否违反了《反不正当竞争法》？

基本理论

一、反不正当竞争法的概念与特征

反不正当竞争法是调整企业竞争行为的规范。最早产生于 19 世纪末、20 世

纪初西欧资本主义国家，已在资本主义国家发展成经济法的核心。在一些国家里，反不正当竞争法在维护国家的经济秩序和保护市场的公平竞争方面发挥了极其重要的作用。

反不正当竞争这一概念最早出于 19 世纪 50 年代的法国。在 1850 年前后，法国法院在适用《法国民法典》第 1382 条有关侵权行为的法律规范处理某些案例时，首先提出了"不正当竞争法"的概念，即所谓虽未侵犯工业产权，但在某些商业活动中导致欺诈并使人误解或对此负有责任的行为，并由此确立了依靠侵权法制止不正当竞争行为的法例。而德国最终在 1896 年 5 月 27 日制定了第一个专门禁止不正当竞争行为的法律《反不正当竞争法》，这是世界上第一部法典式的反不正当竞争单行法。

我国的反不正当竞争法是 1993 年 9 月 2 日第八届全国人民代表大会常务委员会第三次会议通过的《反不正当竞争法》，该法自 1993 年 12 月 1 日起施行，并于 2017 年 11 月 4 日第十二届全国人民代表大会常务委员会第三十次会议修订，2018 年 1 月 1 日施行。该法后又于 2019 年 4 月 23 日第十三届全国人民代表大会常务委员会第十次会议修正，并自当日起施行。这是该法自 1993 年实施以来的第一次修订，它是我国市场秩序规制法的重要组成部分，与《反垄断法》共同组成市场竞争法律制度体系。从广义上说，反不正当竞争法是指国家为维护市场公平竞争，对一切偏离公平竞争原则、违反商业道德、扰乱经济秩序的行为进行规制的法律规范的总称。

上述概念反映了反不正当竞争法的以下重要特征：

1. 反不正当竞争法是政府对经营者竞争行为的干预。在市场经济条件下，经营者具有自主经营、自由竞争的权利。但是，经营者的经营行为关系到市场秩序的稳定，政府必须对经营者的竞争行为进行适当的限制，这也体现了经济法的本质。

2. 反不正当竞争法调整的范围具有外延性。随着社会经济的发展，人们生活习惯的变化，商业道德的含义和形式也会变化，几个列举式的规定是不足以囊括所有不正当竞争行为的，因此，必须以"违反商业道德"来弥补立法上的缺陷。

3. 反不正当竞争法具有与其他法律的竞合性。在对不正当竞争行为进行规范时，常常发生同一法律事实由多个法律规范加以规制的现象。虽然从不同的角度保护竞争机制和合法经营者、消费者的权益，但也给适用反不正当竞争法带来一定的困难。

二、我国《反不正当竞争法》的立法宗旨

我国制定《反不正当竞争法》是市场经济体制下社会经济健康发展的客观

要求。制定任何法律都必须遵循一定的指导思想，确立自己的立法宗旨。我国《反不正当竞争法》第1条明确规定，为促进社会主义市场经济健康发展，鼓励和保护公平竞争，制止不正当竞争行为，保护经营者和消费者的合法权益，制定本法。它具体包括两个层次的涵义：

从宏观上讲，我国《反不正当竞争法》是为了维护市场的竞争机制，创造公平竞争的市场环境，促进社会主义市场经济的健康发展，这一宏观目的与我国宪法规定完全一致，是《宪法》第15条"国家实行社会主义市场经济。国家加强经济立法，完善宏观调控。国家依法禁止任何组织或者个人扰乱社会经济秩序。"规定的具体化。

从微观层次上讲，《反不正当竞争法》是为了制止不正当竞争行为，进而保护经营者和消费者的合法权益。这也是市场经济竞争规则所要求的。

项目二 不正当竞争行为

基本理论

一、不正当竞争行为的概念与特征

我国《反不正当竞争法》第2条第2款规定，本法所称的不正当竞争行为，是指经营者在生产经营活动中，违反本法的规定，扰乱市场竞争秩序，损害其他经营者或消费者的合法权益的行为。从不正当竞争的定义可以概括出不正当竞争行为具有以下特征：

（一）主体的特定性

这是指不正当竞争是经营者的行为。所谓"经营者"是指从事商品生产、经营或者提供服务（以下所称商品包括服务）的自然人、法人和非法人组织。对此，应当作广义的理解，经营者的特性是其"经营性"，既包括具备法定经营资格的企事业法人、非法人的经营组织、社会团体以及个体工商业者，也包括并不具备法定经营资格却在从事经营活动的自然人，如农村人员经营活动中的经营行为、企业内部职工侵害商业秘密行为等。

（二）行为的违法性

这是指不正当竞争行为违反了《反不正当竞争法》的规定，既包括违反了该法第二章关于禁止不正当竞争行为的各种具体规定，也包括违反了该法的原则规定。经营者的某些行为虽然难以被确认为该法明确规定的不正当竞争行为，但只要违反了自愿、平等、公平、诚信的原则或者违背了法律和商业道德，扰乱了市场竞争秩序，损害了其他经营者或消费者的合法权益，也应认定为是不正当竞争行为。

（三）行为的危害性

这是指不正当竞争行为侵害的客体是正常的市场竞争秩序和其他经营者或消费者的合法权益。

引例分析

小卖家的行为违反了《反不正当竞争法》。

从不正当竞争行为概念分析：

第一，是一种违背诚信和商业道德行为；

第二，是一种给其他经营者造成损害的行为；

第三，是扰乱了市场竞争秩序的行为。

从不正当竞争行为特征分析：

第一，不正当竞争行为的主体——小卖家（经营者）。

第二，不正当竞争行为的客体——小卖家通过不正当的竞争行为侵犯了竞争对手的合法权益。

第三，不正当竞争行为的侵害对象——给大卖家造成了一定的经济损失，扰乱了市场竞争秩序。

拓展思考

淘宝商城提高资金门槛过高，使大部分小卖家难以接受，和具有优势的大卖家相比，小卖家的确处于弱势的地位。那么，从这个角度来想的话，淘宝商城的做法是否遵循了《反不正当竞争法》中的公平竞争的原则呢？

二、不正当竞争行为的种类

在现实生活中，不正当竞争行为五花八门、形形色色、不胜枚举。所以，各个国家的竞争法律制度往往首先对不正当竞争行为作出概括性的规定，然后再具体列举出典型的、突出的、在一定时期内比较严重的不正当竞争行为，明文加以禁止。

我国《反不正当竞争法》第二章列举的不正当竞争行为，是判断经营者在生产经营活动中的行为是否属于不正当竞争行为的法律依据。2019 年修正的《反不正当竞争法》对原法条进行了修改和完善，对混淆行为、商业贿赂、虚假宣传、侵犯商业秘密、违规有奖销售、诋毁商誉、利用互联网技术实施不正当竞争等七大不正当竞争行为进行了完整清晰的界定。

（一）混淆行为

混淆行为，也就是我们通常说的"傍名牌"，是指经营者擅自使用与他人有一定影响的商业性标识，引人误认为是他人商品或者与他人存在特定联系的行为。《反不正当竞争法》第6条将商业性标识分为商品类标识、主体类标识和互联网商业标识三类（互联网商业标识与前二者间有交叉），并细化了这三类标识的具体形式，并以"等"字对有关商业标识的列举保持开放性的规定。

1. 擅自使用与他人有一定影响的商品名称、包装、装潢等相同或者近似的标识。"商品名称、包装、装潢"，相当于《商标法》意义上的未注册商标。商品的名称、包装、装潢这些产品的外部标识虽不受知识产权法的保护，但是具有形成有一定影响的企业和商品、服务重要价值的识别性标志，是经营者用作创造商品形象，促销商品、开拓市场的一种竞争手段，对这些反映经营者商业信誉和商品声誉标志的仿冒，属于破坏竞争秩序的不正当竞争行为。

2. 擅自使用他人有一定影响的企业名称（包括简称、字号等）、社会组织名称（包括简称等）、姓名（包括笔名、艺名、译名等）。按照我国现行的《企业名称登记管理规定》，企业名称是按地域管辖的，本辖区不允许重名企业名称存在，但这样的规则显然不能解决企业不断发展壮大走向全国可能带来的混淆误认问题。在不能像商标那样实现全国统一查询、登记、注册的情况下，我们必须求助《反不正当竞争法》的规定。修改后的《反不正当竞争法》不再强调只保护企业名称的全称，企业名称的简称或其字号等也被涵盖在保护范围内。自然人的姓名与民法中的姓名权既有联系又有区别，它更多的不是从与生俱来的人身权利出发，而是基于个人积累的声誉以及长期或大量的使用产生的一定影响提出的主张。《最高人民法院关于审理商标授权确权行政案件若干问题的规定》第20条规定，当事人主张诉争商标损害其姓名权，如果相关公众认为该商标标志指代了该自然人，容易认为标记有该商标的商品系经过该自然人许可或者与该自然人存在特定联系的，人民法院应当认定该商标损害了该自然人的姓名权。当事人以其笔名、艺名、译名等特定名称主张姓名权，该特定名称具有一定的知名度，与该自然人建立了稳定的对应关系，相关公众以其指代该自然人的，人民法院予以支持。这一规定与目前《反不正当竞争法》的混淆要件十分接近。同名同姓的人原则上应该可以相安无事，但明显违反诚信原则的搭车行为仍有可能构成不正当竞争行为。

3. 擅自使用他人有一定影响的域名主体部分、网站名称、网页等。"域名主体部分、网站名称、网页"是《反不正当竞争法》列举的互联网商业标识，如各种独立网站，包括在各种电商平台上开设的网店，各种微博号、微信号名称，以及各种应用程序（app）的名称都可归入。

4. 其他足以引人误认为是他人商品或者与他人存在特定联系的混淆行为。这是兜底条款，所规范的只能是不属于第6条第1、2、3项范围的任何市场活动标识和仿冒混淆行为。

这一不正当竞争行为的构成要件有：

（1）被仿冒的客体为"有一定影响"的商业标识。

（2）对"有一定影响"的商业标识擅自作相同的使用或者作近似的使用，致使与他人的商业标识发生混淆。

（3）引人误认为是他人商品或者与他人存在特定联系。

"有一定影响"可以理解为"具有一定的市场知名度，为相关公众所知悉"。销售持续时间、地域、规模、数量和对象，宣传时间和影响力等都是判断"有一定影响"的客观标准。"一定"在此处应理解为"相当"，即程度高但不到"很"的程度。因此对"有一定影响"宜作弹性理解，从影响的地域来讲，可以小到乡镇，也可以大到省区市。

"引人误认为是他人商品或者与他人存在特定联系"，可以理解为混淆——不限于"直接混淆"（"引人误认为是他人商品"），还包括"间接混淆"（"与他人存在特定联系"）。也就是说除商品混淆外，还包括主体关联关系、认可关系等外延广泛的混淆。

（二）商业贿赂行为

商业贿赂是市场竞争中常见的现象。1993年《反不正当竞争法》第8条第1款规定，经营者不得采用财物或者其他手段进行贿赂以销售或者购买商品。在账外暗中给予对方单位或者个人回扣的，以行贿论处；对方单位或者个人在账外暗中收受回扣的，以受贿论处。修改后的《反不正当竞争法》第7条规定，经营者不得采用财物或者其他手段贿赂下列单位或者个人，以谋取交易机会或者竞争优势：①交易相对方的工作人员；②受交易相对方委托办理相关事务的单位或者个人；③利用职权或者影响力影响交易的单位或者个人。

经营者在交易活动中，可以以明示方式向交易相对方支付折扣，或者向中间人支付佣金。经营者向交易相对方支付折扣、向中间人支付佣金的，应当如实入账。接受折扣、佣金的经营者也应当如实入账。

经营者的工作人员进行贿赂的，应当认定为经营者的行为；但是，经营者有证据证明该工作人员的行为与为经营者谋取交易机会或者竞争优势无关的除外。

从修改前后条文变动看，笔者认为，商业贿赂是指经营者采用财物或者其他手段贿赂交易相对方的工作人员、受交易相对方委托办理相关事务的单位或者个人以及利用职权或者影响力影响交易的单位或者个人，以谋取交易机会或者竞争优势的行为。它有如下特征：

1. 商业贿赂行为行政责任主体是行贿者，不包括受贿主体。也就是说受贿一方不需承担商业贿赂的行政法律责任。至于其他责任，如刑事责任，可由《刑法》第 163 条第 1、2 款非国家工作人员受贿罪调整惩处，即"公司、企业或者其他单位的工作人员，利用职务上的便利，索取他人财物或者非法收受他人财物，为他人谋取利益，数额较大的，处三年以下有期徒刑或者拘役，并处罚金；数额巨大或者有其他严重情节的，处三年以上十年以下有期徒刑，并处罚金；数额特别巨大或者有其他特别严重情节的，处十年以上有期徒刑或者无期徒刑，并处罚金。公司、企业或者其他单位的工作人员在经济往来中，利用职务上的便利，违反国家规定，收受各种名义的回扣、手续费，归个人所有的，依照前款的规定处罚"。

2. 商业贿赂的对象是交易相对方的工作人员；受交易相对方委托办理相关事务的单位或者个人；以及利用职权或者影响力影响交易的单位或者个人。《反不正当竞争法》列举了商业贿赂的三类贿赂对象，即对这三类对象的贿赂才是商业贿赂的范畴。因此，单纯从法条文意上解读，无论国有或者私营的企业，如果是交易相对方，原则上均不是商业贿赂的受贿主体。将交易"对方单位"排除在商业贿赂受贿主体范围之外，这极大地颠覆了我们传统中对商业贿赂的认定，意味着向"交易相对方"给予好处的行为，无论给予的好处是折扣、返利、促销、赞助、赠品等，也无论金额大小，都不再是商业贿赂的范围。但《反不正当竞争法》第 7 条第 2 款又规定，经营者在交易活动中，可以以明示方式向交易相对方支付折扣，或者向中间人支付佣金。经营者向交易相对方支付折扣、向中间人支付佣金的，应当如实入账。接受折扣、佣金的经营者也应当如实入账。给付和收取折扣、佣金如果没有如实入账究竟是违反了财务制度还是按照商业贿赂论处，留有想象空间尚需进一步明确。

3. 商业贿赂的主观目的是"谋取交易机会或竞争优势"，而不仅仅为销售或购买商品。这强调了商业贿赂必须与市场竞争相关，明确了商业贿赂的不正当竞争属性。

4. 商业贿赂分经营者贿赂与个人贿赂。员工行为和企业行为的区分是商业贿赂认定中所经常争议的内容，《反不正当竞争法》第 7 条第 3 款规定，经营者的工作人员进行贿赂的，应当认定为经营者的行为；但是，经营者有证据证明该工作人员的行为与为经营者谋取交易机会或者竞争优势无关的除外。

（三）虚假宣传行为

根据《反不正当竞争法》第 8 条的规定，虚假宣传行为是指经营者对自己商品的有关信息作虚假或者引人误解的商业宣传，或以组织虚假交易等方式帮助其他经营者作虚假或者引人误解的商业宣传以欺骗、误导消费者的行为。商品的有关信息主要涉及商品的性能、功能、质量、销售状况、用户评价、曾获荣誉等。

虚假宣传行为可以分为三类：欺骗型虚假宣传、误导型虚假宣传和帮助型虚假宣传。

1. 欺骗型虚假宣传。欺骗型虚假宣传，即虚假的商业宣传，是指在商业宣传中无中生有、虚构根本不存在的事实或观点欺骗消费者。欺骗型虚假宣传的内容本身就是虚假的。鉴于商业宣传和商业广告的类似性，借鉴《广告法》第28条的规定，欺骗型虚假宣传可以分为以下四种形式：

（1）商品或者服务不存在。

（2）商品的性能、功能、产地、用途、质量、规格、成分、价格、生产者、有效期限、销售状况、曾获荣誉等信息，或者服务的内容、提供者、形式、质量、价格、销售状况、曾获荣誉等信息，以及与商品或者服务有关的允诺等信息与实际情况不符，对购买行为有实质性影响的。

（3）使用虚构、伪造或者无法验证的科研成果、统计资料、调查结果、文摘、引用语等信息作证明材料。

（4）虚构使用商品或者接受服务的效果。

2. 误导型虚假宣传。误导型虚假宣传，即引人误解的商业宣传，指对商品或服务的情况作使购买者容易产生错误理解的宣传，诱使购买者对商品或服务产生不切实际的错误理解，从而影响消费者选择的广告。

误导型虚假宣传的内容也许是真实的，或者部分内容是真实的，却故意使用巧妙的措辞、隐瞒的暗示、投机的省略、断章取义的引用以及刻意刁钻的表现角度，使宣传内容表达不确切、不明白而藏有陷阱，具有极大的迷惑性和误导性。

3. 帮助型虚假宣传。《反不正当竞争法》第8条第2款规定，经营者不得通过组织虚假交易等方式，帮助其他经营者进行虚假或者引人误解的商业宣传。这一条款规范的是虚假宣传的帮助行为，也就是说，除了对经营者自己产品的虚假宣传外，帮助他人进行刷单、删除差评、虚构交易等行为，也是不正当竞争行为。

以上三类虚假宣传行为，都以"欺骗、误导消费者"为后果要件。"欺骗、误导"，既包括已经造成欺骗、误导的客观后果，也包括足以导致"欺骗、误导"的可能性。

（四）侵犯商业秘密行为

商业秘密，是指不为公众所知悉、具有商业价值并经权利人采取相应保密措施的技术信息、经营信息等商业信息。包括设计、程序、产品配方、制作工艺、制作方法、管理诀窍、客户名单、货源情报、产销策略、招投标中的标底及标书内容等信息。可见商业秘密是一种特殊的知识产权客体，既不同于专利、版权等一般知识产权，也不同于个人隐私等一般秘密。它具备以下一些基本特征：①秘密性，它是商业秘密最为核心的特征。商业秘密的秘密性是指该种信息不为公众所知悉。不为公众所知悉解释为"有关信息不为其所属领域的相关人员普遍知悉和容易获得"。这意味着不为公众所知悉应当同时具备不为普遍知悉和并非容易获得两个具体条件。②价值性。能为权利人带来经济利益、具有实用性，可解释为"有关信息具有现实的或者潜在的商业价值，能为权利人带来竞争优势"。首先，总体上讲，能为权利人带来经济利益、具有实用性是对商业秘密的价值性要求。其次，商业秘密的价值性包括现实的价值性和潜在的价值性。前者涉及可以现实地直接应用的信息；后者涉及虽不能现实地应用但将来可以应用的信息，如阶段性研发成果等。③保密性。商业秘密是通过自己保密的方式产生的权利，倘若当事人自己都未采取保密措施，就没有必要给予保护。这是保密措施在商业秘密构成中的价值所在。保密措施可解释为"权利人为防止信息泄漏所采取的与其商业价值等具体情况相适应的合理保护措施"。合理性的考虑因素应包括所涉信息载体的特性、权利人保密的意愿、保密措施的可识别程度、他人通过正当方式获得的难易程度等。

商业秘密作为无形资产，包括技术信息与经营信息两类。其权利人不像物的所有权人那样对物容易控制和占有，其权利也极易为人所侵犯。因此，对商业秘密的侵权行为与物权的侵权行为就有所不同。我国在立法中吸收了世界各地立法的经验，把侵犯商业秘密的行为以列举的方式作了具体的规定。

1. 以盗窃、贿赂、欺诈、胁迫、电子侵入或者其他不正当手段获取权利人的商业秘密。这是指出于竞争目的，以各种非正当手段获取他人商业秘密的行为。禁止以不正当手段获取他人商业秘密，实际上是规定了"获取"行为本身的违法性，而不必等到公开使用时才算违法，我国的这一规定，在国际上关于商业秘密保护的立法中是较为领先的。传统理论认为商业秘密保护仅仅是对特定人之间因合同的保密关系而产生的权利义务关系，如果合同以外的人员以不正当手段获取了商业秘密，要追究其责任则十分困难。因此，法律逐渐由此转向保护商业秘密的财产权，处罚"获得"商业秘密的不正当手段。

2. 披露、使用或者允许他人使用以前项手段获取的权利人的商业秘密。这是行为人获取商业秘密后的继续行为。非法获取他人的商业秘密的行为人将其获取的商业秘密转告第三人或利用各种方式将其公布于众，自己使用或允许他人使用该商业秘密，这些都会使权利人受到的损害进一步扩大，使后果更加严重。一般来讲，既然是恶意取得他人的商业秘密，其目的就是要利用该商业秘密或扩散该商业秘密，以获取利益。商业秘密也只有掌握在一定使用者手中，并加以实施才有效益，因此，商业秘密的获取者必然要自己使用或允许他人使用该商业秘密。该行为与前一种行为是有逻辑联系的。

3. 违反保密义务或者违反权利人有关保守商业秘密的要求，披露、使用或允许他人使用其所掌握的商业秘密的行为。这是侵犯商业秘密的最常见的行为，也是早期对商业秘密保护规定所禁止的。尽管侵权人是以正当的手段获得该项商业秘密，但由于对权利人有明示或默示的义务，因而不得披露、使用或者允许他人使用该商业秘密，否则，同样被认为是侵权行为。需要注意的是，我国《反不正当竞争法》所规定的违反"保密义务"和"权利人有关保守商业秘密的要求"虽法律无明确的规定或解释，但应该包括明示和默示两种情况，尽管没有约定或"要求"，作为商业秘密的正当获得者也应基于法律、习惯及事实等原因的推定而承担保密义务，否则就违背了诚实信用和公认的商业道德原则。

4. 第三人明知或者应知商业秘密权利人的员工、前员工或者其他单位、个人实施上述所列违法行为，仍获取、披露、使用或者允许他人使用该商业秘密的，视为侵犯商业秘密。显然，这里的第三人有侵权的主观恶意，将第三人的恶意行为作为侵权行为进行制裁，追究第三人的责任具有重要的理论价值和实践意义。此外将"商业秘密权利人的员工、前员工或者其他单位、个人"作为侵权主体，是因为在商业秘密侵权行为中，大多是由"内鬼"或内外勾结实施完成的，因此，《反不正当竞争法》将常见侵权行为主体作了列举，以便于法律的执行，也有利于发挥法律的警示作用。

（五）违规有奖销售行为

违规有奖销售行为是指经营者在销售商品或提供服务时，以欺骗或者其他不正当手段，附带提供给用户和消费者金钱、实物或其他好处的一种促销行为。有奖销售实际上是一种赠与行为，但是这种赠与和市场竞争密切相关。有奖销售作为一种促销手段，在引发消费欲望，促进销售增长，刺激经济发展方面有一定的作用。然而随着有奖销售的愈演愈烈，其严重违反公平竞争原则的消极作用也越来越明显。因此，我国《反不正当竞争法》并没有简单地肯定或否定有奖销售，而是通过禁止以下三种形式的有奖销售而对这一促销手段进行调整。

1. 有奖销售信息不明确，影响兑奖。它是指故意对所涉奖项的种类、兑奖条件、奖金金额或者奖品等信息不作明确清晰的表述，在消费者兑奖时制造困难，使消费者无法实际获得可以合理期待的奖励。

2. 用谎称有奖或者故意让内定人员中奖的欺骗方式进行有奖销售。谎称有奖是经营者对外诈称其商品为有奖销售，或谎称设有特等奖、一等奖，招徕顾客购买，实则经营者并未采取任何措施进行有奖销售或者只设小奖而不设大奖。故意让内定人员中奖是指将有奖号码作特殊处理的行为，此奖只能由其内定的人员得到，而广大购买者实际上却无法得奖。这两种有名无实的有奖销售行为，是一种典型的欺诈行为。

3. 抽奖式的有奖销售，最高奖的金额超过五万元。从各国竞争立法来看，限制和禁止的有奖销售大致可以划分为抽奖式有奖销售和附赠式有奖销售两种。抽奖式有奖销售，它是销售方以抽奖等带有偶然性的方法决定购买方是否中奖并提供奖品或奖金的销售方式。附赠式有奖销售，也称普遍有奖的销售。它是指销售方向所有购买方赠送奖品或奖金或赠送有价证券（如消费满一定金额退还多少礼券等）的销售行为。

（六）诋毁商誉行为

诋毁商誉行为是指经营者编造、传播虚假信息或者误导性信息，损害竞争对手的商业信誉、商品声誉，从而削弱其竞争力，为自己取得竞争优势的行为。商业信誉是社会对经营者商业道德、商品品质、价格、服务等方面的经济评价。商品声誉是社会对特定商品品质、性能的赞誉。商品声誉给经营者带来商业信誉，商业信誉促进商品声誉，它们是一种互动的关系。它们为经营者带来巨大的经济效益以及市场竞争中的优势地位。损害竞争对手的商业信誉、商品声誉，会给竞争对手正常经营活动造成不利影响，损害其应有的市场竞争优势地位，甚至导致严重的经济损失。

诋毁商誉的构成要件包括：

1. 行为的主体是市场经营活动中的经营者，其他经营者如果受其指使从事诋毁商誉行为的，可构成共同侵权人。

2. 经营者采用了编造、传播虚假信息或误导性信息的手段实施了诋毁商誉行为。如果经营者散布对竞争对手不利的事情，但不属无中生有或误导，而是客观事实，这就不能构成诋毁商誉的行为。

3. 诋毁行为是针对一个或多个特定竞争对手的商业信誉和商品声誉。如果经营者只对对手的个人名誉进行攻击，此属于一般民事人身权的侵害，由民法予以调整；而诋毁商誉如果诋毁的是同自己毫无竞争关系的非同业竞争者的商誉，也属于民事诽谤，不属竞争法调整。

4. 经营者对其他竞争者进行诋毁，其目的是败坏对方的商誉，主观心态是故意的。

（七）利用互联网技术实施的不正当竞争行为

随着不正当竞争行为的互联网化，我国《反不正当竞争法》为规制发生在互联网领域的不正当竞争行为在立法上做出了及时的回应。其第12条规定，经营者利用网络从事生产经营活动时，应当遵守该法的各项规定。经营者不得利用技术手段，通过影响用户选择或者其他方式，实施下列妨碍、破坏其他经营者合法提供的网络产品或者服务正常运行的行为：①未经其他经营者同意，在其合法提供的网络产品或者服务中，插入链接、强制进行目标跳转；②误导、欺骗、强迫用户修改、关闭、卸载其他经营者合法提供的网络产品或者服务；③恶意对其他经营者合法提供的网络产品或者服务实施不兼容；④其他妨碍、破坏其他经营者合法提供的网络产品或者服务正常运行的行为。此条款首次规定了互联网领域的不正当竞争行为。

现实生活中，互联网行业反竞争行为频繁发生，以上六种传统的不正当竞争行为均可能发生在互联网市场。除此之外，基于互联网自身的功能特点，新型不正当竞争行为不断涌现。

其一，利用关键词链接的混淆行为。互联网就像一片汪洋大海，互联网中的信息，如果不通过搜索引擎和关键词作为工具查找信息，犹如大海捞针。因此，关键词成为经营者在互联网中获得流量、提供自身竞争力的重要工具。该工具同时发挥着意图使消费者便利地获得信息的作用，在实践中有经营者通过将他人的商标、名称设定为自身链接的关键词，以攀附他人的竞争力搭他人便车，吸引更多消费者购买其商品或服务。由于识别力的不足，当出现消费者通过关键词搜索获得的结果与其预期的结果不同时，消费者很容易产生混淆并作出错误消费抉择。

其二，流量劫持行为。所谓"流量劫持"，就是指利用各种恶意软件修改浏览器、锁定主页或不停弹出新窗口等方式，强制用户使用某些网站，从而造成用户流量损失的情形。如安装包替换、页面替换、游戏内广告替换、公众号诱导截流等。互联网此类行为的特点是，利用技术手段，通过影响用户选择或其他方式，妨碍、破坏其他经营者合法提供的网络产品或服务的正常运行。流量劫持行为的不正当性非常明显。

新闻链接：因"流量劫持"被 360 及百度等公司起诉，搜索候选功能被判不当竞争　搜狗输入法之劫[1] **（节选）**

在北京搜狗信息服务有限公司（以下简称"搜狗公司"，NYSE：SOGO）的发展历程中，搜狗输入法是搜狗公司的第一个真正爆款的产品，也是搜狗"输入法–浏览器–搜索"三级火箭战略的基石。然而，几起来自竞争对手的诉讼，不约而同地因搜狗输入法不正当竞争将搜狗公司送上了"流量劫持"的被告席，几家搜索引擎头部公司围绕搜狗输入法聚在了一起，颇为罕见。

近日，海淀法院集中宣判了搜狗输入法劫持北京奇虎科技有限公司（以下简称"360 公司"，601360. SH）、百度网讯科技有限公司（以下简称"百度公司"，NASDAQ：BIDU）及广州动景计算机科技有限公司（以下简称"动景公司"）和神马公司流量的不正当竞争案，法院认定搜狗公司构成不正当竞争，应分别向上述公司进行赔偿。

---

〔1〕　来源：中国经营报，作者：李静，时间：2019 年 7 月 13 日。

几大原告中，360 公司经营 360 手机浏览器和 360 搜索引擎，360 手机浏览器顶部栏默认提供 360 搜索引擎，百度公司经营百度搜索引擎，动景公司经营 UC 浏览器，神马公司经营神马搜索引擎，UC 浏览器顶部栏默认提供神马搜索引擎。三起案件共同的被告则是搜狗公司，搜狗公司经营搜狗输入法和搜狗搜索引擎。

根据案件信息显示，早在 2015 年底的时候，三起案件的原告 360 公司、百度公司、动景公司和神马公司就发现了搜狗输入法的"流量劫持"行为。

2015 年 12 月，搜狗公司推出的安卓版搜狗手机输入法上更新了一项新的服务——提供搜索候选词服务。搜狗搜索候选词排列在搜狗输入法界面的输入候选词的上方，用户点击搜索候选词之后，搜索结果会直接转跳进入搜狗搜索结果页面。之后，360 公司、百度公司、动景公司和神马公司分别对搜狗公司发起诉讼，认为搜狗输入法的搜索候选词服务构成不正当竞争，要求赔偿各自的经济损失均超过 1 亿元。

搜狗公司抗辩称，其搜索候选词仅出现在浏览器环境中，将输入法与搜索引擎的结合属于技术创新，并且已尊重用户知情权、选择权。

案件调查审理经过了三年多的时间方才迎来宣判。海淀法院对三起不正当竞争纠纷案件进行了集中宣判，认为用户在已经选定了搜索引擎的情况下，搜狗公司有意制造用户混淆，在输入法界面不添加与搜索经营者相关的明显标识的情况下，通过搜索候选词将用户引导至同样没有明显标识的搜狗搜索结果页面，劫持本属于三案原告的搜索用户流量，应认定为利用技术手段，通过影响用户选择的方式，妨碍了三案原告经营活动的正常运行，构成不正当竞争。应停止不正当竞争行为，分别为三案原告公开消除影响，向 360 公司、百度公司各赔偿经济损失 500 万元，向动景公司和神马公司共赔偿 2000 余万元。

在动景公司和神马公司起诉搜狗公司的案件中，经过数据勘验，法院最终认定搜狗公司劫持流量超过 7 亿，且在诉讼过程中持续侵权，所以法院判定搜狗向动景公司和神马公司共赔偿 2000 余万元。

点评：此案是互联网时代劫持用户流量的典型案例，自由市场允许经营者在遵循自愿、平等、公开、诚实原则下竞争用户流量，也鼓励经营者开发不同产品和服务，但不能以技术创新为名，以增进消费者福利为名，不正当摄取其他经营者合法商业利益。唯有此，才能构建诚信有序、兼顾各方利益的互联网市场秩序。

项目三　反不正当竞争法的程序制度

基本理论

一、行政程序

反不正当竞争法的核心程序制度是对涉嫌不正当竞争行为的调查。

（一）调查机关

《反不正当竞争法》第4条规定，县级以上人民政府履行工商行政管理职责的部门对不正当竞争行为进行查处；法律、行政法规规定由其他部门查处的，依照其规定。

（二）调查手段

根据《反不正当竞争法》第13条的规定，监督检查部门调查涉嫌不正当竞争行为，可以采取下列措施：①进入涉嫌不正当竞争行为的经营场所进行检查；②询问被调查的经营者、利害关系人及其他有关单位、个人，要求其说明有关情况或者提供与被调查行为有关的其他资料；③查询、复制与涉嫌不正当竞争行为有关的协议、账簿、单据、文件、记录、业务函电和其他资料；④查封、扣押与涉嫌不正当竞争行为有关的财物；⑤查询涉嫌不正当竞争行为的经营者的银行账户。采取上述规定的措施，应当向监督检查部门主要负责人书面报告，并经批准。采取上述第4项、第5项规定的措施，应当向设区的市级以上人民政府监督检查部门主要负责人书面报告，并经批准。监督检查部门调查涉嫌不正当竞争行为，应当遵守《行政强制法》和其他有关法律、行政法规的规定，并应当将查处结果及时向社会公开。

（三）调查职权

监督检查部门在监督检查不正当竞争行为时，享有四种职权，即检查权、询问权、查询复制权、查封扣押权。

1. 检查权。监督检查部门有权进入涉嫌不正当竞争行为的经营场所进行检查。

2. 询问权。监督检查机关有权询问被调查的经营者、利害关系人及其他有关单位、个人，要求其说明有关情况或者提供与被调查行为有关的其他资料。

3. 查询复制权。监督检查机关在监督不正当竞争行为时，查询、复制与涉嫌不正当竞争行为有关的协议、账簿、单据、文件、记录、业务函电和其他资料；有权查询涉嫌不正当竞争行为的经营者的银行账户。

4. 行政强制权。监督检查机关有权查封、扣押与涉嫌不正当竞争行为有关的财物。

二、司法程序

从司法程序来看，因涉嫌不正当竞争的行为往往与侵犯知识产权的行为重叠、交叉。根据案件类型以及我国法院组织法有关级别管辖的规定，大部分反不正当竞争类的案件属于我国中级人民法院管辖。这是反不正当竞争法司法程序方面的特殊情形。

项目四　违反《反不正当竞争法》的法律责任

基本理论

法律责任是指由于行为人的违法行为而应当承担的法律后果。根据我国《反不正当竞争法》的规定，不正当竞争行为应承担的法律责任包括民事责任、行政责任和刑事责任等责任形式。

经营者违反《反不正当竞争法》的规定，给他人造成损害的应当依法承担民事责任。经营者的合法权益受到不正当竞争行为损害的，可以向人民法院提起诉讼。

因不正当竞争行为受到损害的经营者的赔偿数额，按照其因被侵权所受到的实际损失确定；实际损失难以计算的，按照侵权人因侵权所获得的利益确定。赔偿数额还应当包括经营者为制止侵权行为所支付的合理开支。

经营者违反《反不正当竞争法》第6条、第9条规定，权利人因被侵权所受到的实际损失、侵权人因侵权所获得的利益难以确定的，由人民法院根据侵权行为的情节判决给予权利人500万元以下的赔偿。

经营者除因致人损害应承担损害赔偿的民事责任外，因其所从事的不正当竞争行为的类型的不同，还应当承担其他的法律责任，这主要体现在以下方面：

1. 混淆行为的法律责任。经营者违反《反不正当竞争法》第6条规定实施混淆行为的，由监督检查部门责令停止违法行为，没收违法商品。违法经营额5万元以上的，可以并处违法经营额5倍以下的罚款；没有违法经营额或者违法经营额不足5万元的，可以并处25万元以下的罚款。情节严重的，吊销营业执照。经营者登记的企业名称违反规定的，应当及时办理名称变更登记；名称变更前，由原企业登记机关以统一社会信用代码代替其名称。

2. 商业贿赂行为的法律责任。经营者违反《反不正当竞争法》第7条规定贿赂他人的，由监督检查部门没收违法所得，处10万元以上300万元以下的罚款。情节严重的，吊销营业执照。

3. 虚假或引人误解商业宣传行为的法律责任。经营者违反《反不正当竞争法》第 8 条规定对其商品作虚假或者引人误解的商业宣传，或者通过组织虚假交易等方式帮助其他经营者进行虚假或者引人误解的商业宣传的，由监督检查部门责令停止违法行为，处 20 万元以上 100 万元以下的罚款；情节严重的，处 100 万元以上 200 万元以下的罚款，可以吊销营业执照。如属于发布虚假广告的，依照《广告法》的规定处罚。

4. 侵犯商业秘密行为的法律责任。经营者违反《反不正当竞争法》第 9 条规定侵犯商业秘密的，由监督检查部门责令停止违法行为，处 10 万元以上 100 万元以下的罚款；情节严重的，处 50 万元以上 500 万元以下的罚款。

5. 违规有奖销售的法律责任。经营者违反《反不正当竞争法》第 10 条规定进行有奖销售的，由监督检查部门责令停止违法行为，处 5 万元以上 50 万元以下的罚款。

6. 诋毁商誉行为的法律责任。经营者违反《反不正当竞争法》第 11 条规定损害竞争对手商业信誉、商品声誉的，由监督检查部门责令停止违法行为、消除影响，处 10 万元以上 50 万元以下的罚款；情节严重的，处 50 万元以上 300 万元以下的罚款。

7. 利用互联网技术实施的不正当竞争行为的法律责任。经营者违反《反不正当竞争法》第 12 条规定妨碍、破坏其他经营者合法提供的网络产品或者服务正常运行的，由监督检查部门责令停止违法行为，处 10 万元以上 50 万元以下的罚款；情节严重的，处 50 万元以上 300 万元以下的罚款。

经营者从事以上不正当竞争行为，有主动消除或者减轻违法行为危害后果等法定情形的，依法从轻或者减轻行政处罚；违法行为轻微并及时纠正，没有造成危害后果的，不予行政处罚。

经营者从事以上不正当竞争行为，受到行政处罚的，由监督检查部门记入信用记录，并依照有关法律、行政法规的规定予以公示。

经营者违反《反不正当竞争法》规定，应当承担民事责任、行政责任和刑事责任，其财产不足以支付的，优先用于承担民事责任。

当事人对监督检查部门作出的决定不服的，可以依法申请行政复议或者提起行政诉讼。

习作案例：

2018 年 4 月 20 日，浙江省海盐县市场监督管理局接到举报，称嘉兴市洞洞拐网络科技有限公司作为某知名外卖平台海盐地区的代理商，通过后台管理软件修改数据的方式，缩小商家配送范围，迫使平台上有关商家退出另一公司运营的竞争平台，给部分商家和竞争对手造成经济损失。

经查，当事人于 2017 年 7 月成为国内某知名外卖平台海盐地区的代理商，负责海盐地区代理和管理商家入驻平台等事宜，并通过后台管理软件进行包括划定商家配送范围等内容的商家维护。

2018 年 4 月初，当事人从总部得知其代理的外卖平台在海盐地区的市场占有率有所下降，从 2 月的 62.83% 下降至 3 月的 61.66%。当事人调查发现，部分签约其代理外卖平台的商家同时上线"闪电小哥"平台。当事人于 4 月上旬起通过下属业务员，以电话、微信等方式通知同时上线两个平台的商家，要求其关闭或停止在"闪电小哥"平台上的经营，否则将暂停相关商家在当事人代理的外卖平台的经营。随后大部分商家关闭或暂时停止在"闪电小哥"平台上的经营。

因无正当理由直接关停签约商户服务无法通过总部审批，自 4 月 11 日起，当事人对不愿关闭或停止在"闪电小哥"平台上经营的部分商家，通过使用后台管理软件修改后台数据的方式，缩小相关商家在当事人代理的外卖平台上的配送范围，将原本正常半径为 2.5 公里至 3 公里的配送范围缩小到 0.2 公里至 1.5 公里，迫使商家关闭或暂时停止在"闪电小哥"平台上的经营，之后才予以恢复。在此期间，相关商家在当事人代理外卖平台上的接单量显著下降，上线或使用"闪电小哥"平台商家的数量明显减少。

试分析上述案件涉及何种不正当竞争行为？对该行为应如何处理？

第三单元

反垄断法律制度

反垄断法律制度的全面阐述，应当涉及反垄断制度的原理、各类垄断行为规制制度和综合性规制体制与程序，本章在反垄断法律制度原理中，突出了垄断和反垄断法的界定及体系，我国反垄断法所规定的四大类典型的垄断行为的界定、特征、具体的行为表现、成因及其利弊分析。除此之外，本章还根据我国反垄断法的相关规定，介绍了我国反垄断的执行主体和执行程序，实施垄断行为所应当承担的法律责任。理解了本章在内容安排上的构思，有助于我们理解本章的反垄断法律制度六个方面内容之间的关系。

本章的所运用的具有代表性的引例大多发生在 2022 年 8 月 1 日正式施行的新修正的《反垄断法》之前，故案例分析中所依据的法条为由中华人民共和国第十届全国人民代表大会常务委员会第二十九次会议于 2007 年 8 月 30 日通过，2008 年 8 月 1 日起施行的未修正前的《反垄断法》，为表示区别，未修正前的本章用"《反垄断法》"表示，修正后的用"新《反垄断法》"表示。

项目一　反垄断法概述

引例

反垄断"第一单"：阿里巴巴被罚 182.28 亿

2020 年 12 月，市场监管总局依据反垄断法对阿里巴巴集团控股有限公司（以下简称阿里巴巴集团）在中国境内网络零售平台服务市场滥用市场支配地位行为立案调查。

市场监管总局成立专案组，在扎实开展前期工作基础上，对阿里巴巴集团进行现场检查，调查询问相关人员，查阅复制有关文件资料，获取大量证据材料；对其他竞争性平台和平台内商家广泛开展调查取证；对本案证据材料进行深入核查和大数据分析；组织专家反复深入开展案件分析论证；多次听取阿里巴巴集团陈述意见，保障其合法权利。本案事实清楚、证据确凿、定性准确、处理恰当、手续完备、程序合法。

经查，阿里巴巴集团在中国境内网络零售平台服务市场具有支配地位。自2015年以来，阿里巴巴集团滥用该市场支配地位，对平台内商家提出"二选一"要求，禁止平台内商家在其他竞争性平台开店或参加促销活动，并借助市场力量、平台规则和数据、算法等技术手段，采取多种奖惩措施保障"二选一"要求执行，维持、增强自身市场力量，获取不正当竞争优势。

调查表明，阿里巴巴集团实施"二选一"行为排除、限制了中国境内网络零售平台服务市场的竞争，妨碍了商品服务和资源要素自由流通，影响了平台经济创新发展，侵害了平台内商家的合法权益，损害了消费者利益，构成《反垄断法》第17条第1款第4项禁止"没有正当理由，限定交易相对人只能与其进行交易"的滥用市场支配地位行为。

根据《反垄断法》45条、47条的规定，综合考虑阿里巴巴集团违法行为的性质、程度和持续时间等因素，2021年4月10日，市场监管总局依法作出行政处罚决定，责令阿里巴巴集团停止违法行为，并处以其2019年中国境内销售额4557.12亿元4%的罚款，计182.28亿元。同时，按照行政处罚法坚持处罚与教育相结合的原则，向阿里巴巴集团发出《行政指导书》，要求其围绕严格落实平台企业主体责任、加强内控合规管理、维护公平竞争、保护平台内商家和消费者合法权益等方面进行全面整改，并连续三年向市场监管总局提交自查合规报告。

基本理论

反垄断法的立法目的在于预防和制止垄断行为的同时建立起一个有序的法律框架，并在其运行过程中保护市场公平竞争，维护消费者的合法权益，维护社会公共利益。

一、垄断的概念

（一）垄断的经济学含义

经济学中垄断的本义指一种市场结构。一般认为，依其集中度，市场结构有四种类型：完全竞争、垄断竞争、寡头垄断和垄断（即独占）。完全竞争是指市场上存在许多生产者，生产相同的产品，每个生产者对市场价格都没有控制力。生产者所面临的需求曲线基本上是一条水平线，它可以卖掉任何数量上的商品。垄断是指一个部门只有一个生产者，生产独特的没有代用的商品，生产者对价格市场具有很大的控制力。显然这里对垄断是一个非常狭义的理解。经济学中的垄断，一般包含三个层面的含义：一是最狭义的垄断，是指完全垄断的市场结构，即独占；二是狭义的垄断，是指不完全竞争的市场结构，是除完全竞争之外所有的市场结构，包括垄断竞争、寡占和独占；三是广义的垄断，既指包括垄断竞争、寡占和独占在内的市场结构，又指市场主体的垄断行为（如滥用市场支配地位行为、垄断协议行为、经营者集中行为等）。

（二）垄断的法学含义

垄断是一种十分复杂的经济和法律现象，且发展得非常快，目前学术界的研究还难以达成高度共识。并且，目前世界各国对垄断的法律规定，在角度、方式、层次上也各有不同。因此，虽然在目前的法学和法律文献中，"垄断"一词非常常见，但是要形成无可争议的法学定义，还存在一定的困难。实际上，关于反垄断的全部研究，都是从法学角度揭示垄断的独特属性，都是从不同视角、在不同层次对尚未形成垄断的法学定义所作的努力。

垄断的法学定义不同于垄断的经济学定义，但是垄断的法学定义必须以垄断经济学定义为基础，综合来说，垄断是指经营者或其利益的代表者，滥用已经具备的市场支配地位，或者通过协议、合并或者是其他方式谋求或谋求并滥用市场支配地位，借以排除或限制竞争，牟取超额利益，依法应予规制的行为。简单来说，垄断就是经营者或其利益代表者排除或限制竞争的行为。该定义包含以下含义：

1. 垄断的客观方面是垄断行为而非垄断结构。虽然广义上的垄断既指市场结构又指市场行为，但是垄断的法学定义只能是指市场行为。法律所规范的直接对象是行为而非状态。世界各国的反垄断法所关注的垄断已经不再是垄断结构，而是居于垄断地位的经营者或者其利益代表者所为的垄断行为。新《反垄断法》第2条明确规定，中华人民共和国境内经济活动中的垄断行为，适用该法；中华人民共和国境外的垄断行为，对境内市场竞争产生排除、限制影响的，适用该法。

2. 垄断的主体是经营者或者其利益代表者。经营者是通过提供商品和服务而获取利润的企业、其他组织或个人。新《反垄断法》第15条第1款规定，该法所称经营者，是指从事商品生产、经营或者提供服务的自然人、法人和非法人组织。经营者是市场中最常见的垄断者。在市场运行中，实施垄断行为的，除了经营者之外，还有其利益的代表者，如各种行业协会，特定情形下还包括地方政府和各级政府的主管部门。前者主要体现在垄断协议行为中，后者主要体现在行政性垄断行为中。行业协会、地方政府和各级政府的主管部门，虽然不是经营者，但是它们成为垄断行为的主体时，实际上它们已经演变成经营者利益的代表者。

3. 垄断的主观方面是牟取超额利润。这里所说的超额利润是指超过完全竞争状态下所获得的合理利润以上的利润。就经营者来说，这种超额利润是通过其生产、销售或提供服务的市场行为获得的。就经营者的利益代表者来说，并不一定要通过市场行为，但是其所实施垄断行为的目的仍然是牟取超额利润。

4. 垄断的后果是排除或限制竞争。完全的市场竞争要比不完全竞争给社会整体带来更多的效率、公平和社会福利。但是，就市场主体——经营者而言，在完全竞争的市场结构中所获得的是社会平均利润，每个市场主体为了自身的生存和发展，通过提高产品和服务的质量来提高市场占有率。而在不完全的市场竞争中，居于市场支配地位的经营者仅仅通过滥用其市场支配地位的行为，在局部或整个相关市场中限制或排除竞争机制发挥作用，就可以获得比在完全竞争市场中多得多的利润。正常的市场竞争机制被破坏。

[案情简介]

法国达能公司 1987 年进入中国市场。1996 年，娃哈哈与达能公司、香港百富勤公司共同出资建立了 5 家公司，共同生产以"娃哈哈"为商标的包括纯净水、八宝粥等在内的产品。后来香港百富勤公司将股权转让给了达能公司，致使达能公司的股权达到 51%。后来娃哈哈与达能公司改签了一份商标使用合同，达成如下条款："中方将来可以使用（娃哈哈）商标在其他产品的生产和销售上，而这些产品项目应提交给娃哈哈与其合营企业的董事会进行考虑……"20 世纪90 年代中后期，伴随着企业实力的迅速增强，产品营销网络的日益健全和产品形象的深入人心，娃哈哈准备通过规模扩张和跨地区设厂来扩大产能。然而在投资设厂等诸多问题上，达能未能与娃哈哈达成一致意见，双方发生了矛盾。娃哈哈集团董事长、娃哈哈品牌的主要创始人宗庆后和中方决策班子商量决定，建立一批与达能公司没有合资关系的公司，并使用娃哈哈品牌。2007 年，宗庆后现身新浪网，将合资双方的纠纷公之于众，表示对当年签订的商标使用合同追悔莫及，使得娃哈哈的发展陷入了达能精心设计下的圈套，并且指出达能公司欲以40 亿元人民币的价格收购这些与达能没有合资关系的公司 51% 股权。

[法理评析]

对于达能公司的行为，民间机构曾上书指责其垄断，呼吁有关部委展开反垄断调查。宗庆后也一再表示，达能公司的强行并购行为已构成垄断。在新浪网的一项调查中，大部分网民对宗庆后的行为表示支持，并声称达能的并购行为意在垄断中国的饮料行业。

其实达能公司的市场并购行为是一种正常的市场行为，其行为很难说排除或限制了竞争，我国反垄断法保护的是竞争机制，而不是具体的竞争者利益。达能与娃哈哈之间的争议实质是合同履行的纠纷而非是否构成垄断。

5. 垄断具有违法性。被称为垄断的行为，由于该行为破坏了整个市场的正常竞争机制，损害了市场竞争的效率、公平的原则，因此，世界许多国家把该行为都通过立法加以限制或禁止。

二、反垄断法的概念

（一）反垄断法的语词

反垄断法，有实质意义和形式意义之分，实质意义上的反垄断法是由反垄断法律规范所构成的系统，是部门意义上的反垄断法。形式意义上的反垄断法是指一国规制垄断行为的基本法律。例如，我国的《反垄断法》于 2007 年在立法机关通过后，就是我国形式意义上的反垄断法。而在该法通过以前，我国的法律、法规和规章中就已经存在不少反垄断法律规章，这些都是实质意义上的反垄断法。

（二）反垄断法的调整对象

反垄断法的调整对象，即是指它所调整的社会关系。反垄断法的调整对象，是指国家在规制垄断行为的过程中发生的社会关系，简称反垄断关系。

反垄断关系可以分为垄断行为规制关系和反垄断体制关系。垄断行为规制关系是指在规制垄断行为过程中形成的社会关系，包括作为调制主体的市场规制部门和作为调整受体的经营者之间、经营者相互之间因规制垄断行为而发生的社会关系。反垄断体制关系，是指各相关机关因反垄断的权限而发生的社会关系，即反垄断的权力分配关系。

（三）反垄断法的定义

根据反垄断法调整的对象，我们可以认为，反垄断法是指调整国家规制垄断行为的过程中所发生的社会关系的法律规范的总称。

三、反垄断法的地位和体系

（一）反垄断法的地位

从部门法的角度来说，反垄断法是经济法体系中的重要部门法之一。

（二）反垄断法的体系

由于反垄断法所调整的反垄断关系可以分为垄断行为规制关系和反垄断体制关系，反垄断法相应地可以分为垄断行为规制法和反垄断体制法，垄断行为根据我国反垄断法的规定，可以进一步分为滥用市场支配地位行为、垄断协议和经营者集中行为三大类，因此，垄断行为规制法可以分为滥用市场支配地位规制法、垄断协议行为规制法和经营者集中行为规制法。在我国，行政性垄断行为也是一类垄断行为，因此，我国的垄断行为规制法还应包括行政性垄断行为规制法。

四、我国反垄断法的立法宗旨和目的

竞争是市场经济的核心机制，但竞争又是一把双刃剑。在市场经济条件下，市场经营主体通过竞争不仅可以提高自身的科技、管理等水平，还给社会提供了丰富的商品和服务，繁荣了国家经济。但是这种竞争也极有可能会给社会和市场带来消极的后果。这种消极后果主要体现在：一是侵犯了其他经营者的竞争权利。当经营者实施反竞争行为时，尤其是限制竞争行为和垄断行为时，其他经营者的竞争权利势必就会受到不同程度的损害，其后果就是阻碍和窒息了竞争。二是侵犯了消费者的合法利益。市场经营者的反竞争行为会导致消费者在商品和服务的价格、质量、售后服务等围绕商品和服务本身的诸多方面的利益受到侵害。三是损害了社会公共利益。市场经营者的反竞争行为不仅阻碍和破坏了竞争的有序进行，而且阻碍和破坏了国家欲通过竞争所要达到的经济目标。因此，我国的反垄断法的立法宗旨，就是在预防和制止垄断行为的同时，建立起一个有序竞争的法律框架，并在其正常运行过程中实现三大立法目标：一是要保护市场的公平竞争，即保证经营者的竞争行为在法律的框架下有序进行；二是维护消费者利益，即通过法律途径消除和禁止垄断行为，达到维护消费者利益的目的；三是维护社会公共利益。我国新《反垄断法》第 1 条就明确规定，为了预防和制止垄断行为，保护市场公平竞争，鼓励创新，提高经济运行效率，维护消费者利益和社会公共利益，促进社会主义市场经济健康发展，制定该法。

项目二　垄断协议行为

引　例

2022 年 2 月 28 日，市场监管总局官网发布某商贸（北京）有限公司限定最低转售价格垄断协议案行政处罚决定书。被处罚对象为某商贸（北京）有限公司，是国内某种植牙领域最大跨国器械企业在中国投资设立的全资子公司。据该行政处罚书，当事人销售的涉案商品为骨填充材料和可吸收生物膜，属于国家Ⅲ类医疗器械产品，主要应用于牙齿种植领域。当事人在中国没有生产型业务，涉案商品全部进口自母公司。

在销售涉案商品时，当事人绝大部分采用转售模式。公司与一级经销商签署经销合同，将涉案产品销售给一级经销商，一级经销商将涉案产品转售给终端医院或二级经销商。

2008 年至 2020 年期间，当事人通过签署合同、会议商定、微信告知、口头通知等方式制定面向全体经销商的价格政策，规定经销商销售涉案商品价格不能低于公司制定的建议指导价的一定数值。

同时，当事人通过制定管理规定、建立考核评估机制、监控经销商执行限定价格情况以及处罚未执行限定价格政策的经销商等措施，进一步促进垄断协议的实施。

北京市市场监管局认定，当事人与其交易相对人就涉案商品达成并实施限定转售最低价格的垄断协议，违反《反垄断法》第 14 条第 2 项的规定，责令当事人停止违法行为，并处立案调查的上一年度（2020 年）中国境内销售额 3%的罚款，计 9 123 598 元。

引例分析

2022 年 6 月 24 日，全国人大常委会表决通过了新《反垄断法》，许多司法实践中的争议尘埃落定。本案例被称为"2022 年医疗器械领域反垄断第一案"，不仅是因为罚款数额近千万，且距新法出台仅数月之遥。

采用经销商模式开展销售的企业在经营过程中，为了保护企业自身和各级经销商利益，或出于维护品牌考虑，往往对经销商的销售价格进行一定程度的管控。固定转售价格或限定最低转售价格的行为，在国内反垄断监管体系中被作为执法重点。本案中，执法机关从当事人以下四方面的行为收集证据进行事实认定：

1. 制定经销商管理规定，加强管控经销商的销售价格。
2. 建立考核评估机制，激励经销商维护价格体系。
3. 监控经销商执行限定价格的情况。
4. 处罚未执行限定价格政策的经销商。

当事人上述行为对经销商的销售价格达到了实质性的管控和约束。因此，执法机关对当事人构成"纵向垄断协议"的事实认定合理有效。

基本理论

一、垄断协议行为的概念和特征

（一）垄断协议行为的概念

垄断协议行为，是对一类垄断行为的学理概括。一些国家和地区的反垄断立法用其他名词概括此类行为，如德国叫"限制竞争行为"，意大利是"限制竞争自由的协议"，我国的反垄断法称之为垄断协议行为等。所谓垄断协议行为，是指经营者为排除或限制竞争而达成协议、决定或者其他协同一致的行为，其实质也是一种市场联合行为。

（二）垄断协议行为的特征

1. 垄断协议行为的主体是具有竞争关系的经营者和经营团体。经营者无疑是该类行为的主体。除此之外，经营者团体，如各种行业协会也可能通过决定、决议等形式限制竞争。这时，经营者团体也是垄断协议行为的主体。

2. 垄断协议行为的客观方面是合同、协议、决议或者其他联合的行为。由于垄断协议行为的主体之间彼此独立，相互之间没有隶属关系，如果没有合同、协议或者其他相应的行为，就不可能联合。没有联合，也就不会产生垄断，进而造成闲置、削弱以至于排除市场参与者之间竞争的后果。

3. 垄断协议行为的目的和后果是限制或排除正常市场竞争。市场经济的效率和优势源于竞争，而竞争优势以经营者之间的优胜劣汰为基础。垄断协议行为则为市场参与者稳定地获得利润提供了市场条件，大大减轻了经营者的生存压力。经营者面对竞争及其结果，存在着限制或排除竞争的天然动力。因此，有无排除或限制竞争的目的或后果，是判断协议行为是否为垄断协议行为的重要标准。我国新《反垄断法》第 20 条就规定了不属于垄断的经营者协议行为。

二、垄断协议行为的类型

从不同的角度、依照不同的标准可以划分出该类行为的不同类型。

（一）不同形式的垄断协议

1. 经营者之间限制竞争的协议。此处的协议为广义，只要经营者之间采用了合同、协议或者其他与约定类似的方式，且具有限制竞争的目的、后果，都可以将之视为垄断协议。同时，订立合同或协议的经营者之间是彼此独立，相互之间具有一定的竞争关系。如果经营者之间存在从属关系，则不应视为垄断协议。

2. 经营者团体的决议。经营者团体，是指同行业经营者的联合组织或者同职业人员的联合组织，如经营者联合形成的行会、商会、联合会等联合体。经营者团体的决议，则是指经营者团体所做出的反映团体及其成员意愿的决定。

3. 经营者其他协同一致的经营行为。在既没有经营者之间的合同或协议，也没有经营者团体决定、决议的情况下，经营者以事实上协调一致的共同行为共谋，以限制竞争的各种活动，也是一种事实上的垄断协议行为。

（二）不同内容的垄断协议

各国的反垄断立法都分别将多种不同内容的垄断协议行为作为管理对象。概括各国的立法经验，结合我国市场经济中垄断协议的特点，主要有以下不同内容：

1. 市场价格联合，即统一确定、维持或者变更商品或服务价格的行为。

2. 市场额度联合，即统一确定、维持或者变更商品或服务数量的行为。

3. 市场区域联合，即统一确定、维持或者变更分割销售市场或者原材料采购市场，或者提供服务的地域范围的行为。

4. 技术联合，即统一确定、维持或者变更限制购买或者开发新技术、新设备的行为。

5. 其他排除、限制竞争的联合限制竞争的行为。

（三）在产业链上不同关系主体的垄断协议

在国民经济产业链中，经营者都处于不同产业链的不同层次。根据参与协议的经营者所处的产业链环节是相同还是相续、是否具有竞争关系，可以分为横向上垄断协议和纵向上垄断协议。该分类是各国立法中最为常见的分类。我国新《反垄断法》第17条、第18条对此分别作了规定。

1. 横向垄断协议。有些经营者为了限制竞争，共同获取垄断利润，与处于产业链同一环节的其他竞争者订立垄断协议。横向垄断协议是指两个或两个以上因生产或销售同一类型产品或提供同一类服务而处于相互竞争中的经营者，通过共谋而限制竞争的行为。如彩电零售商之间的垄断协议行为。横向垄断协议排斥了最具有竞争关系经营者之间的竞争，对竞争的危害最为严重，其原因在于：一是横向垄断协议直接造成产出减少，价格升高，损害消费者利益；二是横向垄断协议保护成员企业不受激烈市场竞争的影响，客观上削弱了这些企业控制成本和创新的动力；三是横向垄断协议会使财富更多地转移到其成员企业手里，损害社会福利，引发社会不公，影响社会稳定。因此，法律对这种垄断协议的管制也最为严厉。根据我国新《反垄断法》第17条的规定，横向垄断协议可以表现为：①固定或变更商品价格；②限制商品的生产数量或销售数量；③分割销售市场或原材料采购市场；④限制购买新技术、新设备或限制开发新技术、新产品；⑤联合抵制交易；⑥国务院反垄断执法机构认定的其他垄断协议。

（1）固定或变更商品价格，是指处于产业链同一环节、具有竞争关系的经营者通过协议、决议或其他协同一致的方式确定、维持或改变价格的行为。这种价格协议对市场竞争关系的损害最为严重。一旦商品的价格被人为地固定，价格传递供求信息的功能和调节生产的功能就会丧失殆尽，其结果就是劣质的企业不能被淘汰，优质的企业得不到良好的经济效益。另外，由于这种价格协议使得协议成员企业面临的市场风险被大大地降低，其改善经营管理、降低成本和进行技术创新的压力和动力都会大大地降低，最终会损害该行业的技术发展和经济效益的提高。因此，该种价格协议属于各国的反垄断法首先禁止之列。

（2）限制商品的生产数量或销售数量。限制产品数量是指处于产业链同一环节、具有竞争关系的经营者通过协议、决议或其他协同一致的方式限制商品的生产数量或者销售数量。固定或变更商品价格与限制商品的生产数量或销售数量一般是联系在一起的，因为在不限制生产或销售数量的情况下，固定或变更商品价格协议的成员企业会因为单位产品的价格上涨而扩大生产规模和销售的数量，其结果是随着市场供给的增加，产品或服务的垄断高价最终无法持续。因此，企业联合限价的同时往往也限制其生产或销售数量。

（3）划分市场，是指处于产业链同一环节、具有竞争关系的经营者通过协议、决议或其他协同一致的方式划分其产品或服务的地区市场或客户市场的行为。分割市场必然导致两个后果：一是竞争力较差的企业因被分得市场而被片面地保护，竞争力强、效益好的企业因为市场人为地被限制而得不到更好的发展；二是这些人为割裂开来的市场都由垄断企业开展经营活动，由此就会减少消费者在市场上选择商品和服务的机会，严重损害了消费者的合法权益。

（4）限制购买或开发新技术、新设备，是指处于产业链同一环节、具有竞争关系的经营者通过协议、决议或其他协同一致的方式限制购买新技术、新设备或者限制开发新技术、新产品。

（5）联合抵制，是指处于产业链同一环节、具有竞争关系的经营者通过协议、决议或其他协同一致的方式拒绝与特定交易相对人交易的行为。如一些药品生产商对"平价"药房联合抵制供货等。

上述五种情形是现实生活中存在的典型的横向垄断协议，随着市场经济和竞争关系的发展，新类型的横向垄断协议也会不断出现。为了适应反垄断的需要，新《反垄断法》第17条采取兜底条款方式，专门规定"国务院反垄断执法机构认定的其他垄断协议"也属于法律禁止的横向垄断协议。如联合制定技术标准、联合限制广告等。

2. 纵向垄断协议。纵向上的垄断协议是指处于同一产业链上下环节（即有供求关系）的两个或两个以上经营者所为的垄断协议。比如，电脑生产商和电脑销售商之间所为的垄断协议。纵向上的垄断协议形式很多，根据我国新《反垄断法》第18条的规定，主要有：固定转售价格；限制转售最低价格；国务院反垄断执法机构认定的其他垄断协议，如独家交易、特许协议等。其中纵向价格垄断协议对良性竞争关系的破坏尤重。

[案情简介]

2013年2月22日，四川省发改委依据《反垄断法》对宜宾五粮液酒类销售有限责任公司罚款2.02亿元；贵州省茅台酒销售有限公司也收到了贵州物价局开出的2.47亿罚单。

同日，国务院反垄断委员会专家咨询组副组长、对外经贸大学竞争法研究中心主任黄勇接受中新社记者专访时指出，官方此番对茅台、五粮液的调查，明晰了中国针对纵向垄断所采取的判断规则。中国其他行业中占龙头地位的企业也都应审视现有经销模式，及时进行反垄断合规。特别是对转售价格的固定和最低转售价格的限定，尤其需要慎重。

2012年末，为避免经销商在销售寒冬中竞相低价出货，茅台对12省区市的18家经销商进行处罚；五粮液也对11省市的14家"低价、跨区、跨渠道违规销售"的经销商开出罚单。

由于我国《反垄断法》第 14 条明确禁止经营者与交易相对人达成"限定向第三人转售商品的最低价格"的垄断协议，国家发改委反垄断局随即介入调查。这也成为我国针对"纵向价格垄断协议"的第一个执法案例。

"从四川省发改委披露的信息来看，执法机构并没有采用本身违法的直接判定，而是选择了基于行业分析、经济分析的'合理分析'方法"，这种判断规则意味着并非所有的对最低转售价格的限定都会被判定为"纵向垄断"。

从已有实践来看，一般行业龙头、拥有市场强势地位、消费者忠诚度较高的企业，所达成"纵向价格垄断协议"的排除、限制竞争效果较大。正因为如此，四川发改委发布的公报中特别交代了"五粮液在浓香型白酒中具有重要地位、产品可替代性低"；而茅台在酱香型白酒中的地位也是其受到调查的前提条件之一。

"即便是限定范围内的企业实施了最低限价，也还需要进行进一步的分析评估"，黄勇指出，从四川发改委给出的细节中可以看出，这种分析将主要体现在三个方面：品牌内竞争是否受到影响、品牌间竞争是否被削弱以及消费者利益是否受到损害。

黄勇指出，从限定范围到深度分析，这样的执法思路既符合国外的通常做法，也和司法机构审判分析方法基本一致，从这个意义上讲，本案是我国针对纵向价格垄断协议执法的一个良好开局。

[法理评析]

固定转售价格协议，是指供应商和经销商签订协议以固定产品的零售价格。其构成要件是：一是必须存在两个以上的独家交易关系，即"初次销售"和"转售"；二是后一销售的价格被固定。

限制转售最低价格，是指在同一产业链中上一环节经营者，利用其市场支配地位，通过协议确定下一环节经营者销售价格的行为。

纵向价格垄断协议对市场竞争关系的损害具有双重性。一方面，上游企业通过与下游企业订立协议，限制下游企业的经营自主，损害了下游企业总体上的经济活力；另一方面，上游企业通过对下游企业的限制，为自己创造了有利的商业条件，剥夺了上游企业同层次的其他经营者的商业机会，达到了横向限制的目的和效果。

"国务院反垄断执法机构认定的其他垄断协议"，主要包括：

1. 独家分销协议，即销售商在特定区域，只对特定类型的代理人或者特定商品进行排他性销售。

2. 独家交易，即指在同一产业链中上游经营者与下游经营者之间，利用其一方或双方各自的市场支配地位，通过协议约定对方或双方在特定地区不与第三方发生与对方有竞争关系的产品或服务交易的行为。

3. 搭售协议，即在下游经营者购买某种商品时要求必须以购买另一种商品为条件。

三、垄断协议的反垄断法豁免

由于垄断协议对市场竞争具有直接和严重的危害，我国反垄断法一般对此予以禁止。但是，由于经济生活的复杂性、多样性和多变性，有些情况下，经营者达成的垄断协议虽然有限制、排除竞争的效果，但是该协议总体上有利于提高经济效益，推动技术进步，符合社会公共利益。因此，对符合一定条件的垄断协议应予以豁免。我国市场体系还不成熟，市场发育还不充分，在垄断协议的豁免上应更具灵活性。因此新《反垄断法》第20条规定了垄断协议的豁免制度，经营者达成的协议如果符合一定的条件，则不适用于禁止垄断协议的规定。按照上述规定，垄断协议的豁免，必须满足三个条件：

1. 协议属于法定情形之一。经营者达成协议，可能具有多个方面的效果，如果达成协议的目的就是为了实现市场垄断，谋求垄断利益，显然就具有违法性，反垄断法必然对其进行否定性评价。如果经营者达成的协议虽然在客观上造成排除、限制竞争的效果，但其目的是实现某种积极的社会经济目标，则该协议可能不被禁止。我国《反垄断法》借鉴世界上其他国家关于垄断协议豁免的情形，根据我国实际情况，规定了垄断协议豁免的法定情形包括：为改进技术、研究开发新产品的；为提高产品质量、降低成本、增进效率，统一产品规格、标准或者实行专业化分工的；为提高中小经营者经营效率，增强中小经营者竞争力的；为实现节约能源、保护环境、救灾救助等社会公共利益的；因经济不景气，为缓解销售量严重下降或者生产明显过剩的；为保障对外贸易和对外经济合作中的正当利益的；法律和国务院规定的其他情形。在实践中，经营者达成的垄断协议是否属于上述情形，经营者负有举证责任。

2. 达成的协议不会严重限制相关市场的竞争。经营者达成的协议对市场竞争的影响程度各不相同，如果达成的协议严重限制了相关市场的竞争，虽然符合法定情形，也不应当予以豁免。经营者之间达成的协议可能同时具有反竞争效果和其他积极效果，判断该协议是否具有违法性，应当对该协议的两种不同效果进行权衡。只有当利大于弊时，该协议才不具有违法性。如果经营者的垄断协议严重限制了相关市场的竞争，其对社会的消极影响显而易见，应当予以禁止。因此，经营者必须证明其达成的协议不会严重限制相关市场的竞争。

3. 协议能够使消费者分享由此产生的利益。反垄断法的目的在于维护公平、有序的市场竞争秩序，维护消费者的合法正当利益。经营者达成的协议如果不能使消费者分享由此产生的利益，而仅仅是使经营者获得利益，该协议就丧失了正当性，不应给予豁免。

项目三　滥用市场支配地位行为

引 例

2021 年底，内资控股无菌包装企业"新巨丰"诉国际包装巨头"利乐"滥用市场支配地位纠纷案开庭，涉案赔偿金额达 1 亿元。而早在 2016 年，利乐就因滥用市场支配地位被原国家工商总局处以罚款 6.677 亿元。

资料显示，新巨丰成立于 2007 年，是目前国内最大的内资控股无菌包装企业；利乐发源于瑞典，成立于 1951 年，是一家在全球范围内提供食品加工、包装和分销领域全系统解决方案的大型跨国集团。从业务范围来看，新巨丰与利乐在无菌包装行业存在竞争关系，尤其在乳制品领域。这已经不是新巨丰第一次起诉利乐公司了，2019 年 11 月 6 日，新巨丰就向法院提起诉讼，请求判令利乐中国有限公司、利乐包装（昆山）有限公司、利乐包装（北京）有限公司、利乐包装（佛山）有限公司、利乐包装（呼和浩特）有限公司等，赔偿因其实施的滥用市场支配地位行为给新巨丰造成的经济损失 1 亿元，并承担案件诉讼费用等。本起案件虽然尚未公布庭审结果，但已引起了广泛关注。

在国内，利乐一度被描述为"乳业战场背后的军火商"，其无菌灌装技术及利乐包的引入开启了中国乳业发展的第一个"黄金十年"。据乳业资深人士介绍，2000 年之前，国内乳制品行业处于起步阶段，利乐在无菌灌装及包装市场可谓一枝独秀，甚至出现"没有利乐就做不出牛奶"的说法。基于这样的行业地位，利乐早期在与下游乳企合作过程中拥有较强的话语权，曾被多次举报搭售包装材料、实施差别待遇等垄断行为。

利乐在无菌包装领域的"支配地位"引起了监管部门注意。2013 年 7 月，国家工商行政管理总局发布公告称，多次接到针对利乐公司涉嫌滥用市场支配地位行为的反垄断举报，反映其利用在液态食品包装设备和维修等技术服务方面的优势，搭售包装材料、实施差别待遇等。根据举报，工商总局自 2012 年 1 月起对利乐涉嫌垄断行为立案调查。

2016 年 11 月份，国家工商行政管理总局对利乐公司出具了《行政处罚决定书》，认定利乐公司在 2009 年至 2013 年间实施了没有正当理由搭售包材、没有正当理由限定交易和排除、限制竞争的忠诚折扣等滥用市场支配地位的行为，违反《反垄断法》的规定，被处罚款约 6.677 亿元。同时，利乐公司被责令不得在提供设备和技术服务时无正当理由搭售包材，不得无正当理由限制包材原纸供应商向第三方供应牛底涂布液包白卡纸，不得制定和实施排除、限制包材市场竞争的忠诚折扣等。

基本理论

一、市场支配地位

垄断对经济的影响具有两面性。首先，垄断具有实现规模经济、推进技术创新的优势。但是，垄断企业滥用市场支配地位擅自提高商品和服务的价格，减少商品的供应量，将会造成消费者福利的减少。此外，垄断企业为了维持或强化其市场支配地位，通过不正当的手段阻碍其他经营者的正当经营活动，通过不正当的交易行为侵害消费者的合法权益。因此，各国普遍制定并实施反垄断法，对具有市场支配地位的企业加强监管，以防止和制止垄断的消极影响。

我国反垄断法借鉴世界上大多数国家的通行做法，不反对经营者具有市场支配地位，但严格禁止经营者滥用市场支配地位实施排除、限制竞争行为。这样做，既不妨碍、不限制大公司、大企业的存在和发展，符合我国鼓励企业做大做强、发展规模经济的政策，又能够有效制止经营者滥用其市场支配地位迫害良性竞争秩序的行为，有利于创造和维护公平竞争的市场环境，保护消费者的合法权益。

（一）市场支配地位

经营者的市场地位，是指经营者在与其有竞争关系的产品和服务市场中的影响力。与经营者的产品和服务有竞争关系的市场就是相关市场。市场支配地位，是反垄断法中的重要概念，根据我国反垄断法的规定，就是指经营者在相关市场内具有能够控制商品价格、数量或者其他交易条件，或者能够阻碍、影响其他经营者进入相关市场能力的市场地位。认定市场支配地位的依据，一般以经营者的市场份额为主，兼顾市场行为以及其他相关因素。

（二）市场支配地位的认定依据

为了增强反垄断法的可操作性，新《反垄断法》第23条规定，认定经营者是否具有市场支配地位，应当依据下列因素：

1. 该经营者在相关市场的市场份额，以及相关市场的竞争状况。认定市场支配地位的第一个步骤就是要界定相关市场，这是确定市场份额并进而确定市场支配地位的重要前提。

新《反垄断法》第15条第2款规定，该法所称相关市场，是指经营者在一定时期内就特定商品或者服务（以下统称商品）进行竞争的商品范围和地域范围。相互竞争的商品范围包括相同商品和相似商品。相互竞争的地域范围是指具有相同商品或相似商品相互竞争的空间范围。相关市场确定以后，经营者在相关市场的市场份额就可以作为认定经营者是否具有市场支配地位的重要因素。相关市场的竞争状况，主要是指该市场上其他企业的规模。例如，即使一家企业在相关市场具有一半以上的市场份额，但如果该市场上其他企业的数量不多，该企业行使市场的力量就会受到抑制。

2. 该经营者控制销售市场或者原材料采购市场的能力。如果一家企业控制着从生产到销售的多个环节，随着纵向一体化的实现，企业会同时处于好几种市场，纵向一体化使企业面对竞争者时更为有利。企业会利用其在某个环节中的优势地位，影响上游或下游市场的竞争。

3. 该经营者的财力和技术条件。经营者所拥有的财力和知识产权等会带来竞争中的优势。

4. 其他经营者对该经营者在交易上的依赖程度。依赖性是指经营者在市场份额方面并不处于显著优势，而在与交易对方进行交易时才表现出一定的市场优势。

5. 其他经营者进入相关市场的难易程度。是否存在进入相关市场障碍是认定市场支配地位的一个重要因素。一个经营者虽拥有较大的市场份额，但是其他竞争者仍然很容易进入该市场，这个市场就会存在潜在的竞争，该经营者支配控制市场、排除限制竞争的能力就受到限制。

除此之外，我国新《反垄断法》第 24 条还规定，有下列情形之一的，可以推定经营者具有市场支配地位：①一个经营者在相关市场的市场份额达到 1/2 的；②两个经营者在相关市场的市场份额合计达到 2/3 的；③三个经营者在相关市场市场份额合计达到 3/4 的。有前款第②项、第③项规定的情形，其中有的经营者市场份额不足 1/10 的，不应当推定该经营者具有市场支配地位。

被推定具有市场支配地位的经营者，有证据证明不具有市场支配地位的，不应当认定其具有市场支配地位。

二、滥用市场支配地位的行为

（一）滥用市场支配地位行为含义和基本特征

"滥用市场支配地位行为"是一个约定俗成的术语，为许多国家的反垄断法律所采用。概括来说，滥用市场支配地位行为是指具有市场支配地位的经营者利用其市场支配地位所实施的妨碍竞争的行为。该行为的基本特征体现在以下几个方面：

1. 行为主体是具有市场支配地位的经营者。由于对具有市场支配地位的经营者反垄断政策有所不同，世界各国的反垄断法对该行为的主体是否应当是特殊主体，即是否是具有支配地位的经营者，态度不一。但是，如果从反垄断法维护和促进竞争的宗旨来看，应当将该主体界定为具有市场支配地位的经营者。

2. 行为的目的在于维持或提高市场地位，获取超额利润。在市场竞争中，尽管滥用行为的表现方式多种多样，但是其终极目标无不是维持或提高市场地位，以获取超额利润。

3. 行为的后果是对市场竞争造成实质性损害或损害的可能。

（二）滥用市场支配地位的分类

对于滥用市场支配地位行为的表现，一些国家和地区的反垄断立法都作了初步分类，如德国《反限制竞争法》规定了三类：阻碍行为；滥用价格和条件行为；歧视行为。英国《公平交易法》规定了三类：掠夺行为；维持垄断地位行为；服务行业的限制竞争行为。我国新《反垄断法》第 22 条也规定了七大类滥用市场支配地位的行为。要想对该类行为形成体系化的认识，仅仅有这些法律规定上的分类还不够，还需要从法理上对滥用市场支配行为进行进一步的分类，如从行为的直接目的的角度，该类行为可以分阻碍性滥用和剥削性滥用。

（三）阻碍性滥用

阻碍性滥用实质上是具有市场支配地位的经营者，利用其市场支配地位实施的，以限制和排除同业竞争、维护和提高自身市场地位为直接目的的市场行为。阻碍性滥用是阻碍性滥用市场支配地位行为的简称。

阻碍性滥用最突出的特征在于其行为的直接目的和主要效果是控制和降低竞争对手的市场地位、维护和提高自身的市场地位。它在市场中的表现方式花样繁多，列举如下：

1. 掠夺性定价。掠夺性定价是指具有市场支配地位的经营者，为了扩大自身的市场份额或降低竞争对手的市场份额而以低于成本价的价格销售商品和提供服务的行为。低于成本价，主要是指居于市场支配地位的经营者为了阻碍竞争对手进入市场，往往将价格确定在可以获得利润以下的区间。这样既可以提高其市场份额，又可以有效吓阻竞争者的进入。掠夺性定价行为的构成要件包括以下几个方面：①行为人应当具有市场支配地位。没有市场支配地位，其实施的低于成本销售的行为，不可能达到排除、限制竞争的效果。②销售价格低于成本价。销售价格低于成本价是掠夺性定价的基本特征。③行为人实施该行为没有正当理由。在实践中，企业经常低于成本价进行商品促销，如果只是在短时间内偶尔进行，不宜简单认定是掠夺性定价。我国《价格法》规定了合理情形下的低于成本价销售行为。新《反垄断法》第 22 条第 1 款第 2 项规定，具有市场支配地位的经营者没有正当理由，不得以低于成本的价格销售商品。

2. 拒绝交易。拒绝交易是指具有市场支配地位的经营者没有正当理由，拒绝向购买者销售商品的行为。典型的拒绝交易就是拒绝供货。拒绝交易能够阻碍市场进入，限制上下游企业的经营活动，通过拒绝交易，经营者可以将其市场支配地位延伸到相邻市场。

3. 强制交易。强制交易是指具有市场支配地位的经营者，以胁迫等方法强制他人与自己进行交易，借以排除或者限制其他经营者公平竞争的行为。强制交易的实质是滥用市场支配地位，对交易相对人限定交易条件的行为。其中，限定交易相对人只能与其进行交易，也被称为独家交易。阿里巴巴集团滥用市场支配地位，对平台内商家提出"二选一"要求，就是典型的限定交易行为中的独家交易。

4. 搭售或者附加不合理的条件，有作为阻碍性滥用的搭售和作为剥削性搭售之分。作为阻碍性滥用的搭售，是指具有市场支配地位的经营者，在销售其市场份额高的商品和服务时，搭配销售其市场份额低的商品和服务，或者就商品的销售区域、销售对象等交易条件进行不合理限制的行为。利乐公司垄断案，就是其滥用在无菌包装领域的支配地位，实施搭售包装材料等垄断行为。新《反垄断法》第 22 条规定，没有正当理由拒绝与交易相对人进行交易，没有正当理由搭售商品，或者在交易时附加其他不合理的交易条件，均为滥用市场支配地位的行为。

5. 差别待遇。差别待遇是指具有市场支配地位的经营者，在提供相同商品和服务时，对条件相同的交易对象确定不同的交易价格或者是其他交易条件，从而降低被给予较低待遇的交易对象的利润率，排挤竞争对手的行为。在实践中最严重、最普遍的差别待遇就是价格歧视，即卖方对购买相同等级、相同数量的货物的买方要求支付不同的价款，或者买方对于提供相同等级、相同数量货物的卖方支付不同的价款，从而使相同产品的卖方因销售价格不同或者买方因进货价格不同而获得不同的交易机会，直接影响到他们之间的公平竞争。而且，同一产品不同的批发价会直接影响到零售价，不同的零售价又会影响到消费者的利益。一般来说，在市场中受到歧视的一般是经营规模较小和财力有限的小企业。因此，在差别待遇下，这些小企业极易被逐出市场，最终损害相关市场的良性竞争。新《反垄断法》第 22 条规定，没有正当理由，对条件相同的交易相对人在交易价格等交易条件上实行差别待遇的行为为滥用市场支配地位的行为。

案例分析

2021 年 7 月 7 日，浙江省绍兴市柯桥区法院审理了胡女士诉上海携程商务有限公司侵权纠纷一案。原告方认为携程存在"大数据杀熟"的侵权行为，法庭一审判决原告胜诉。2020 年 7 月 18 日，原告胡女士在携程 APP 预订了舟山希尔顿酒店一间豪华湖景大床房，支付价格 2889 元，次日却发现酒店该房型的实际挂牌加上税金、服务费仅 1377.63 元。胡女士认为作为携程钻石贵宾客户，她非但没有享受到会员的优惠价格，还支付了高于实际产品价格的费用，遭到了"杀熟"。之后，胡女士将上海携程商务有限公司告上了浙江绍兴柯桥区法院。

国务院反垄断委员会制定发布的《国务院反垄断委员会关于平台经济领域的反垄断指南》（以下简称《指南》）中明确"大数据杀熟"可能构成滥用市场支配地位差别待遇行为。"大数据杀熟"是社会公众对互联网平台利用大数据和算法对用户进行"画像"分析，从而收取不同价格等行为的概括性说法。《指南》明确了构成差别待遇可以考虑的因素，其中包括平台经济领域经营者基于大数据和算法，根据交易相对人的支付能力、消费偏好、使用习惯等，实行差异性交易价格或者其他交易条件。实践中，如果平台经济领域经营者具有市场支配地位，对不同的消费者实施不同的交易价格等交易条件，就可能构成差别待遇行为。

在本案中，法院审理后认为，携程 APP 作为中介平台，对标的实际价值有如实报告义务，其未如实报告。携程向原告承诺钻石贵宾享有优惠价，却无价格监管措施，却向原告展现了一个溢价 100% 的失实价格，未践行承诺。

同时，胡女士以上海携程商务有限公司采集其个人非必要信息，进行"大数据杀熟"等为由，要求携程 APP 为其增加不同意"服务协议"和"隐私政策"时仍可继续使用的选项，以避免被告采集其个人信息，掌握原告数据。

法院认定，新下载携程 APP 后，用户必须点击同意携程"服务协议""隐私政策"方能使用，如不同意，将直接退出携程 APP，是以拒绝提供服务形成对用户的强制。

据此，法院当庭作出宣判，判决被告携程赔偿原告胡女士差价 243.37 元，以及订房差价 1511.37 元的三倍金额，共计 4777.48 元，且判定携程应在其运营的携程旅行 APP 中为原告增加不同意其现有"服务协议"和"隐私政策"仍可继续使用的选项，或者为原告修订携程旅行 APP 的"服务协议"和"隐私政策"，去除对用户非必要信息采集和使用的相关内容，修订版本需经法院审定同意。

6. 其他滥用市场支配地位的行为。经济生活是多种多样、复杂多变的，企业滥用市场支配地位的行为类型在立法上也难以穷尽。因此，我国反垄断法规定了滥用市场支配地位行为的一般性条款，并明确规定其他滥用市场支配地位行为由国务院反垄断执法机构认定。当前，平台经济领域的数字市场反垄断问题备受关注。作为新型市场主体，数字平台在数字经济中扮演着核心角色，其作为海量、多元实时的数据集合体，借助算法操作解析数据背后的供需信息，实现基础数据的价值转换，平台、数据和算法交叉融合产生跨市场效应并形成数据驱动市场竞争的新局面。但不可否认，数字经济领域存在着某些大型数字平台"肆意妄为"的现象，数据垄断、屏蔽封杀、二选一等垄断行为频发，而产生于工业时代、以价格为中心的反垄断法在应对新经济模式下的垄断问题时有些力不从心，需要革新反垄断法以应对数字经济挑战。2022 年 8 月 1 日正式施行的新《反垄断法》第 22 条就新增了第 2 款规定，具有市场支配地位的经营者不得利用数据和算法、技术以及平台规则等从事上述规定的滥用市场支配地位的行为。将数据、算法滥用、利用技术剥削视为滥用市场支配地位的手段，为积极规制数字经济时代新型滥用市场支配地位行为，维护消费者利益与其他经营者合法权益提供了规范支持。

（四）剥削性滥用

剥削性滥用是指具有市场支配地位的经营者利用其市场支配地位实施的、以获取超额利润为直接目的的市场行为。

剥削性滥用的主要特征在于行为的直接目的和主要效果是获取超额利润。所谓超额利润是指远远超过同行业社会平均利润率的利润。经营者的利润率大多在社会平均利润率下一定幅度内，但居于市场支配地位的经营者所期望的是稳定地高于社会平均利润率且超过正常的幅度的利润。剥削性滥用的主要表现有：

1. 垄断高价。垄断高价是指具有市场支配地位的经营者，利用其市场支配地位，以远高于社会平均利润率的幅度确定其销售价格销售商品和提供服务的行为。这是绝大多数具有市场支配地位的经营者都可能实施的行为，如依托独占的网络优势，提供电信、邮政、电力、交通、城市自来水、管道燃气等商品和服务的经营者，易于实施垄断高价行为。

垄断高价还有一种变相的形式，就是作为剥削性滥用的搭售。作为剥削性滥用的搭售，就是指因为所销售的商品和提供的服务严重供不应求而具有市场支配地位的经营者，在销售和提供其供不应求的商品和服务时，搭配销售或提供其库存积压、质次价高或者是供过于求的商品或服务的行为。经营者通过搭售质次价高、库存积压或供过于求的商品或服务，既可以减少积压成本，又可以通过过高的售价牟取暴利。

2. 垄断低价。垄断低价是指具有市场支配地位的经营者，利用其市场支配地位，以远低于社会平均利润率的幅度确定其购买价格购买商品和服务的行为。能够实施垄断低价的经营者往往是居于买方市场的买方，或者是根据法律的规定有独家收购权的市场主体。

阻碍性滥用和剥削性滥用相互之间存在一个互为目的和手段的关系：通过阻碍性滥用，维护和提高市场支配地位，有助于剥削性滥用的实施；通过剥削性滥用，获得越来越多的超额垄断利润，又有助于提升市场支配地位，为阻碍性滥用行为的实施提供经济实力上的基础。新《反垄断法》第 22 条规定，具有市场支配地位的经营者没有正当理由，不得以不公平的高价销售商品或者以不公平的低价购买商品。

三、滥用市场支配地位的危害

滥用市场支配地位的危害性突出地表现在以下几个方面：

（一）掠夺社会资财，侵犯其他经营者和消费者的利益

具有市场支配地位的经营者，滥用市场支配地位行为的根本目的在于通过交易的方式，谋取远远高于社会平均利润率的利润。在没有反垄断法调整的情况下，具有市场支配地位的经营者往往以形式上"合法"、"合理"的交易方式，恣意侵占其他经营者和广大消费者的利益，对社会资财巧取豪夺。阻碍性滥用市场支配地位行为只是其掠夺的手段，剥削性滥用市场支配地位行为才是其根本目的。

（二）践踏平等交易规则，破坏公平竞争秩序

具有市场支配地位的经营者与其交易相对人的交易行为，从交易的外表看，似乎是一个坚守平等自愿的合同行为。但究其实质，具有市场支配地位的经营者很难将其得来不易的市场支配地位弃之不用，甘于与交易相对方进行实质平等的市场交易。常见的情形是此类经营者利用其市场支配地位，限制交易对方的合同意思自由度，包括强制交易对方接受不合理的价格条款，强制对方与己方甚至仅与己方订立合同，强制交易对方接受己方随意附加的义务等，严重破坏公平竞争的市场秩序。

（三）效率低下，损失社会福利，阻碍社会进步

具有市场支配地位的经营者，由于其仅仅凭借其市场支配地位就可以轻松地攫取垄断利润，因此，这些经营者往往会失去或者大大降低其通过平等竞争改善管理、推进技术进步的内在动力。一些独占经营者即使有了一项新技术成果，但是为了维护其市场支配地位和利润，也往往长期搁置不用。这样会最终损害社会进步。

项目四　经营者集中行为

引　例

苏泊尔公司成立于1994年，创立伊始就率先推出符合国家新标准的压力锅产品，并独创"安全到家"的品牌诉求，使得苏泊尔牌压力锅一举成为国内压力锅市场上的领头羊。SEB集团是法国家用电器和炊具业务领域内享有盛誉的国际集团，是全球最大的小型家用电器和炊具生产商之一。2006年8月，苏泊尔与SEB集团签署了战略合作的框架协议：通过"协议股权转让"、"定向增发"和"部分要约"三种方式，引进SEB集团的战略投资。同时，双方在市场、技术、

生产和管理等方面开展全面合作。SEB 集团将取得苏泊尔最高不超过 13 177.22 万股的股份，约占公司总股本的 61%。据悉，双方约定，SEB 不进入中国市场，也不与中国其他生产商合作，在中国使用苏泊尔品牌；苏泊尔进军全球市场，其产品可用自有品牌；SEB 在中国的产品使用苏泊尔网络销售；双方技术共享。

法国 SEB 集团并购苏泊尔一案引起国内炊具行业的普遍担忧。8 月 29 日，其竞争对手爱仕达、双喜、顺发等 6 家炊具企业因担心垄断带来的生存危机，紧急聚首北京，联合对外发布集体反对苏泊尔并购案的《关于反对法国 SEB 集团绝对控股苏泊尔的紧急联合声明》，该声明中，该 6 家企业向国家有关部门提出三项请求：一是高度关注此次并购行为的严重后果；二是尽快、果断地叫停此次并购；三是对此次并购根据即将生效的《关于外国投资者并购境内企业的规定》开展反垄断调查。该声明还罗列了此次并购可能会产生的不利影响：并购致使 SEB 占据绝对市场垄断地位，破坏目前行业良性的竞争环境；与此同时，并购带来的直接后果就是民族品牌消失。相关市场被垄断，最终导致消费者自由选择权利丧失、产品难以更新换代、产品的安全性和质量无法保证、产品的售后服务的承诺无法兑现等不良后果。

引例分析

由于当时我国的《反垄断法》还没有出台，商务部和国家工商行政管理总局依据 2006 年《关于外国投资者并购境内企业的规定》开展反垄断调查。根据爱仕达、双喜、顺发等 6 家炊具企业的请示，两部委举行了多次听证会，听取了行业协会和竞争对手的意见，并要求苏泊尔公司就并购材料中的有关数据提供详细的说明。2007 年 4 月 11 日，苏泊尔收到商务部下发的《商务部关于原则同意浙江苏泊尔股份有限公司引进境外战略投资者的批复》。该并购案最终得到了国家有关部门的批准。

基本理论

随着世界经济一体化和全球资本流动的普遍化，经营者集中的现象成为当今世界经济的主旋律之一。经营者集中可以在最短的时间内，实现不同经营者之间的资金、物质、人员、技术和销售渠道的集中，以此来扩大经营规模、提高经营者的行业地位和经营能力，增强在国际市场上的竞争力。另外，经营者集中还可以迅速提供经营者进入新市场的经营条件，拯救濒临破产和处于重整中的企业。

经营者集中一方面导致效率的提高，增加了社会福利，另一方面也导致了市场经营者的减少。这样，就可能会增强集中之后的经营者的市场势力，增加经营者滥用市场支配地位的危险；同时，竞争者数量的减少也容易导致竞争者之间的串通和共谋，从而损害市场竞争。因此，当前世界各国的反垄断法均对经营者集中实行必要的控制。

一、经营者集中行为的概念和特征

（一）经营者集中行为的概念

所谓经营者集中行为，是指经营者合并、经营者通过取得其他经营者的股份、资产以及通过合同等方式取得对其他经营者的控制权，或者能够对其他经营者施加影响的情形。

（二）经营者集中行为的特征

经营者集中行为的特征主要体现在以下几个方面。

1. 经营者集中行为的主体是经营者。

2. 经营者集中行为的目的和后果就是迅速集合经济力，提高市场份额，提升市场地位。

3. 经营者集中行为的行为方式包括合并和不形成新经营者的股份或资产收购、委托经营或联营、业务或人事控制等。

二、经营者集中行为的类型

在市场经济中，经营者集中行为的方式很多，根据我国反垄断法的规定，典型的经营者集中行为包括经营者合并和经营者控制两大类。

（一）经营者合并

1. 经营者合并的含义。经营者合并就是指两个或两个以上经营者合并为一个经营者，从而导致经营者集中的行为。经营者合并是形式上最具有经营者集中行为特色的，因此，世界各国的反垄断法都把该类行为作为经营者集中行为的典型。我国的反垄断法也是如此。

2. 经营者合并的类型。根据合并后原经营者主体资格是否还存在，经营者合并可以分为新设合并和吸收合并。新设合并是指两个或两个以上的经营者合并为一个新的经营者，原来经营者主体资格均消失的合并行为。吸收合并是指两个或两个以上的经营者合并为一个经营者，其中一个经营者主体资格存续下来，其他经营者主体消失的合并行为。除此之外，还可以根据参与合并的经营者在产业链上的关系将经营者合并分为横向合并、纵向合并和混合合并等。

（二）经营者控制

1. 经营者控制的含义。经营者控制是指经营者通过收购、委托经营、联营和其他经营方式而控制其他经营者，从而导致经营者集中的行为。

2. 经营者控制的类型。依据经营者获得控制权的途径，经营者控制可以分为两类：一是经营者通过取得股权或者资产的方式取得对其他经营者的控制权；二是经营者通过合同等方式取得对其他经营者的控制权或者能够对其他经营者施加决定性影响。

三、经营者集中行为的利弊

（一）经营者集中行为的合理性

经济学研究表明，经营者集中可以为经营者带来下列利益：①经营者集中可以带来生产、销售上的规模经济效益，降低经营者的经营成本；②可以减少竞争对手，提高市场份额；③能够尽快提高国内经营者的国际竞争力；④可以通过交易内部降低交易成本；⑤可能有助于国家调整和完善产业结构等。

经营者集中可以为经营者带来上述利益，成为经营者集中行为的动因，也是经营者集中行为的合理性体现。

（二）经营者集中行为的弊端

不言而喻，经营者集中行为会迅速提高经营者的市场地位，并可能利用其市场支配地位对外排除或限制市场竞争，阻碍所在行业、产业区域的经济发展，损害消费者的合法利益。在法律对垄断协议行为进行严格管理的情况下，经营者的集中行为成为规避反垄断的一种方式。如果放任经营者集中，势必会降低其他反垄断法律制度的经济社会效益。

四、经营者集中申报许可制度

由于经营者集中虽然存在许多弊端，但是在特定情形之下又有一定合理性，因此，反垄断法对经营者集中既不能放任，也不能一概禁止。我国反垄断法对经营者集中的管理方式是采用前置性的申报许可制度。新《反垄断法》第 26 条第 1 款规定，经营者集中达到国务院规定的申报标准的，经营者应当事先向国务院反垄断执法机构申报，未申报的不得实施集中。对于资产、销售额、市场占有率等达到一定数量的经营者集中行为，应当向反垄断主管部门申报。如果经营者集中行为对市场公平竞争不会产生损害，反垄断部门应当许可，否则将不被许可。

而对于未达申报标准但有可能损害竞争时，反垄断执法机构可以依职权要求企业申报，必要时还可以对企业进行调查。新《反垄断法》第 26 条增加的第 2 款明确规定，经营者集中未达到国务院规定的申报标准，但有证据证明该经营者集中具有或者可能具有排除、限制竞争效果的，国务院反垄断执法机构可以要求经营者申报。互联网领域，初创公司往往市值（或估值）较高，但因发展阶段或经营模式所致，其营业额较低，难以达到申报的营业额门槛而遭遇互联网巨头"掐尖式"并购。2022 年《国务院关于经营者集中申报标准的规定（修订草案征求意见稿）》进一步对"未达申报标准"作出了明确的规定，针对市值（或估值）达到 8 亿元且在中国境内的营业额占比超过三分之一的企业，其交易也应主动向反垄断局进行申报，如此便可最大限度地将那些可能有损市场竞争的经营者集中行为，尤其是一直备受诟病的"掐尖式"并购纳入审查范围，确保相关领域的可竞争性。

经营者向国务院反垄断执法机构申报集中，应当提交的文件、资料有：申报书；集中对相关市场竞争状况影响的说明；集中协议；参与集中的经营者经会计师事务所审计的上一会计年度财务会计报告；国务院反垄断执法机构规定的其他文件、资料。

申报书应当载明参与集中的经营者的名称、住所、经营范围、预定实施集中的日期和国务院反垄断执法机构规定的其他事项。

经营者提交的文件、资料不完备的，应当在国务院反垄断执法机构规定的期限内补交文件、资料。经营者逾期未补交文件、资料的，视为未申报。

国务院反垄断执法机构应当自收到经营者提交的符合新《反垄断法》规定的文件、资料之日起30日内，对申报的经营者集中进行初步审查，作出是否实施进一步审查的决定，并书面通知经营者。国务院反垄断执法机构作出决定前，经营者不得实施集中。

国务院反垄断执法机构作出不实施进一步审查的决定或者逾期未作出决定的，经营者可以实施集中。

国务院反垄断执法机构决定实施进一步审查的，应当自决定之日起90日内审查完毕，作出是否禁止经营者集中的决定，并书面通知经营者。作出禁止经营者集中的决定，应当说明理由。审查期间，经营者不得实施集中。如果有下列情形之一的，国务院反垄断执法机构经书面通知经营者，可以延长前款规定的审查期限，但最长不得超过60日：①经营者同意延长审查期限的；②经营者提交的文件、资料不准确，需要进一步核实的；③经营者申报后有关情况发生重大变化的。

国务院反垄断执法机构逾期未作出决定的，经营者可以实施集中。

国务院反垄断执法机构审查经营者集中，应当考虑的因素有：参与集中的经营者在相关市场的市场份额及其对市场的控制力；相关市场的市场集中度；经营者集中对市场进入、技术进步的影响；经营者集中对消费者和其他有关经营者的影响；经营者集中对国民经济发展的影响；国务院反垄断执法机构认为应当考虑的影响市场竞争的其他因素。

经营者集中具有或者可能具有排除、限制竞争效果的，国务院反垄断执法机构应当作出禁止经营者集中的决定。但是，经营者能够证明该集中对竞争产生的有利影响明显大于不利影响，或者符合社会公共利益的，国务院反垄断执法机构可以作出对经营者集中不予禁止的决定。对不予禁止的经营者集中，国务院反垄断执法机构可以决定附加减少集中对竞争产生不利影响的限制性条件。

国务院反垄断执法机构应当将禁止经营者集中的决定或者对经营者集中附加

限制性条件的决定，及时向社会公布。

项目五　行政性垄断

引　例

　　工程造价学是近年来建筑管理业内的热门专业，也是业内职业培训及相关技能比赛的热门项目。该技能的学习或比赛操作，都必须使用专业的软件程序及其操作平台来进行，而生产这类软件程序的企业中，斯维尔、广联达、上海鲁班软件有限公司三家，占据了市场的主要份额。

　　2014年3月11日，广东省教育厅发文成立了"2014全国职业院校技能大赛"高职组广东省选拔赛组织委员会，明确将"工程造价基本技能"纳入赛项。2014年4月1日，广东选拔赛工程造价基本技能赛项组委会发文明确了本次大赛是由广东省教育厅主办，广州城建职业学院承办，广联达公司协办，并且明确要求在省赛中独家使用第三人即广联达软件公司的软件。此外，经报送省教育厅审核通过后于2014年4月8日发布的《技术规范》以及《竞赛规程》明确要求在省赛中对涉案赛项独家使用第三人广联达公司的软件。一直在积极介入"工程造价基本技能"国赛和各地省赛的斯维尔公司，认为广东省教育厅指定独家赛事软件的做法，有滥用行政权力之嫌，违反了反垄断法。斯维尔行政人事部经理刘秀兰表示，独家指定广联达的做法对斯维尔造成的损失很大。因为培训学校为了参加"省赛"和"国赛"，就要购买广联达软件。这样斯维尔不仅损失了高职院校市场，更重要的是，这些学生毕业后进入施工单位、造价咨询公司，会倾向性选择广联达软件。从长远市场战略看，如果不对这种行政指定产品的做法加以制止，工程造价技能软件的市场将会形成"一家独大"的局面，斯维尔将无立足之地。为此，斯维尔多次与省教育厅进行口头和书面商洽，要求给予公平竞争的机会。在沟通无效的情况下，2014年4月26日，斯维尔向广州市中级人民法院提起行政诉讼，请求法院判决确认广东省教育厅滥用行政权力指定广联达产品为独家参赛软件的行为违法。

　　该案的立案及开庭审理，引起了法律业内人士的广泛关注，因为该案当时是反垄断法实施6年多来，首次进入实质诉讼程序的案件。

　　经过一审及二审程序，广东省教育厅"独家指定"比赛软件被广东省高院认定为"滥用行政权力，产生了排除、限制竞争的效果"，因而被判败诉。

基本理论

一、行政性垄断的概念、形成原因和危害

我国正处在构建高水平社会主义市场经济体制的过程中，一些行政机关和法律、法规授权的具有管理社会事务职能的组织滥用行政权力，排除、限制竞争的现象还不同程度地存在，这是影响经济发展和社会进步的一个重要制约因素，它妨碍了全国统一大市场的形成，破坏了公平竞争的市场秩序，侵害了消费者的合法权益，必须加以规制。在《反垄断法》出台之前，我国先后制定了一些法律法规对该类行为加以禁止，如2000年修正实施的《产品质量法》规定，任何单位和个人不得排斥非本地区或者非本系统企业生产的质量合格产品进入本地区、本系统。

根据我国新《反垄断法》规定，行政性垄断是指行政机关和法律、法规授权的具有管理公共事务职能的组织滥用行政权力，限定或者变相限定单位或者个人经营、购买、使用其指定的经营者提供的商品。

我国行政性垄断产生的原因是多方面的，有着其深刻的历史背景和现实原因。我国的政企分离还不够彻底，给行政权力的滥用造成了可乘之机；现有的财政政策造成了地区、部门利益的强化；产业结构不合理也是造成行政性垄断的一个重要原因；另外我国有关法律、法规不够完善，违法成本低廉也是行政性垄断难以绝迹的原因之一。

行政性垄断的危害显而易见：一是妨碍了自由竞争的市场机制的形成和发展，扰乱了市场竞争秩序；二是妨碍了竞争有序、统一开放市场的形成；三是严重损害了经营者和消费者的合法权利；四是不利于我国企业提高其在国际市场上的竞争力；同时行政性垄断也是滋生腐败的温床，严重损害政府形象。

二、行政性垄断行为的构成要件

我国新《反垄断法》规定的滥用行政权力排除、限制竞争行为不同于一般经济性垄断的特点，其构成要件有：

（一）主体要件

我国新《反垄断法》第10条明确规定，行政机关和法律、法规授权的具有管理公共事务职能的组织不得滥用行政权力，排除、限制竞争。由此可见，行政性垄断的行为主体有二：一是行政机关，是指国家为推行政务而组织的依法行使国家权力、管理国家行政公务的执行机关，包括各部委及直属局、省、地、市、县各级政府及其职能部门；二是法律法规授权的具有管理公共事务职能的组织。其中第二类是指具有法律法规授权而行使特定行政职能的非国家机关组织，包括被授权的事业组织、社会团体、基层群众性自治组织、企业组织和各种技术检

验、鉴定机构等。

（二）主观要件

滥用行政权力排除、限制竞争的主观要件是行政权的滥用。行政权力由各级行政机关行使，这是我国宪法和相关组织法所规定的。但是，政府依法行政，也是社会主义法治的根本要求。政府及其职能部门干预经济生活的行为违反法定权限和法定程序，就构成行政权力的滥用。

（三）客观要件

滥用行政权力排除、限制竞争的客观要件是实施了排除、限制竞争的行为。根据新《反垄断法》第41条的规定，该行为可以分为三大类：①支配行为，即对经营者的行为加以制约，直接或间接地剥夺该经营者在经营活动中自主作出决定的权利；②妨碍行为，即行政机关和法律、法规授权的具有管理公共事务职能的组织对公平竞争设置附加条件，对交易行为带来直接或间接影响；③排除行为，即在一定交易的领域内，使某些经营者的经营活动难以继续进行。

三、行政性垄断行为的方式

根据新《反垄断法》第39-45条的规定，行政性垄断行为的方式主要有：

（一）强制交易

该行为指行政机关和法律、法规授权的具有管理公共事务职能的组织滥用行政权力，限定或者变相限定单位或者个人经营、购买、使用其指定的经营者提供的商品的行为。

"限定和变相限定"的方式很多，如强行要求、设置服务障碍、拒绝行政许可等，其实质就是强制交易。"指定的经营者"既包括本地经营者，也包括外地经营者。

现实中，行政机关和公共组织滥用行政权力，限定或者变相限定单位或个人经营、购买、使用其指定的经营者提供的商品和服务的行为，主要表现在以下两个方面：

第一，以政府文件、会议纪要、规定等形式，限定或者变相限定单位或个人经营、购买、使用其指定的经营者提供的商品和服务。2018年12月5日，遵义市气象局印发《关于印发〈遵义市气象局关于防雷行政审批过程中相关工作意见〉的通知》，明确防雷行政审批事项受理后委托有关机构开展中介服务相关经费未纳入部门预算（政府购买服务）前，由市气象灾害防御技术中心承担改、扩、建项目工程和场所的"设计技术评价"；由遵义市防雷装置检测站承担防雷装置检测"竣工验收"前的技术评估工作。2020年3月12日，遵义市气象局又向本地市级成品油和汽车燃气经营企业下发《市气象局关于明确防雷行政审批有关技术服务事项的函》，再次明确："防雷装置竣工验收审批中的中介服务事项

'防雷装置检测'转为受理后的委托技术服务事项，相关委托经费未纳入部门预算（政府购买服务）前，由遵义市防雷装置检测站免费承担易燃易爆等（气象部门负责的范围）改、扩、建项目的'防雷装置检测'；防雷设计图审完毕后……提前 3 个工作日书面申请遵义市防雷装置检测站进行防雷隐蔽工程检测，否则造成隐蔽工程防雷检测判定不合格的后果自负。"遵义市气象局实施的上述行为就是以政府文件、会议纪要、规定等形式，限定或者变相限定的行为。

第二，以拒绝给予行政许可、强制推荐的方式限定或者变相限定单位或个人经营、购买、使用其指定的经营者提供的商品和服务。这种行为主要发生在政府的职能部门和公共组织身上。如民政部门利用办理结婚登记的职权，限定办证人到其指定的结婚照相点照相并强制办证人购买书籍、纪念币等；教育主管部门与企业联手，限定学校购买其指定的经营者的商品和教学用品；卫生防疫部门滥用检查权或发证权，以其他经营者的商品卫生不合格为由，强行要求购买其指定的经营者的消毒用品。2019 年 11 月，吉林省松原市教育局印发《关于做好市直学校学生装征订和管理工作的通知》（松教通字〔2019〕274 号），要求原市直属学校学生装采购供应商为福建泉州惠新实业有限公司；原油区教育处学生装采购供应商为兴城市东辛庄利权服装加工厂、海宁圣浩达服饰有限公司、福建泉州惠新实业有限公司，严禁任何学校和个人以任何理由与中标供应商以外的商家直接订购学生装。该市教育局行为即属典型的"限定或变相限定"行为。

现实生活中，由于地方利益、部门利益的驱使，有的地方政府和公共组织采取或明或暗，或公开或隐蔽的手段，阻碍或限制外地商品进入本地市场，或者本地商品流向外地市场，实行地区封锁和地方保护。实行地区封锁和地方保护的商品除了烟、酒等能给地方带来高利税的商品外，还涉及化肥、汽车、医药、煤炭等商品。我国新《反垄断法》除了对滥用行政权力妨碍商品在地区之间自由流通的行为作了一般禁止规定以外，还列举了五种具体行为表现：

1. 对外地商品设定歧视性收费项目、实行歧视性收费标准，或者规定歧视性价格。该行为主要指行政机关和公共组织对外地商品采取与本地商品不同的收费标准和价格，直接抬高外地商品进入本地市场的经营费用，使其处于不利的竞争地位，以限制外地商品在本地销售。例如，2020 年 11 月 18 日，浙江省台州市某液化石油气站对不同注册地出租车来站加气实行"差别定价"，外地注册的出租车价格加气价格为 2.25 元/升，本地的为 1.95 元/升，截至 12 月 3 日，液化石油气站共对外地出租车加气 651 辆次，23816.07 升，计差价 7144.82 元。

2. 对外地商品规定与本地同类商品不同的技术要求、检验标准，或者对外地商品采取重复检验、重复认证等歧视性技术措施，限制外地商品进入本地市场。该种行为不同于直接收取歧视性费用，而是指通过设置歧视性的技术措施，设置外地商品进入本地市场的技术壁垒，间接提高外地商品进入本地市场的销售价格和经营费用，以达到限制和妨碍外地商品进入本地市场销售的目的。例如，2004年某省质量监督部门根据省政府的意见，下发文件规定，对外地白酒进入本省销售的，必须到有关部门进行批次抽查检验，加贴新的合格标志后才能在当地销售，抽查检验费用和合格标志费用由外地企业负担。这无形增加了企业的经营成本和销售费用。

3. 采取专门针对外地商品的行政许可，限制外地商品进入本地市场。行政许可作为一项重要的行政权力，是行政机关和公共组织依法管理社会政治、经济、文化等各方面事物的一种事前控制手段。设立和实施行政许可应当严格按照法律法规规定的权限范围，不得越权和滥用权力。根据《行政许可法》的规定，在设定行政许可时，不能对个人或组织因为地位、规模、经济条件、来自不同地区而规定不同的条件。在实施行政许可时，不能对符合法定条件和标准的个人或组织歧视待遇，要做到一视同仁。

现实经济生活中，有的地方政府和公共组织从本地和本部门利益出发，利用法律法规赋予的行政许可权，对外地商品采取同本地商品不同的待遇，通过设置行政许可障碍、拒绝给予行政许可等方式，排除或限制外地商品进入本地市场，扰乱正常的市场竞争秩序。《行政许可法》颁布实施后，政府部门依法行政的意识有所提高，但是还存在一些不尽如人意的地方。

4. 设置关卡或者采取其他手段，阻碍外地商品进入或者本地商品运出。该条主要禁止公安、交通等职能部门根据地方政府授意，违背法律法规的规定，拦路设卡，阻碍商品自由流通的行为。

5. 妨碍商品在地区之间自由流通的其他行为。

（二）排斥、限制外地经营者参与本地的招标投标活动以及其他经营活动

该行为指行政机关和法律、法规授权的具有管理公共事务职能的组织滥用行政权力，以设定歧视性资质要求、评审标准或者不依法发布信息等方式，排斥或者限制外地经营者参加本地的招标投标活动以及其他经营活动的垄断行为。

（三）排斥、限制、强制或者变相强制外地经营者投资或者设立分支机构

该行为指行政机关和法律、法规授权的具有管理公共事务职能的组织滥用行政权力，采取与本地经营者不平等待遇等方式，排斥、限制、强制或者变相强制外地经营者在本地投资或者设立分支机构的垄断行为。

（四）强制或者变相强制经营者从事反垄断法规定的垄断行为

该行为指行政机关和法律、法规授权的具有管理公共事务职能的组织滥用行政权力，强制或者变相强制经营者从事《反垄断法》规定的垄断行为，也即是禁止行政机关和公共组织滥用行政权力，违背市场管理规律，违背企业意愿，干

涉企业的经营管理权、决策权的行为。上述行为主要表现在：强制或者变相强制生产同一产品的本地企业固定或共同提高、降低产品的销售价格；强制或者变相强制企业采取统一行动联合抵制交易外地产品；强制或者变相强制企业进行合并重组等。

（五）行政机关和法律、法规授权的具有管理公共事务职能的组织的抽象垄断行为

该行为指行政机关和法律、法规授权的具有管理公共事务职能的组织滥用行政权力，制定含有排除、限制竞争内容的规定的垄断行为。各级政府机关及其职能部门和法律、法规授权的具有管理公共事务职能的组织从本部门、本行业和地区利益出发，制定含有排除、限制竞争内容的规章、文件，破坏公平竞争的市场经济秩序，妨碍全国统一、竞争有序的市场体系建立和完善的行为，其实质是滥用行政权力、违法行政的行为。

项目六　反垄断法的执行与法律责任

基本理论

一、反垄断法的执行主体

（一）反垄断法执行主体的概念

反垄断法的执行主体是指具有反垄断法执行职责的承担者和相应权利的享有者。如美国的联邦贸易委员会、司法部反托拉斯局，日本的公正交易委员会等，这些机构都承担着执行本国反垄断法的职责，是本国反垄断法的执行主体。我国《反垄断法》规定，国务院设立反垄断委员会，负责组织、协调、指导反垄断工作，履行相关的职责。国务院反垄断执法机构负责反垄断统一执法工作。国务院反垄断执法机构根据工作需要，可以授权省、自治区、直辖市人民政府相应的机构，依照该法规定负责有关反垄断执法工作。非省级以上的相关执法机构不承担反垄断执法责任。

在2018年国务院机构改革之前，反垄断执法工作在国务院反垄断委员会领导下由商务部反垄断局、国家发改委价格监督检查和反垄断局、国家工商行政管理总局反垄断与反不正当竞争执法局三个机构行使反垄断职能，存在多头执法和执法标准不统一的问题。在2018年机构改革中，国家将原先分别由商务部、国家发展改革委、国家工商行政管理总局承担的反垄断执法工作统一归集，国家市场监督管理总局反垄断局成为专门负责反垄断执法的机构，同时承办国务院反垄断委员会日常工作。2021年11月18日，国家反垄断局正式挂牌，由原先的国家

市场监管总局直属局，变为国务院新组建的副部级国家局，进一步健全完善了中国反垄断执法的体制机制，提升反垄断执法工作的统一性、权威性。国家反垄断局正式挂牌成立，是我国反垄断执法体制的一次重大改革与进步，为我国建设高标准市场体系、推动高质量发展奠定了更坚实基础。

（二）反垄断法执行主体的类型

由于各国的政治体制、政治传统不同，反垄断法执行主体各具特色，并呈现不同的类型。

1. 按其职责的不同可以分为主管机构和顾问机构。主管机构承担着本国反垄断执法的主要职责，如美国的联邦贸易委员会。顾问机构一般没有决策权，只是接受主管机构的委托进行相关的调查、咨询、鉴定，并提出建议，如德国的联邦垄断委员会。

2. 按其地位或层次的不同可以分为隶属于政府首脑和隶属于政府部长。前者如美国联邦贸易委员会就是隶属于总统。后者如德国的反垄断执法主管机构就是隶属于德国的经济部长。

3. 按其内部领导体制的不同可分为委员会制和首长制。美国的联邦贸易委员会实行委员会制，而德国则采用首长制。

（三）我国反垄断法执法主体的职责

1. 研究拟订有关竞争政策。

2. 组织调查、评估市场总体竞争状况，发布评估报告。

3. 制定、发布反垄断指南。

4. 协调反垄断行政执法工作。

5. 国务院规定的其他职责。

国务院反垄断委员会的组成和工作规则由国务院规定。

（四）反垄断法执行主体的权力

1. 调查权。这是世界各国和地区反垄断法执行主体都享有的权力。为了履行反垄断职责，查清涉嫌垄断行为的真实情况以获取相关证据，反垄断执法机构享有调查权。反垄断法执行主体调查的事项主要有：经营者的垄断协议行为、经营者滥用市场支配地位的行为、经营者集中行为、产业结构组织和市场竞争状态及其他需要调查的事项。在我国，反垄断执法机构的调查权还包括对行政性垄断行为的调查。为此，反垄断执法主体就必须有对经营者的住所、营业场所或者其他场所进行实地调查以获取一切必要证据的权力，包括采取必要的强制性调查手段的权力。新《反垄断法》第47条第1款规定，反垄断执法机构调查涉嫌垄断行为，可以采取下列措施：①进入被调查的经营者的营业场所或者其他有关场所进行检查；②询问被调查的经营者、利害关系人或者其他有关单位或者个人，要求其说明有关情况；③查阅、复制被调查的经营者、利害关系人或者其他有关单位或者个人的有关单证、协议、会计账簿、业务函电、电子数据等文件、资料；④查封、扣押相关证据；⑤查询经营者的银行账户。

2. 许可权。许可权也就是对经营者集中行为的申报行使许可权。新《反垄断法》第 26 条第 1 款规定，经营者集中达到国务院规定的申报标准的，经营者应当事先向国务院反垄断执法机构申报，未申报的不得实施集中。

3. 制裁权。这是反垄断法执行主体对违反反垄断法强行规范的经营者行使特定制裁的权力。新《反垄断法》第 56 条第 1 款规定，经营者违反该法规定，达成并实施垄断协议的，由反垄断执法机构责令停止违法行为，没收违法所得，并处上一年度销售额 1% 以上 10% 以下的罚款，上一年度没有销售额的，处 500 万元以下的罚款；尚未实施所达成的垄断协议的，可以处 300 万元以下的罚款。经营者的法定代表人、主要负责人和直接责任人员对达成垄断协议负有个人责任的，可以处 100 万元以下的罚款。该法第 57、58 条都作了类似的规定。

4. 一般调研权。一般调研权是指为明确产业结构、产业组织、市场竞争状态而进行调查研究的权力。

除此之外，有些国家的反垄断法还规定，反垄断法的执行主体还有规则的制定权和就特定经营者垄断行为向法院提起诉讼的权利等。

二、反垄断法执行的一般程序

反垄断法的执行程序是执行主体全面履行法定职责的程序。执行主体在履行对特定行为的许可、对违法行为的查处、对竞争状态的监控等法定职责时，都必须依据相应的法定程序。考虑到对违法主体行为查处程序的代表性，根据我国《反垄断法》的规定，下面着重介绍该行为的一般程序。

（一）启动

启动对违法行为的查处程序，必须给予法定原因，一般来说，有以下几种：

1. 垄断行为受害人的申诉和控告。

2. 一般人的举报。

3. 主管机构自行启动。当主管机构在其日常工作中发现垄断和限制竞争行为，认为应当启动反垄断查处程序时，可以自行启动。

（二）调查

主管机构依法受理并启动查处程序后，应运用其所享有的调查权展开调查。调查对象包括与经营者垄断或限制竞争行为有关的情形。

反垄断主管机构决定展开调查的，应当向被调查的经营者发出开始调查程序的书面通知，载明被调查的经营者涉嫌违反的有关法律。反垄断执法机构调查涉嫌垄断行为，可以采取下列措施：

1. 进入被调查的经营者的营业场所或者其他有关场所进行检查。

2. 询问被调查的经营者、利害关系人或者其他有关单位或者个人，要求其说明有关情况。

3. 查阅、复制被调查的经营者、利害关系人或者其他有关单位或者个人的有关单证、协议、会计账簿、业务函电、电子数据等文件、资料。

4. 查封、扣押相关证据。

5. 查询经营者的银行账户。

反垄断执法机构采取上述规定的措施，应当向反垄断执法机构主要负责人书面报告，并经批准。

反垄断执法机构调查涉嫌垄断行为，执法人员不得少于2人，并应当出示执法证件。执法人员进行询问和调查，应当制作笔录，并由被询问人或者被调查人签字。反垄断执法机构及其工作人员对执法过程中知悉的商业秘密、个人隐私和个人信息依法负有保密义务。被调查的经营者、利害关系人或者其他有关单位或者个人应当配合反垄断执法机构依法履行职责，不得拒绝、阻碍反垄断执法机构的调查。

被调查的经营者、利害关系人有权陈述意见。反垄断执法机构应当对被调查的经营者、利害关系人提出的事实、理由和证据进行核实。

反垄断执法机构对涉嫌垄断行为调查核实后，认为构成垄断行为的，应当依法作出处理决定，并可以向社会公布。

对反垄断执法机构调查的涉嫌垄断行为，被调查的经营者承诺在反垄断执法机构认可的期限内采取具体措施消除该行为后果的，反垄断执法机构可以决定中止调查。中止调查的决定应当载明被调查的经营者承诺的具体内容。

反垄断执法机构决定中止调查的，应当对经营者履行承诺的情况进行监督。经营者履行承诺的，反垄断执法机构可以决定中止调查。

有下列情形之一的，反垄断执法机构应当恢复调查：

1. 经营者未履行承诺的。

2. 作出中止调查决定所依据的事实发生重大变化的。

3. 中止调查的决定是基于经营者提供的不完整或者不真实的信息作出的。

反垄断执法机构依法对涉嫌滥用行政权力排除、限制竞争的行为进行调查，有关单位或者个人应当配合。

反垄断执法机构依法对涉嫌滥用行政权力排除、限制竞争的行为进行调查，有关经营者、行政机关和法律、法规授权的具有管理公共事务职能的组织，涉嫌违反本法规定的，反垄断执法机构可以对其法定代表人或者负责人进行约谈，要求其提出改进措施。单位或者个人应当配合。

（三）审议

在调查取证的基础上，由主管机构组织审议。

在审议的过程中，一般会给予被调查的经营者陈述意见和提出申辩的机会，被调查者提出的事实、理由和证据成立的，主管机构应当采纳。

（四）决定

通过上述程序，主管机构应当作出相应的决定，包括：

1. 违法与否的认定。

2. 如果属于违法行为，则提出制裁措施：宣布行为违法、无效；责令行为人停止违法行为；给予受害人赔偿；给予罚款等。

3. 如果不属于违法行为，也应当作出相关的决定，认可或许可其行为等。

（五）执行

经宣布后，即进入执行程序。被制裁人不服该决定的，可以依照法律的规定提起行政复议或者行政诉讼。

三、法律责任

（一）垄断协议行为的法律责任

新《反垄断法》第56条第1款规定，经营者违反该法规定，达成并实施垄断协议的，由反垄断执法机构责令停止违法行为，没收违法所得，并处上一年度销售额1%以上10%以下的罚款，上一年度没有销售额的，处500万元以下的罚款；尚未实施所达成的垄断协议的，可以处300万元以下的罚款。经营者的法定代表人、主要负责人和直接责任人员对达成垄断协议负有个人责任的，可以处100万元以下的罚款。同时新增了第2款，经营者组织其他经营者达成垄断协议或者为其他经营者达成垄断协议提供实质性帮助的，适用前款规定。由于可能面临严厉处罚，经营者往往采取极为隐蔽的方式制定实施垄断协议，因此反垄断执法机构的调查取证成本非常高昂，而且早期的调查取证很有可能影响经营者的正常经营活动并且造成损失。考虑到反垄断调查工作的实际需要，经营者主动向反垄断执法机构报告达成垄断协议的有关情况并提供重要证据的，反垄断执法机构可以酌情减轻或者免除对该经营者的处罚。

法律规定主要是针对经营者，行业协会不属于新《反垄断法》第15条规定的经营者，本来不属于反垄断法规制的对象。但是由于行业协会可能出面组织经营者从事这种垄断协议，其危害性往往比经营者自己达成垄断协议更严重。因此，新《反垄断法》第56条第4款规定，行业协会违反该法规定，组织本行业的经营者达成垄断协议的，由反垄断执法机构责令改正，可以处300万元以下的罚款；情节严重的，社会团体登记管理机关可以依法撤销登记。

（二）滥用市场支配地位行为的法律责任

新《反垄断法》第 57 条规定，具有市场支配地位的经营者违反《反垄断法》规定，滥用市场支配地位，即该法第 22 条规定的垄断行为，由反垄断执法机构责令停止违法行为，没收违法所得，并处上一年度销售额 1% 以上 10% 以下的罚款。

（三）经营者集中行为的法律责任

新《反垄断法》第 58 条规定，经营者违反该法规定实施集中，且具有或者可能具有排除、限制竞争效果的，由国务院反垄断执法机构责令停止实施集中、限期处分股份或者资产、限期转让营业以及采取其他必要措施恢复到集中前的状态，处上一年度销售额 10% 以下的罚款；不具有排除、限制竞争效果的，处 500 万元以下的罚款。

（四）行政性垄断行为的法律责任

新《反垄断法》第 61 条规定，行政机关和法律、法规授权的具有管理公共事务职能的组织滥用行政权力，实施排除、限制竞争行为的，由上级机关责令改正；对直接负责的主管人员和其他直接责任人员依法给予处分。反垄断执法机构可以向有关上级机关提出依法处理的建议。行政机关和法律、法规授权的具有管理公共事务职能的组织应当将有关改正情况书面报告上级机关和反垄断执法机构。

法律、行政法规对行政机关和法律、法规授权的具有管理公共事务职能的组织滥用行政权力实施排除、限制竞争行为的处理另有规定的，依照其规定。

（五）违法者的损害赔偿责任

根据新《反垄断法》第 60 条的规定，经营者实施垄断行为，给他人造成损失的，依法承担民事责任。经营者实施垄断行为，损害社会公共利益的，设区的市级以上人民检察院可以依法向人民法院提起民事公益诉讼。

（六）拒绝调查的法律责任

新《反垄断法》第 62 条规定，对反垄断执法机构依法实施的审查和调查，拒绝提供有关材料、信息，或者提供虚假材料、信息，或者隐匿、销毁、转移证据，或者有其他拒绝、阻碍调查行为的，由反垄断执法机构责令改正，对单位处上一年度销售额 1% 以下的罚款，上一年度没有销售额或者销售额难以计算的，处 500 万元以下的罚款；对个人处 50 万元以下的罚款。

（七）执法人员的违法责任

新《反垄断法》第 66 条规定，反垄断执法机构工作人员滥用职权、玩忽职守、徇私舞弊或者泄露执法过程中知悉的商业秘密、个人隐私和个人信息的，依法给予处分。

思考题

1. 什么是横向垄断协议?
2. 滥用市场支配地位如何认定?
3. 什么是经营者集中?
4. 什么是行政性垄断?
5. 习作案例:

OPPO 广东移动通信有限公司 (以下简称 OPPO 公司) 和 OPPO 广东移动通信有限公司深圳分公司 (以下简称 OPPO 深圳分公司) 是全球性智能终端制造商和移动互联网服务提供商, 其共同向广州知识产权法院提起诉讼, 主张西斯威尔国际有限公司及其子公司西斯威尔香港有限公司 (以下简称西斯威尔方) 拥有无线通信领域相关标准必要专利, 具有市场支配地位, 在标准必要专利的许可协商中违反了公平、合理和无歧视 (FRAND) 的原则, 实施了收取不公平高价许可费等滥用市场支配地位的行为, 并就相同专利在不同国家提起诉讼, 给 OPPO 公司、OPPO 深圳分公司的经营行为造成负面影响和经济损失。西斯威尔方提出管辖权异议, 主张在案证据不足以证明广州知识产权法院对该案具有管辖权, 西斯威尔方已就标准必要专利许可问题在英国法院提起诉讼, 本案应由英国法院审理。

请用我国《反垄断法》的相关法律规定分析上述材料。

第四单元

产品质量法律制度

项目一 产品质量法概述

引 例

李某新购一处楼房，装修完毕入住不久，即发现墙壁有裂缝，且与日俱长，遂请开发商来看，遭拒。李某无奈向市场监督管理部门投诉，要求对该房进行技术检验，结果为不合格，李某将开发商告上法庭，依据《产品质量法》要求其赔偿相应损失。

法院受理后，发现另有一案与此相关正在审理中，该栋楼房在建筑过程中，因塑钢窗在安装过程中突然断裂，致使安装工人周某、钱某等四人滑落到地面不同程度受伤。事后经鉴定，该塑钢窗质量不合格，为索要医疗费用，周某等将开发商告上法庭。

对于这两宗案件，开发商认为因属于建设工程，不应当适用《产品质量法》。开发商的观点对吗？

基本理论

一、产品

（一）产品的概念

从一般意义上来说，"产品"系指具有价值和使用价值的物质商品，既包括有形产品，也包括无形产品；既包括动产，也包括不动产；既包括天然产品，也包括人工制作、加工而成的产品；既包括工业产品，也包括农产品等。但法律上规定的产品，其范围小于一般意义上的产品。我国的《产品质量法》着眼于物品的加工性和商业流通性，以此为标准界定产品的范围。《产品质量法》第 2 条第2、3款规定，该法所称产品是指经过加工、制作，用于销售的产品。建设工程不适用该法规定；但是，建设工程使用的建筑材料、建筑构配件和设备，属于上述规定的产品范围的，适用该法规定。此外，该法第73条进一步规定，军工产品质量监督管理办法，由国务院、中央军事委员会另行制定。因核设施、核产品造成损害的赔偿责任，法律、行政法规另有规定的，依照其规定。从上述规定来看，我国《产品质量法》对"产品"采用了概括式规定，并将初级农产品、建设工程、军工产品排除在外。

（二）产品的特征

1. 必须经过加工、制作。指经过工业和手工业加工制作的工业产品、工艺品以及经过加工的农副产品。排除未经加工的天然品、初级农产品。

2. 必须用于销售。排除自产自用的和禁止销售的物品。

拓展思考

无偿赠送的产品能否排除？

从字面上理解"用于销售的产品"是指通过销售而交付的物品。实际上，"销售"以外的其他以有偿方式提供给他人使用的产品以及一些生产经营者为了营销目的而无偿赠送或作为福利分发给他人使用的产品也不少见。这些有偿的或看似无偿实则有偿的商业活动，其目的指向都是某种经济利益，应当说它们与"销售"方式在本质上是一致的，也应按"销售"对待。所以，"用于销售的产品"应作扩大解释。

3. 其他法定除外：建设工程、核设施和核产品以及军工产品。但建设工程所使用的建筑材料、建筑构配件和设备不包括在内。

问题回答：

下列哪些属于《产品质量法》所指的产品？

月饼、冰毒、房屋、原煤、手工制作品、药品、枪支。

引例分析

引例是关于《产品质量法》的适用范围，《产品质量法》第2条第2款规定，该法所称产品是指经过加工、制作，用于销售的产品。第3款规定，建设工程不适用该法规定；但是，建设工程使用的建筑材料、建筑构配件和设备，属于前款规定的产品范围的，适用该法规定。因此可见，第一宗案例中"房屋"是建设工程，不适用《产品质量法》；而第二宗案例中的塑钢窗是建筑工程的构配件，则适用《产品质量法》。

二、产品质量

（一）产品质量概念

产品质量是指由国家的法律、法规、质量标准等所确定的或由当事人的合同所约定的有关产品适用、安全、外观等诸种特性的综合。

（二）产品质量的内涵

产品质量的内涵随经济、科技的发展以及人们需要的变化，也在不断丰富和发展。一般认为产品质量的内涵包括：

1. 性能，指产品为满足使用目的所具备的技术特性；

2. 寿命，指产品能够正常使用的期限；

3. 可靠性，指产品在规定时间和条件下，完成规定功能的能力；

4. 安全性，指产品在流通、操作使用中保证安全的程度，如在使用中不能损害人的身体健康，不能发生人身事故等；

5. 经济性，指产品从设计、制造到使用寿命周期的成本的大小。

（三）产品质量分类

产品质量分为合格与不合格两类。合格是指产品符合标准；不合格是指产品有瑕疵或有缺陷。前者是指产品不具备通常价值、效用或其他约定的品质；后者是指产品存在危及人身、财产安全的不合理危险。因此，产品质量问题大体上也可分为两类：①产品不适用；②产品不安全。前者多由于产品瑕疵而形成；后者则由于产品缺陷而发生。瑕疵与缺陷是两个不同的有关产品质量的概念。

三、产品质量法

产品质量法是调整产品生产、流通和消费过程中以及对产品质量进行监督管理过程中所形成的社会关系的法律规范的总称。广义上的产品质量法包括所有调整这一部分社会关系的法律、法规，即除《产品质量法》外，还包括《食品安全法》《消费者权益保护法》等以及民事、刑事等法律、法规中有关产品质量关系的规范。我们通常所说的产品质量法是指狭义的产品质量法，即 1993 年 2 月22 日通过、同年 9 月 1 日施行的《产品质量法》，该法于 2000 年 7 月 8 日第一次修正、2009 年 8 月 27 日第二次修正、2018 年 12 月 29 日第三次修正。

项目二　产品质量的监督与管理

一、产品质量监督管理体制

（一）组织体制

我国《产品质量法》第 8 条规定，国务院市场监督管理部门主管全国产品质量监督工作。国务院有关部门在各自的职责范围内负责产品质量监督工作。县级以上地方市场监督管理部门主管本行政区域内的产品质量监督工作。县级以上地方人民政府有关部门在各自的职责范围内负责产品质量监督工作。法律对产品质量的监督部门另有规定的，依照有关法律的规定执行。它包含以下四层含义：

1. 国务院市场监督管理部门主管全国产品质量监督工作。其职责是负责全国的产品质量监督工作。

2. 县级以上地方市场监督管理部门主管本行政区域内的产品质量监督工作。

3. 国务院有关部门和县级以上地方人民政府设置的有关产业部门和经济综合管理部门，管理本行业、本部门的质量监督工作。

4. 根据《食品安全法》《药品管理法》《计量法》等法律的规定，由食品药品监督部门、计量行政部门负责产品质量监督，具体工作应依照有关法律的规定执行。

（二）权限与职责

国家市场监督管理总局对全国产品质量工作的监督管理，是宏观上的、政策性的、指导性的和组织协调性的。地方市场监督管理部门具体进行监督管理工作，其中包括依法查处生产、销售伪劣商品等质量违法行为。

在依法进行查处时，可以行使下列职权：

1. 对当事人涉嫌从事违反《产品质量法》的生产、销售活动的场所实施现场检查；

2. 向当事人的法定代表人、主要负责人和其他有关人员调查、了解与涉嫌从事违反《产品质量法》的生产、销售活动有关的情况；

3. 查阅、复制当事人有关的合同、发票、账簿以及其他有关资料；

4. 对有根据认为不符合保障人体健康和人身、财产安全的国家标准、行业标准的产品或者有其他严重质量问题的产品，以及直接用于生产、销售该项产品的原辅材料、包装物、生产工具，予以查封或者扣押。

二、产品监督管理制度的主要内容

（一）工业产品生产许可证制度

1. 概念。工业产品生产许可证制度是我国政府为了加强产品质量管理，保证重要产品质量，依据国家的有关法规、规章对影响国计民生、危及人体健康和人身财产安全的重要工业产品实施的一项质量监控制度。生产许可证，是指国家对于具备生产条件并对其产品检验合格的工业企业，发给其许可生产该项产品的凭证。

2. 实行许可证管理的产品。《工业产品生产许可证管理条例》规定实行生产许可证制度的产品有：

第一，乳制品、肉制品、饮料、米、面、食用油、酒类等直接关系人体健康的加工食品；

第二，电热毯、压力锅、燃气热水器等可能危及人身、财产安全的产品；

第三，税控收款机、防伪验钞仪、卫星电视广播地面接收设备、无线广播电视发射设备等关系金融安全和通信质量安全的产品；

第四，安全网、安全帽、建筑扣件等保障劳动安全的产品；

第五，电力铁塔、桥梁支座、铁路工业产品、水工金属结构、危险化学品及其包装物、容器等影响生产安全、公共安全的产品；

第六，法律、行政法规要求依照该条例的规定实行生产许可证管理的其他产品。

3. 工业产品生产许可证标志。工业产品生产许可证标志由"质量安全"英文（Quality Safety）字头 QS 和"质量安全"中文字样组成。标志主色调为蓝色，字母"Q"与"质量安全"四个中文字样为蓝色，字母"S"为白色。QS 标志由企业自行印贴，可以按照规定放大或者缩小。

注意：原国家质检总局 2010 年第 39 号公告将许可证标志的"质量安全"修改为"生产许可"。

4. 食品市场准入标志。获得食品质量安全生产许可证的企业，其生产加工的食品经出厂检验合格的，在出厂销售之前，必须在最小销售单元的食品包装上标注由国家统一制定的食品质量安全生产许可证编号并加印或者加贴食品质量安全市场准入标志，并以"质量安全"的英文名称 Quality Safety 的缩写"QS"表示。

（二）产品质量标准化制度

1. 概念。标准（含样品）是指农业、工业、服务业以及社会事业等领域需要的统一技术标准。产品质量标准是对产品的结构、规格、质量、检验方法所作的技术规定，是判断产品合格与否的最主要的依据之一。

2. 产品质量标准类型。对产品质量实行标准化管理，是我国对产品质量进行管理的一项重要制度。2018 年 1 月 1 日新的《标准化法》正式实施，明确了国家标准、行业标准、地方标准、团体标准、企业标准，以此作为企业生产产品的技术指标，也作为监管部门监管和判断产品合格与否的最重要的依据。

（1）按照制定标准的主体不同可分为：国家标准、行业标准、地方标准、企业标准、团体标准。国家标准（GB 和 GB/T）：由国家标准化行政主管部门制定（国家标准化管理委员会），在全国范围内统一适用的技术标准。

行业标准（HB）：对于没有推荐性国家标准、需要在全国某个行业范围内统一的技术要求所制定的标准，由国务院有关行政主管部门制定，报国务院标准化行政主管部门备案。行业标准不得与有关国家标准相抵触。有关行业标准之间应保持协调、统一，不得重复。行业标准在相应的国家标准实施后，即行废止。

地方标准：由省、自治区、直辖市人民政府标准化行政主管部门制定；设区的市级人民政府标准化行政主管部门根据本行政区域的特殊需要，经所在地省、自治区、直辖市人民政府标准化行政主管部门批准，可以制定本行政区域的地方标准。地方标准由省、自治区、直辖市人民政府标准化行政主管部门报国务院标准化行政主管部门备案，由国务院标准化行政主管部门通报国务院有关行政主管部门。

企业标准：企业可以根据需要自行制定企业标准，或者与其他企业联合制定企业标准。自行制定的适用于本企业的标准，可高于而不得低于国家标准、行业标准、地方标准。

团体标准：由学会、协会、商会、联合会、产业技术联盟等社会团体协调相关市场主体共同制定的满足市场和创新需要的团体标准，由本团体成员约定采用或者按照本团体的规定供社会自愿采用。团体标准应当符合相关法律法规的要求，不得与国家有关产业政策相抵触，团体标准的技术要求不得低于强制性标准的相关技术要求。

国家鼓励社会团体、企业制定高于推荐性标准相关技术要求的团体标准、企业标准；国家实行团体标准、企业标准自我声明公开和监督制度；国家鼓励团体标准、企业标准通过标准信息公共服务平台向社会公开。

（2）按强制与否分为：强制性标准和推荐性标准。强制性标准是指保障人身健康和生命财产安全、国家安全、生态环境安全以及满足经济社会管理基本需要的技术要求制定的标准；其他标准就是推荐性标准，标准代号中含有"/T"的则为推荐性标准。国家标准分为强制性标准和推荐性标准，行业标准、地方标准是推荐性标准。

强制性的国家标准必须执行，不符合强制性国家标准的产品，禁止生产、销售和进口。对于推荐性标准，国家鼓励企业采用，但不具有强制性。

新《标准化法》对标准实行"一强、三推、两市场"的标准体系。所谓一强，指的是强制性标准只保留一级，即强制性国家标准；三推，指的是推荐性标准分为三级，即国家标准、行业标准和地方标准；两市场，指的是企业标准和团体标准这两类标准由企业和社会团队等市场主体来自主完成。

（三）企业质量体系认证和产品质量认证制度

1. 企业质量体系认证。企业质量体系认证是指依据国家质量管理和质量保证系列标准，由国家认可的认证机构，对自愿申请认证的企业的质量体系进行检查、确认、颁发认证证书，以证明该企业质量体系和质量保证能力符合相应标准要求的活动。

《产品质量法》第 14 条第 1 款规定，国家根据国际通用的质量管理标准，推行企业质量体系认证制度。企业根据自愿原则可以向国务院市场监督管理部门认可的或者国务院市场监督管理部门授权的部门认可的认证机构申请企业质量体系认证。经认证合格的，由认证机构颁发企业质量体系认证证书。目前最流行的是申请 ISO9001 质量管理体系认证和 ISO14000 环境管理体系认证。

注意，获得企业质量体系认证的企业，并不等于获得产品质量认证，因而不得在产品上使用产品质量认证标志。但在申请产品质量认证时可免除对企业质量体系认证的检查。

2. 产品质量认证。产品质量认证是依据具有国际水平的产品标准和技术要求，经过认证机构确认并通过颁发认证证书和产品质量认证标志的形式，证明产品符合相应标准和技术要求的活动。

我国产品实行强制认证和自愿认证相结合的认证制度。

认证形式为安全认证和合格认证。安全认证是指以安全标准为依据进行的认证，或只对产品中有关安全的项目进行的认证。合格认证是指对产品的全部性能、要求依据标准或相应技术要求进行的认证。

《中华人民共和国认证认可条例》第 27 条规定，为了保护国家安全、防止欺诈行为、保护人体健康或者安全、保护动植物生命或者健康、保护环境，国家规定相关产品必须经过认证的，应当经过认证并标注认证标志后，方可出厂、销售、进口或者在其他经营活动中使用。

我国强制性产品认证，简称 CCC 认证（China Compulsory Certification）或 3C 认证，凡列入强制性产品认证目录内的产品，如果没有获得指定认证机构颁发的认证证书，没有按规定加施认证标志，一律不得进口，不得出厂销售和经营服务机构使用。

凡没有列入强制性产品目录的产品都可实行自愿性产品认证。如在农产品、食品方面，产品认证主要有：无公害农产品认证、有机食品、绿色食品、无公害食品、环保认证等。

问题："QS"是强制性认证标志吗？

（四）产品质量监督检查制度

1. 概念。产品质量监督，从广义上讲，是指国家、社会、用户、消费者以及企业自身等，对产品质量和产品质量认证体系所做的检验、检查、评价、措施等一系列活动的总称。

2. 监督类型。产品质量监督可分为三种基本形式和途径：

（1）企业监督。指企业内部自检和互检。包括劳动者自检、生产过程自检、专职检查。

（2）社会监督。包括用户、消费者监督；社会组织监督；新闻媒介监督等。

（3）国家监督。包括专职监督、综合监督。国家监督的重要形式之一是国家监督抽查制度，《产品质量法》第15条对此作了规定。具体内容如下：

国家监督抽查的目的。通过监督抽查，掌握产品质量状况，了解产品质量信息，为政府对产品质量实施宏观调控，调整产业结构提供决策依据。同时，促使企业对其生产、销售的产品的质量负责，明确产品质量责任，从而保护用户、消费者合法权益，维护社会经济秩序。

国家监督抽查的范围、方式和性质。监督抽查的范围：可能危及人体健康和人身、财产安全的产品；影响国计民生的重要工业产品；用户、消费者反映问题较多的产品。监督抽查的方式：由国务院市场监督管理部门随机抽取。监督抽查的性质：产品质量监督抽查制度是国家质量监督部门履行职责、执行公务，对企业的产品质量实施监督管理的一种主动的行政行为。它既是一项强制性的行政措施，同时又是一项有效的法律手段。

（五）产品质量检验制度

产品质量应当检验合格，不得以不合格产品冒充合格产品。产品或者其包装上的标识，要有产品质量合格证明。

1. 企业自我检验。产品在出厂前，都应当经过生产者的内部质量检验部门或者检验人员的检验，未经检验及检验不合格的产品，不得出厂销售。

合格标准：符合国家标准、行业标准、地方标准；符合企业标准（与国家标准不抵触）；符合合同约定的质量标准。

2. 第三方检验。产品质量检验机构必须具备相应的监测条件和能力，经有权考核的部门考核合格后，方可承担产品质量检验工作。

（六）缺陷产品召回制度

召回制度是指在流通中的产品存在缺陷，可能会导致损害发生的情况下，产品的生产经营者采取发布公告通知等措施敦促消费者交回缺陷产品，经营者采取有效措施，消除缺陷，防止危害发生的一种事先救济制度。

《民法典》在第1206条规定了召回制度，产品投入流通后发现存在缺陷的，生产者、销售者应当及时采取停止销售、警示、召回等补救措施；未及时采取补救措施或者补救措施不力造成损害扩大的，对扩大的损害也应当承担侵权责任。此外，关于产品召回的法律规范主要有《食品召回管理办法》《铁路专用设备缺陷产品召回管理办法》《缺陷汽车产品召回管理条例》。

项目三　生产者和销售者的产品质量责任和义务

引　例

2016年1月，李某到一家商场购买了一台新款冰箱。运回家后，发现只有产品质量检验合格报告，而没有产品合格证，遂找到商场要求退货。商场拒绝退货，理由是有质检合格报告表明质量合格，没有产品合格证不等于冰箱质量不合格。

质量检验合格报告能否替代产品合格证？

基本理论

一、生产者产品质量责任与义务

（一）作为的义务

《产品质量法》第26—28条明确规定了生产者应当对其生产的产品质量所负的积极义务。具体要求包括：

1. 产品质量应当符合要求：①不存在危及人身、财产安全的不合理危险；有保障人体健康和人身、财产安全的国家标准、行业标准的，应当符合该标准。这是要求生产者不得生产"缺陷产品"。缺陷产品是指具有"不合理危险"或不符合保障安全的国家标准、行业标准的产品。②具有产品应当具备的使用性能，但是，对产品存在使用性能的瑕疵作出说明的除外。这是要求生产者应当尽合同义务、担保义务。保证产品使用性能，是最一般、最基本的义务要求。应注意的是，对"瑕疵产品"说明即可除外，但不包括"缺陷产品"。③符合在产品或者其包装上注明采用的产品标准，符合以产品说明、实物样品等方式表明的质量状况。

前两项为默示担保义务，后一项为明示担保义务。三项义务必须同时做到，不可或缺。它也是《产品质量法》对生产者生产产品内在质量的要求。

2. 产品标识应当符合要求：①有产品质量检验合格证明；②有中文标明的产品名称、生产厂厂名和厂址；③根据产品的特点和使用要求，需要标明产品规格、等级、所含主要成份的名称和含量的，用中文相应予以标明；需要事先让消费者知晓的，应当在外包装上标明，或者预先向消费者提供有关资料；④限期使用的产品，应当在显著位置清晰地标明生产日期和安全使用期或失效日期；⑤使用不当，容易造成产品本身损坏或者可能危及人身、财产安全的产品，应当有警示标志或者中文警示说明。

以上是对所有产品的包装标识的要求，违者可能构成瑕疵产品，也可能构成缺陷产品。但并非所有产品的包装均须同时符合以上五项要求。裸装的食品和其他根据产品的特点难以附加标识的裸装产品，可以不附加产品标识。

3. 特殊产品的包装应当符合要求。特殊产品是指易碎、易燃、易爆、有毒、有腐蚀性、有放射性等危险物品以及储运中不能倒置和其他有特殊要求的产品。其包装质量必须符合相应要求，依照国家有关规定作出警示标志或者中文警示说明，标明储运注意事项。

引例分析

根据《产品质量法》第 27 条第 1 款第 1 项明确规定，产品或者其包装上的标识应当符合下列要求，"有产品质量检验合格证明"，而质量检验报告不能替代合格证。因此，商场应当退货。

思考：某厂发运一批玻璃器皿，以印有"华丰牌方便面"的纸箱包装，在运输过程中，由于装卸工未细拿轻放而损坏若干件，该损失应由下列哪个部门承担？

A. 装卸工承担

B. 装卸工的雇主承担

C. 运输部门承担

D. 某厂承担

（二）不作为的义务

《产品质量法》第 29-32 条对生产者所负的消极义务作了以下规定：

1. 不得生产国家明令淘汰的产品；

2. 不得伪造产地，不得伪造或者冒用他人的厂名、厂址，如在甲地生产产品，产品标识上标注乙地的地名，编造或捏造厂名等；

3. 不得伪造或者冒用认证标志等质量标志，如产品质量认证标志、检验机构检验合格证书及封记、产品合格证明等；

4. 不得掺杂、掺假，不得以假充真、以次充好，不得以不合格产品冒充合格产品。

对以上作为、不作为的要求，《产品质量法》统称为"生产者的产品质量责任和义务"。这种责任与义务的统一，应理解为生产者、销售者对用户、消费者的义务，也是其对国家、对社会的责任。

二、销售者的产品质量义务

销售者的产品质量义务也分为作为的义务与不作为的义务。《产品质量法》第 33-39 条对此作了具体的规定。

（一）作为的义务

1. 进货检查验收义务。包括产品标识检验、感官检验、必要的产品内在质量检验。

2. 采取措施，保持销售产品的质量。生产者生产的产品通过销售者到达用户、消费者那里，中间常有一段"时间差"。销售者应当根据产品的特点，采取必要的防雨、防晒、防霉变措施，对某些特殊产品采取控制湿度、温度等措施，以保持产品进货时的质量状态。

上述两项义务本属销售者基于自身利益而必须做的、必然做的行为。法律之所以将之上升为法律规范，是为了加重销售者的注意义务。

3. 销售产品标识必须符合法律规定。检查产品的标识是否符合法律的规定，对于标识符合法律规定的产品可以验收进货，对于标识不符合法律规定的产品则应拒收。

不得擅自将产品的标识加以涂改，特别是限期使用的产品；不能为了经济利益而改变产品的安全使用期或者失效日期。

（二）不作为的义务

1. 不得销售失效、变质的产品；

2. 不得伪造产地，伪造或者冒用他人的厂名、厂址；

3. 不得伪造或者冒用认证标志、名优标志等质量标志；

4. 不得掺杂、掺假，以假充真、以次充好，以不合格产品冒充合格产品。

第 2 至 4 项义务与生产者的第 2 至 4 项不作为的义务内容完全相同，只是主体有别。

[案情简介]

北京市某市场监督管理部门在对一家商场的商品进行检查时，怀疑该商场经销的 18K 金镶嵌黄晶宝石戒指含有杂质。该商场经理称，这种 18K 金镶嵌黄晶宝石戒指共有 24 枚，是北京宏兴实业有限公司从湖南顺发首饰厂购进的。北京宏兴实业有限公司告诉商场，购货时商品附有产品检验合格证书，只是在中途运输时丢失了。商场相信并以每枚 700 元价格销售，目前已卖出 4 枚，还剩下 20 枚。于是，市场监督管理部门将剩下的 20 枚戒指送国家地矿部宝石监测中心进行技术鉴定。鉴定结果证明该黄晶的折射率不合格，中间掺杂有玻璃物质，属不合格产品。

[法理评析]

本案涉及对产品质量的监督以及处理。

《产品质量法》第 12 条规定，产品质量应当检验合格，不得以不合格产品冒充合格产品。第 33 条规定，销售者应当建立并执行进货检查验收制度，验明产品合格证明和其他标识。产品是否合格主要看它是不是符合产品标准，即对产品结构、规格、质量和检验方法所作的技术规定。

项目四　违反产品质量法的法律责任

引　例

北京海淀区一位老人过七十大寿时，儿孙们买了一条安徽省桐城某家电厂生产的电热毯，送给老人祝寿。正巧当晚大雪纷飞，气温骤然降至零下。晚 11 时，大儿子为老人铺好电热毯，安顿老人安然入梦。第二天，大儿子起床后闻到老人屋里传出刺鼻的焦味，他急忙叫醒众人，撞开门，只见满屋浓烟滚滚，老人躺在床上已死去，全身烧焦，屋内物品均化为灰烬。案发后，海淀区市场监督部门对电热毯进行了质量监督检验。检验发现电热毯有 7 项技术指标不符合国家有关标准的要求，属劣质品。老人的后辈多次找家电厂协商未果，一纸诉状把家电厂告上法院。当地人民法院根据该检验结论，作出判决：责令桐城某家电厂和商场停止生产、销售该类电热毯，赔偿受害人家属丧葬费、死亡赔偿金、财产损失等共计 15 万多元，没收违法生产、销售该电热毯的违法所得，并处罚款。

基本理论

一、产品质量责任概念及分类

（一）产品质量责任概念

产品质量责任制度是指生产者、销售者以及对产品质量负有直接责任者，因违反产品质量法规定的产品质量义务所应承担的法律后果。

（二）产品质量责任分类

产品质量责任是一种综合责任，包括有关产品质量的民事责任、行政责任和刑事责任。民事责任又分为因产品瑕疵而发生的合同违约责任、因产品缺陷而发生的产品侵权责任以及违约责任与侵权责任的竞合。

二、产品质量民事责任

（一）概念

产品质量民事责任，是指生产者或者销售者违反了产品质量义务所应承担的民事法律后果。包括产品瑕疵责任、产品缺陷责任。

（二）产品瑕疵责任（瑕疵担保责任、合同责任）

1. 产品瑕疵责任，是指销售者作为出卖人交付的产品未达到法定的质量标准以及约定的技术要求，未能符合买受人所期望的质量状况，所应负担的法律后果。（产品瑕疵不含有危及人身、财产安全的不合理的危险。）

2. 产品瑕疵责任的主要形式。

（1）不具备产品应当具备的使用性能而事先未作说明；

（2）不符合在产品或者其包装上注明采用的产品标准；

（3）不符合以产品说明、实物样品等方式表明的质量状况。

只要存在上述情形，不论是否造成损失后果，都应当承担损害赔偿责任。

3. 承担产品瑕疵责任的形式。

（1）修理、更换、退货；

（2）赔偿损失，如用户、消费者在要求销售者进行修理、更换、退货过程中所发生的运输费、交通费、误工费等损失；

（3）销售者对生产者、供货者的追偿权。用户、消费者可直接要求销售者承担责任。销售者依照上述要求负责修理、更换、赔偿损失后，属于生产者的责任或者属于向销售者提供产品的其他销售者（供货者）的责任的，销售者有权向生产者、供货者追偿。有约定的，按约定执行。

4. 瑕疵责任举证倒置情形。《消费者权益保护法》第 23 条第 3 款规定，经营者提供的机动车、计算机、电视机、电冰箱、空调器、洗衣机等耐用商品或者装饰装修等服务，消费者自接受商品或者服务之日起 6 个月内发现瑕疵，发生争议的，由经营者承担有关瑕疵的举证责任。

（三）产品缺陷责任（侵权责任）

1. 产品缺陷。产品缺陷，是指产品存在危及人身、他人财产安全的不合理的危险；产品有保障人体健康和人身、财产安全的国家标准、行业标准的，是指不符合该标准。包括设计缺陷、原材料缺陷、制造缺陷和指示缺陷。

2. 产品缺陷责任。按《产品质量法》的规定，产品缺陷责任是指因产品存在可能危及人身、财产的缺陷造成消费者或第三人的人身、缺陷产品之外的财产损害时，生产者和销售者应承担的民事赔偿责任。

3. 产品缺陷责任的构成条件。

（1）产品存在缺陷；

（2）造成了他人人身、财产损害；

（3）缺陷与损害之间存在因果关系。

4. 生产者产品缺陷责任归责原则。

（1）归责原则。《民法典》第 1202 条规定，因产品存在缺陷造成他人损害的，生产者应当承担侵权责任。可见生产者产品侵权责任归责原则是无过错责任原则。

（2）生产者免责条件。生产者能够证明有下列情形之一的，不承担赔偿责任：①未将产品投入流通的；②产品投入流通时，引起损害的缺陷尚不存在的；③将产品投入流通时的科学技术水平尚不能发现缺陷存在的。

5. 销售者产品缺陷责任归责原则。《产品质量法》第 42 条第 1 款规定，由于销售者的过错使产品存在缺陷，造成人身、他人财产损害的，销售者应当承担赔偿责任。第 2 款规定，销售者不能指明缺陷产品的生产者也不能指明缺陷产品的供货者的，销售者应当承担赔偿责任。可见销售者产品缺陷责任承担实行的是过错责任原则和过错推定责任原则。

6. 产品缺陷损害赔偿中受害人的求偿选择权。

（1）受害人有选择权：产品缺陷侵权发生后，受害人既可以向生产者也可以向销售者提出索赔。

（2）生产者、销售者之间的追偿权：因产品存在缺陷造成人身、他人财产损害的，受害人可以向产品的生产者要求赔偿，也可以向产品的销售者要求赔偿。属于产品的生产者的责任，产品的销售者赔偿的，产品的销售者有权向产品的生产者追偿。属于产品的销售者的责任，产品的生产者赔偿的，产品的生产者有权向产品的销售者追偿。

7. 侵权责任赔偿方式与赔偿标准。

（1）人身伤害赔偿：因产品存在缺陷造成受害人人身伤害的，侵害人应当赔偿医疗费、治疗期间的护理费、因误工减少的收入等费用；造成残疾的，还应当支付残疾者生活自助具费、生活补助费、残疾赔偿金以及由其扶养的人所必需的生活费等费用；造成受害人死亡的，并应当支付丧葬费、死亡赔偿金以及由死者生前扶养的人所必需的生活费等费用。

（2）财产损害赔偿：因产品存在缺陷造成受害人财产损失的，侵害人应当恢复原状或者折价赔偿。受害人因此遭受其他重大损失的，侵害人应当赔偿损失。

（3）惩罚性赔偿：《民法典》第 1207 条规定，明知产品存在缺陷仍然生产、销售，或者没有依据第 1206 条的规定采取有效补救措施，造成他人死亡或者健康严重损害的，被侵权人有权请求相应的惩罚性赔偿。《消费者权益保护法》第 55 条第 2 款规定，经营者明知商品或者服务存在缺陷，仍然向消费者提供，造成消费者或者其他受害人死亡或者健康严重损害的，受害人有权要求经营者依照该法第 49 条、第 51 条等法律规定赔偿损失，并有权要求所受损失 2 倍以下的惩罚性赔偿。《食品安全法》第 148 条第 2 款规定，生产不符合食品安全标准的食品或者经营明知是不符合食品安全标准的食品，消费者除要求赔偿损失外，还可以向生产者或者经营者要求支付价款 10 倍或者损失 3 倍的赔偿金；增加赔偿的金额不足 1000 元的，为 1000 元。但是，食品的标签、说明书存在不影响食品安全且不会对消费者造成误导的瑕疵的除外。

（4）精神损害赔偿：《民法典》第 1183 条第 1 款规定，侵害自然人人身权益造成严重精神损害的，被侵权人有权请求精神损害赔偿。这是我国法律中明确的精神损害赔偿。值得注意的是，产品缺陷的精神损害赔偿不可滥用，必须以"严重精神损害"为要件。

8. 诉讼时效与请求权。因产品缺陷造成损害要求赔偿的诉讼时效期间为 2 年，自当事人知道或者应当知道其权益受到损害时起计算。因产品存在缺陷造成损害要求赔偿的请求权，在造成损害的缺陷产品交付最初消费者满 10 年后丧失；但尚未超过明示的安全使用期的除外。

涉及产品质量保修期与产品质量安全期法律问题讨论：

2012 年 10 月 11 日，消费者李某家中电视机发生爆炸，家中的电器及其家具部分被毁，经济损失 5 万余元。事故发生后，经有关部门检验，该电冰箱安全使用期为 10 年，该事故是因电冰箱内在质量缺陷而引起的爆炸。为此，李某找到销售电冰箱的某电器商场，要求赔偿。该商场总经理认为，该电冰箱是在 2007 年 5 月份购买的，早已超过保修期，因此商场对这次事故不承担责任。为此，拒绝了李某的赔偿要求。

1. 商场总经理的理由有无法律根据？

2. 李某应该找商场赔偿损失还是找生产商赔偿损失？

三、产品质量行政责任与刑事责任

（一）生产者、销售者的行政责任与刑事责任

1. 生产、销售不符合保障人体健康和人身、财产安全的国家标准、行业标准的产品的，责令停止生产、销售，没收违法生产、销售的产品，并处违法生产、销售产品（包括已售出和未售出的产品，下同）货值金额等值以上 3 倍以下的罚款；有违法所得的，并处没收违法所得；情节严重的，吊销营业执照；构成犯罪的，依法追究刑事责任。

2. 在产品中掺杂、掺假，以假充真，以次充好，或者以不合格产品冒充合格产品的，责令停止生产、销售，没收违法生产、销售的产品，并处违法生产、销售产品货值金额 50% 以上 3 倍以下的罚款；有违法所得的，并处没收违法所得；情节严重的，吊销营业执照；构成犯罪的，依法追究刑事责任。

3. 生产国家明令淘汰的产品的，销售国家明令淘汰并停止销售的产品的，责令停止生产、销售，没收违法生产、销售的产品，并处违法生产、销售产品货值金额等值以下的罚款；有违法所得的，并处没收违法所得；情节严重的，吊销营业执照。

4. 销售失效、变质的产品的，责令停止销售，没收违法销售的产品，并处

违法销售产品货值金额 2 倍以下的罚款；有违法所得的，并处没收违法所得；情节严重的，吊销营业执照；构成犯罪的，依法追究刑事责任。

5. 产品标识不符合《产品质量法》第 27 条规定的，责令改正；有包装的产品标识不符合《产品质量法》第 27 条第 4 项、第 5 项规定，情节严重的，责令停止生产、销售，并处违法生产、销售产品货值金额 30% 以下的罚款；有违法所得的，并处没收违法所得。

6. 拒绝接受依法进行的产品质量监督检查的，给予警告，责令改正；拒不改正的，责令停业整顿；情节特别严重的，吊销营业执照。

7. 隐匿、转移、变卖、损毁被市场监督管理部门查封、扣押的物品的，处被隐匿、转移、变卖、损毁物品货值金额等值以上 3 倍以下的罚款；有违法所得的，并处没收违法所得。

（二）其他相关人的违法行为及责任

1. 知道或者应当知道是禁止生产、销售的产品而为其提供运输、保管、仓储等便利条件的，或者为以假充真的产品提供制假生产技术的，没收全部运输、保管、仓储或者提供制假生产技术的收入，并处违法收入 50% 以上 3 倍以下的罚款；构成犯罪的，追究刑事责任。

2. 服务业的经营者将禁止销售的产品用于经营性服务的，责令停止使用；对知道或者应当知道所使用的产品是禁止销售的产品的，按照违法使用的产品（包括已使用和尚未使用的产品）的货值金额、依照对销售者的处罚规定处罚。

（三）社会团体、社会中介机构的法律责任

1. 检验机构及认证机构的法律责任。①产品质量检验机构、认证机构伪造检验结果或者出具虚假证明的，责令改正，对单位处 5 万元以上 10 万元以下的罚款，对直接负责的主管人员和其他直接责任人员处 1 万元以上 5 万元以下的罚款；有违法所得的，并处没收违法所得；情节严重的，取消其检验资格、认证资格。②出具的检验结果或者证明不实，造成损失的，应当承担相应的赔偿责任；造成重大损失的，撤销其检验资格、认证资格。③不履行产品认证后的跟踪检查义务，对不符合认证标准而使用认证标志的产品，未依法要求其改正或者取消其使用认证标志资格的，对因产品不符合认证标准给消费者造成的损失，与产品的生产者、销售者承担连带责任；情节严重的，撤销其认证资格。

2. 社会团体、社会中介机构的承诺、保证责任。社会团体、社会中介机构对产品质量作出承诺、保证的质量要求，给消费者造成损失的，与生产者、销售者承担连带责任。

关于产品质量的刑事责任，主要有生产、销售伪劣产品罪；生产、销售不符合安全标准的产品罪；生产、销售不符合安全标准的食品罪；生产、销售有毒、有害食品罪以及食品、药品监管渎职罪等。

四、产品质量民事责任优先

《产品质量法》第64条规定，违反该法规定，应当承担民事赔偿责任和缴纳罚款、罚金，其财产不足以同时支付时，先承担民事赔偿责任。

引例分析

本案涉及生产者、销售者的产品质量责任和义务以及损害赔偿责任等问题。

《产品质量法》第13条规定，可能危及人体健康和人身、财产安全的工业产品，必须符合保障人体健康和人身、财产安全的国家标准、行业标准；未制定国家标准、行业标准的，必须符合保障人体健康和人身、财产安全的要求。禁止生产、销售不符合保障人体健康和人身、财产安全的标准和要求的工业产品。第26条第1款规定，生产者应当对其生产的产品质量负责。

电热毯属于可能危及人身、财产安全的产品，我国对其有专门的国家标准。在本案中，桐城某家电厂生产的电热毯有7项技术指标不符合有关国家标准的要求，违反了强制性产品标准，属于有缺陷的劣质品。

《产品质量法》第44条规定，因产品缺陷造成受害人死亡的，侵害人应支付丧葬费、死亡赔偿金以及由死者生前扶养的人所必需的生活费等费用。造成受害人财产损失的，侵害人应当赔偿损失。本案法院作出让家电厂和商场赔偿损失的判决是正确的。另外《产品质量法》第49条规定，生产、销售不符合保障人体健康和人身、财产安全的国家标准、行业标准的产品的，责令停止生产、销售，没收违法生产、销售的产品，并处违法生产、销售产品（包括已售出和未售出的产品，下同）货值金额等值以上3倍以下的罚款；有违法所得的，并处没收违法所得；情节严重的，吊销营业执照；构成犯罪的，依法追究刑事责任。所以责令桐城某家电厂和商场停止生产、销售该类电热毯，没收违法生产、销售该电热毯的违法所得，并处罚款的处罚的法律适用是正确的，但处罚似乎略轻，应该吊销电热毯厂的营业执照。

思考题

1.《产品质量法》《农产品质量安全法》《食品安全法》，如何解决三法的法律适用？

参考：《农产品质量安全法》规定，供食用的源于农业的初级产品，遵守《农产品质量安全法》的规定。《食品安全法》实施后，凡是涉及食品的质量违法问题，《食品安全法》有规定的，应适用《食品安全法》；在《食品安全法》没有规定，且《产品质量法》有规定的，可以适用《产品质量法》。

2. 示范案例：

2013 年 2 月 2 日，发生在河南省三门峡的义昌大桥烟花炸桥事件，造成至少11 人死亡，10 人受伤，25 辆车坠毁，财产损失共计数百万元。据相关部门报道，此次事件烟花制造商陕西蒲城县宏盛花炮有限公司超出许可范围非法生产烟花爆竹，违规使用蛇皮袋进行包装，委托不具备危险货物运输资质的企业承运，且未取得《烟花爆竹道路运输许可证》，没有警示标志、冒充百货进行运输。同时为了减少生产成本，以不符合国家标准的火药做药剂，爆炸威力极大。

问题：

（1）烟花、桥属于《产品质量法》规定的产品吗？为什么？

（2）国家对哪些产品的生产实行许可证管理？

（3）根据《产品质量法》的规定，分析烟花生产者不符合《产品质量法》的哪些规定？

分析：

（1）烟花属于《产品质量法》规定的产品。桥不属于本法所规定的产品。

根据《产品质量法》第 2 条第 2 款、第 3 款的规定，产品是指经过加工、制作，用于销售的产品。但建筑工程不适用于该法。

（2）《工业产品生产许可证管理条例》规定实行生产许可证管理的产品有：直接关系人体健康的加工食品；有可能危及人身、财产安全的产品；关系金融安全和通信质量安全的产品；保障劳动安全的产品以及影响生产安全、公共安全的产品。本案中的产品烟花既属于危及人身、财产安全的产品，又属于影响生产安全、公共安全的产品。

（3）违反了《产品质量法》第 5 条的规定，禁止在生产、销售的产品中掺杂、掺假，以假充真，以次充好；第 28 条的规定，易碎、易燃、易爆、有毒、有腐蚀性、有放射性等危险物品以及储运中不能倒置和其他有特殊要求的产品，其包装质量必须符合相应要求，依照国家有关规定作出警示标志或者中文警示说明，标明储运注意事项。

3. 习作案例：

消费者 A 于 2015 年 5 月 1 日从 B 商场购买了一双 C 鞋厂生产的鞋子和 D 企业生产的暖手宝一只，在不到 3 个月内鞋底发生断裂，并于 2015 年 12 月 10 日，暖手宝发生爆炸，致消费者家属面部烧伤。

问题：

（1）该案例中承担责任的主体是谁？承担什么责任？

（2）消费者 A 如何主张权利？

第五单元

消费者权益保护法律制度

项目一　消费者权益保护法概述

　　2013 年 4 月，十二届全国人大常委会第二次会议初次审议了《中华人民共和国消费者权益保护法修正案（草案）》。2013 年 4 月 28 日至 5 月 31 日，修正案草案在中国人大网公布，向社会公开征求意见。之后，根据全国人大常委会组成人员和社会各方面的意见，对修正案草案作出了修改，形成了《中华人民共和国消费者权益保护法修正案（草案二次审议稿）》，2013 年 8 月，十二届全国人大常委会第四次会议对修正案草案二次审议稿进行了审议，2013 年 10 月 25 日，十二届人大常委会第五次会议通过了《全国人民代表大会常务委员会关于修改〈中华人民共和国消费者权益保护法〉的决定》，并于 2014 年 3 月 15 日生效。其第 1 条就确定了立法目的，即为保护消费者的合法权益，维护社会经济秩序，促进社会主义市场经济健康发展。

基本理论

一、消费者权益保护法的概念和特征

（一）消费者的涵义

　　消费分为生产消费和生活消费，国际社会和各国一般将生产消费关系用民商合同法来调整，而基于生活消费的特殊性，尤其是自然人个人消费行为均具有社会弱势之特点而以消费者权益保护法律来加以特殊调整和保护。因此被消费者权益保护法保护的消费者仅限生活消费范围。

　　现代社会虽然人人都是消费者，但由于个人的社会角色的多重性，只有在消费的时候才具有消费者的身份。消费是由需要引起的，消费者购买商品和接受服务的目的是满足自己的各种需要，购买商品和接受服务本身体现着消费者一定

的经济利益的追求。任何人只要其购买商品和接受服务的目的不是为了将商品或者服务再次转手，不是为了专门从事商品交易活动，便是消费者。如购买住房，并不是用于自己居住，而是等价格上涨时出售，一旦转售，就不是消费者，而成为经营者。可见，要成为消费者必须具备一定的条件，即消费者的消费性质必须是生活消费，包括商品的消费，服务的消费；消费者的消费对象、消费客体是进入流通领域与生活消费有关商品和服务；消费者的消费方式，包括购买、使用和接受；消费者主体只限于公民个人。国际标准化组织消费者政策委员会将消费者法律概念定义为"为了个人目的购买或者使用商品和接受服务的个体社会成员"。当今世界多数国家依照这个标准来定义消费者的法律概念，我国也是如此。我国《消费者权益保护法》第 2 条规定，消费者为生活消费需要购买、使用商品或者接受服务，其权益受该法保护。消费者既可能是亲自购买商品的个人，也可能是使用和消费他人购买的商品的人；它不仅包括为自己生活需要购买物品的人，也包括为了收藏、保存、送人等需要而购买商品，以及替家人、朋友购买物品，代理他人购买生活用品的人；也可能是旅馆、运输、酒店、食品、劳务等各种服务中接受服务的一方当事人。不包括用于生产目的的消费，因为生产消费的结果是生产出新的产品，社会成员以生产消费为目的而消费，其本身就成了生产经营者，而不是消费者。

（二）消费者权益的涵义

消费者权益是指消费者在消费过程中所享有的权利和应得到的利益。它包括消费者在购买、使用商品时应享有的权利，也包括消费者在接受服务时应享有的权益。消费者权益的核心是消费者的权利，而对于消费者的权利的实现直接提供法律保障的，则是消费者权益保护法。由于消费者所购买和使用的商品或者所接受的服务是由经营者提供的，因此，在保护消费者权益方面，经营者首先负有直接的义务。此外，国家和社会也负有相应的义务。

（三）消费者权益保护法的概念和特征

消费者权益保护法，是调整在保护消费者权益的过程中发生的经济关系的法律规范的总称。其特征如下：

1. 该法侧重于保护消费者，对生产经营者给予一定限制。在法律上体现为，只规定了消费者的权利和经营者的义务；并专章规定了国家对消费者权利的保护；创设了惩罚性赔偿金制度。

2. 消费者权益保护法多为强制性规范，对"契约自由"进行适当限制。其目的是使处于弱者地位的消费者的利益得到保障。例如，《消费者权益保护法》规定经营者不得以格式合同、通知、声明、店堂告示等方式做出对消费者不公平、不合理的规定，或者减轻、免除其损害消费者合法权益应当承担的民事责任。若格式合同、通知、声明、店堂告示等含有前述内容，则其内容无效。

3. 消费者权益保护法设立相应的保护机构，并充分发挥社会团体的作用，以促进消费者权利的实现。例如，《消费者权益保护法》规定各级人民政府工商行政管理部门和其他有关行政部门应当依照法律、法规的规定，在各自的职责范围内，采取措施，保护消费者的合法权益。

4. 消费者权益保护法在一定程度上采取"无过错责任"。即产品如有缺陷并使消费者受到损失时，即使生产者在制造产品时已尽到了一切可能的注意，仍需对此负责，而消费者无须承担举证责任。

二、消费者权益保护法的历史沿革

消费者的权利源于消费者运动和法律对消费者的保护。同传统的民事权利相比较，它是一个新事物，是进入 20 世纪 60 年代后才诞生的。早期的消费者权益保护方面的法律规范主要体现在饮食和服装方面，但在 19 世纪以前消费者权益保护法律制度的发展是极为缓慢的。19 世纪以后，在现代商品经济条件下，消费者地位的恶化，引发了消费者保护自己的权益、改善自己的地位的消费者运动，并提出了"消费者主权"和"消费者权利"的主张，这对消费者权益保护法律制度的发展起了巨大的推动作用。1962 年 3 月 15 日，美国总统肯尼迪在向国会提出的一份《关于保护消费者利益的总统特别咨文》中提出了消费者有获得安全商品的权利、知悉商品真实情况的权利、自由选择商品的权利和意见被尊重的权利。1969 年美国总统尼克松又提出了消费者具有索赔权，这五项权利被公认为消费者的五项权利。由于国情咨文首次表达了消费者权利的思想，对消费者运动具有重大意义，也就是从这个时候开始，才有消费者权益问题。为了纪念消费者权利的提出和扩大对消费者权益保护的宣传，促进国家、地区之间以及消费者组织之间的合作和交往，更好地开展保护消费者权益工作，国际消费者联盟组织于 1983 年确定每年 3 月 15 日定为"国际消费者权益日"，此后，各国在立法中对消费者权利都作出了具体的规定。

20 世纪 80 年代消费者权益问题在我国才日渐得到重视，并很快成立了消费者组织，并陆续出台了一批地方性法规。1993 年 10 月 31 日，第八届全国人大常委会第四次会议通过了《消费者权益保护法》，这是我国第一部保护消费者权益的专门法律。2013 年 10 月进行第二次修改，2014 年 3 月 15 日实施。

三、消费者权益保护法的立法宗旨、适用范围和原则

(一) 消费者权益保护法的立法宗旨

《消费者权益保护法》明确规定了该法的立法宗旨是保护消费者的合法权益，维护社会经济秩序，促进社会主义市场经济健康发展。

（二）消费者权益保护法的适用范围

《消费者权益保护法》的适用范围是指该法在时间、空间和主体范围方面的效力。从消费者角度来讲，即消费者为生活消费需要购买、使用商品或者接受服务，其权益受该法保护；从经营者角度来讲，即经营者为消费者提供其生产、销售的商品或者提供服务，应当遵守该法；对于上述情况消费者权益保护法未作规定的，应当遵守其他有关法律、法规。此外《消费者权益保护法》还规定，农民购买、使用直接用于农业生产的生产资料，参照该法执行。这是消费者权益保护法的特殊适用范围，虽然这里所指的消费只是生活消费，不包括生产消费，但是一部分因生产消费而产生的社会关系也为《消费者权益保护法》调整，但它限定了有限的范围，即首先主体必须是农民，而且必须是购买、使用直接用于农业生产的生产资料而产生的社会关系，农民的行为才受《消费者权益保护法》的调整，如农民购买直接用于农业生产使用的种子、农机、化肥、农膜等，才适用《消费者权益保护法》。

（三）消费者权益保护法的基本原则

1. 经营者应当依法提供商品或服务的原则；

2. 经营者与消费者进行交易，应当遵循自愿、平等、公平、诚实信用的原则；

3. 国家保护消费者的合法权益不受侵害的原则；

4. 对损害消费者合法权益的行为进行社会监督的原则。

保护消费者的合法权益是全社会的共同责任。国家鼓励、支持一切组织和个人对损害消费者合法权益的行为进行社会监督。因而大众传播媒介应当做好维护消费者合法权益的宣传，对损害消费者合法权益的行为进行舆论监督。

项目二　消费者的权利

引　例

某日，严某邀请了几个朋友在新开的一家火锅店涮火锅，大家吃得正欢时，突然严某大叫一声，表情痛苦，原来，严某在涮火锅时吃下混在食物中的异物，卡在喉咙处，朋友赶紧将严送到医院检查，医生从严的咽喉部位取出一根近2厘米的钢丝。为此，严某花了31元医药费。第二天，严某投诉到当地工商局，工商部门组织火锅店老板与严某调解，火锅店老板承认严某在其店里就餐时受到的伤害，双方最后达成调解协议：火锅店老板赔偿严某医药费31元，免去就餐费139元，赔偿精神损失费500元。

基本理论

一、消费者权利概述

消费者的权利就是消费者在消费过程中依法享有的权能，消费者的权利是保护消费者的权益的核心问题，是切实维护消费者权益的重要组成部分。为了保障消费者的各项权利的实现，也为了充分体现法律保护消费者的利益的立场，现代国家将这些权利法定化。我国《消费者权益保护法》不仅对消费者权利有明确、具体规定，同时还从总体上规定了消费者为生活消费需要购买、使用商品或接受服务，其权益受法律保护。

二、消费者的权利

（一）消费者享有安全权

《消费者权益保护法》第 7 条第 1 款规定，消费者在购买、使用商品和接受服务时享有人身、财产安全不受损害的权利。这一规定赋予消费者的就是消费安全权。

保障安全权是消费者最基本的权利，是其他一切权利的前提。消费者有权要求经营者提供的商品和服务，符合保障人身、财产安全的要求。可见，消费者的安全保障权包括了人身安全权和财产安全权。消费者人身安全权包含两个方面的含义，即健康不受损害和生命安全有保障；财产安全权包括消费者购买使用商品本身的财产安全和消费者购买使用商品之外的财产安全两个方面。例如，消费者买了一个电饭锅，由于电饭锅不合格，在使用时导致电路着火，将窗帘引燃，那么被烧的窗帘的损失同样由经营者赔偿损失。

关于如何保障消费者的安全权，《消费者权益保护法》第 7 条第 2 款作了明确的规定，即消费者有权要求经营者提供的商品和服务，符合保障人身、财产安全的要求。符合保障人身、财产安全的要求包含两点：一是商品和服务有标准的，必须符合标准；二是商品和服务没有标准的，也应当符合社会普遍公认的安全要求。

（二）消费者享有知情权

《消费者权益保护法》第 8 条第 1 款规定，消费者享有知悉其购买、使用的商品或者接受的服务的真实情况的权利。这一规定是对消费者知情权的确认。

消费者产生购买、使用某种商品或接受某种服务的愿望，都是建立在对有关情况有一定认识和了解的基础上的。尤其在当今社会，商品和服务品种繁多、技术含量高、功能各异，消费者对商品和服务的真实情况没有真正了解，加上经营者故意隐瞒、歪曲真实情况，往往会使消费者的利益受到损害。因此《消费者权益保护法》规定消费者享有知悉其购买、使用的商品或者接受的服务的真实情况的权利。消费者有权根据商品或者服务的不同情况，要求经营者提供商品的价格、产地、生产者、用途、性能、规格、等级、主要成分、生产日期、有效期限、检验合格证明、使用方法说明书、售后服务，或者服务的内容、规格、费用等有关情况。消费者对这些情况中任何一种的了解，都是在行使知情权，凡与消费者正确判断、选择、使用商品或服务有关的所有情况，消费者都有了解和询问权，经营者除了对法律保护的商业秘密以外的信息，无论是商品和服务的优点还是缺点，均应真实地向消费者介绍，消费者如果不主动行使这些权利，作为经营者应该主动向消费者提供这些方面的信息，提供了就是保证了消费者的知情权；没提供，如果消费者发现了，可以以侵害知情权来主张自己的权利 。只有这样才能使消费者在购买商品和接受服务时做到知己知彼，并且能够表达自己的真实意思。此外，《消费者权益保护法》第28条还规定了网络等非现场购物信息披露制度，该制度的核心就是保障消费者的知情权。

（三）消费者享有自主选择权

《消费者权益保护法》第9条第1款规定，消费者享有自主选择商品或者服务的权利。这一规定赋予消费者的就是自主选择权。

自主选择权是消费者享有自主选择商品或者服务的权利。包括消费者有权自主选择提供商品或者服务的经营者；自主选择商品品种或者服务方式，自主选择满意的商品和服务；自主决定购买或者不购买任何一种商品、接受或者不接受任何一项服务；消费者在自主选择商品或者服务时，有权进行比较、鉴别和挑选。但自主选择权必须具备一定条件，《消费者权益保护法》才予以保护，即自主选择的行为必须是自愿的不受任何强制和胁迫；自主选择行为必须是合法的；自主选择行为必须限定在购买商品中，不能扩大到使用商品领域。

（四）消费者享有公平交易权

《消费者权益保护法》第10条第1款规定，消费者享有公平交易的权利。这一规定赋予消费者的就是公平交易权。

公平交易是市场经济的一项准则，消费者在购买商品或者接受服务时，有权获得质量保障、价格合理、计量正确等公平交易条件，有权拒绝经营者的强制交易行为。这一权利包括了消费者有权享有质量保障、价格合理、计量准确等公平交易条件和有权拒绝强制交易行为两部分。消费者享有公平交易权是消费交易活动的内在要求。法律赋予消费者这一权利，意味着消费者可以通过适当的措施和途径，达到公平交易，排除任何有碍公平交易的行为。这也是市场交易中平等、自愿、公平、等价有偿和诚实信用等原则的要求和具体体现。

（五）消费者享有依法求偿权

《消费者权益保护法》第11条规定，消费者因购买、使用商品或者接受服务受到人身、财产损害的，享有依法获得赔偿的权利。这一规定赋予消费者的就是求偿权。

消费者在购买、使用或者接受服务时，可能受到人身损害，包括人格权的损害和生命健康权的损害。人格权损害，如姓名被贬损、名誉被损害、肖像被滥用等；生命健康受损如受伤、残疾、死亡等。财产损害即消费者遭受到的财产上的损失，包括直接损失和间接损失。

享有求偿权的主体是因购买、使用商品或者接受服务而受到损害的人，具体包括：商品的购买者、使用者、服务的接受者和第三人。这里的第三人是指购买、使用商品或者接受服务之外的人，因他人购买、使用商品或接受服务而遭受意外伤害的人。

（六）消费者享有依法结社权

《消费者权益保护法》第12条规定，消费者享有依法成立维护自身合法权益的社会组织的权利。这一规定是公民行使结社自由权的具体体现。

在消费领域，消费者是商品交易中的弱势群体，作为个人，消费者往往势单力薄；与经营者相比较，不仅经济实力差距悬殊，而且由于科技的发展、分工的细化，消费者独立判断所选购商品的能力降低；包装技术的发展，新材料、新原料的不断发展和运用中又很大程度上掩盖了商品的瑕疵，为消费者增加了许多潜在的危险；又因其不是专门从事商品买卖的人，通常欠缺交易的经验、缺乏足够的交易信息和交易的能力，因此孤立的消费者和有组织的经营者是无法抗衡的，加之消费者对商品和服务的了解大都依赖于经营者采用的各种推销、宣传、广告等手段，使消费者实际上处于盲目的被支配状态。双方的这种在实践中的不平等地位，显然对消费者是极为不利的。为了实现真正的平等，消费者除了通过国家和社会的帮助外，还可以设立自己的组织进行自我保护。

（七）消费者享有求教获知权

《消费者权益保护法》第13条第1款规定，消费者享有获得有关消费和消费者权益保护方面的知识的权利。这是从知悉真情权中引申出来的一种权利，是公民受教育的权利和义务。

《消费者权益保护法》中所规定的知识包含几个方面的内容：①有关消费的知识，比如树立良好正确的消费观，科学、健康、合理、文明地进行消费；②有关商品服务的基本知识；③有关市场基本知识，如市场占有率；④有关消费者权益保护方面的知识，例如了解有关消费者权益保护的法律、法规等。只有保障消费者的求教获知权，消费者才能接受教育，努力掌握所需商品或者服务的知识和使用技能，正确使用商品，提高自我保护意识。这项权利的行使对象既包括经营者，又包括国家的立法机关、行政机关以及社会团体。

（八）消费者享有维护尊严权

《消费者权益保护法》第 14 条规定，消费者在购买、使用商品和接受服务时，享有人格尊严、民族风俗习惯得到尊重的权利。这也是宪法中有关公民人格尊严、人身自由不受侵犯的权利在消费领域的具体体现。

该项权利包括消费者的人格尊严受到尊重的权利和民族风俗受到尊重的权利两个方面。这不仅要求经营者在向消费者提供商品和服务时，保证消费者的姓名、荣誉、名誉、肖像及生命健康等不受侵犯；同时在消费活动中，又要切实尊重少数民族的特殊风俗习惯，加强适应少数民族风俗习惯的商品的生产和供应，而且经营者在商品包装、商标及广告宣传中不得使用有损少数民族尊严的文字、语言和图形等；经营者也不得强迫少数民族的消费者接受该民族禁忌的商品或服务等。

（九）消费者享有个人信息受保护权

《消费者权益保障法》第 14 条在最末增加了消费者享有个人信息依法得到保护的权利。这是以基本法的形式对消费关系领域消费者个人信息受保护的权利予以明确规定。

消费者个人信息受保护权的具体内容包括以下几个方面：①知情权，消费者有权知道具体哪些经营者乃至个人获得了其个人信息；②选择权，不一定经营者要求提供，消费者就必须全部告知；③利用限制权，经营者通过合法方式获得的消费者个人信息，其利用方式、范围必须符合法律的规定或当事人约定；④收益权，经营者通过合法方式获得的消费者个人信息所获得的收益，消费者有权享有；⑤安全保障权，消费者有权要求经营者对合法方式获得的个人信息采取必要措施予以保存，防止泄露、丢失。

（十）消费者享有监督批评权

《消费者权益保护法》第 15 条第 1 款规定，消费者享有对商品和服务以及保护消费者权益工作进行监督的权利。消费者的监督批评属于社会的范畴，也是实现社会监督的重要途径。由于商品和服务的好坏与消费者的利益息息相关，因而消费者的监督批评也最积极、最切实。所以我国《消费者权益保护法》规定消费者有权对经营者进行监督，在权利受到侵害时有权提出检举和控告；有权对国家机关及工作人员对其在保护消费者权益工作中的违法失职行为进行检举、控告；有权对保护消费者权益工作提出批评、建议。

（十一）消费者享有无理由退货权

《消费者权益保护法》第 25 条规定，经营者采用网络、电视、电话、邮购等方式销售商品，消费者有权自收到商品之日起 7 日内退货，且无需说明理由。这一规定赋予消费者"七日无理由退货权"。

虽然法律赋予消费者无理由退货权，但消费者不能任意行使，必须具备以下几个条件：①适用无理由退货条款等商品必须是采用网络、电视、电话、邮购等方式销售商品；②消费者需在收到商品后的一定期限内行驶权利；③商品种类需不在法律规定的除外情形之类。对于消费者定作的、鲜活易腐的、在线下载或者消费者拆封的音像制品、计算机软件等数字化商品、交付的报纸、期刊、其他根据商品性质并经消费者在购买时确认不宜退货的商品不适用无理由退货规定；④消费者行使无理由退货权退换的商品需完好。

此外，原国家工商行政管理总局于 2017 年 1 月 6 日发布的《网络购买商品七日无理由退货暂行办法》对消费者的七日无理由退货权作出了具体的细化实施规定。该规定由国家市场监督管理总局在 2020 年 10 月 23 日修订。

项目三　经营者的义务

引　例

2021 年 4 月刘某在安徽某市一商场购买了 1 件标明"100% 羊绒"的大衣，商场出具的发票上写明了货品是"羊绒大衣"，而事实上该大衣经有关部门鉴定其羊绒含量为 0%，而羊毛为 100%。随后，刘某以大衣不是全羊绒、商场有欺诈为由要求商场依照《消费者权益保护法》第 55 条的规定支付货款 3 倍的赔偿。

基本理论

经营者是指从事商品经营和营利性服务的法人、其他经济组织和自然人。从经营形态来看，经营者应包括生产者、销售者和服务提供者。在消费法律关系中，经营者是为消费者提供商品和服务的一方，消费者的权利在很大程度上是通过经营者的义务来实现的。要有效地保护消费者的权利，就必须使经营者能够全面地履行其相应的义务，因此，经营者义务的履行对于确保消费者权利的实现具有重要作用。我国《消费者权益保护法》较全面地规定了经营者在保护消费者权利方面所负有下列义务：

一、经营者必须依法定或约定履行义务

法律要求经营者要合法经营和诚实经商，这也是经营者的首要义务。经营者向消费者提供商品或者服务，除要遵守《消费者权益保护法》外，还应当依照《产品质量法》和其他有关法律、法规的规定履行义务。经营者和消费者有约定的，应当按照约定履行义务，但双方的约定不得违背法律、法规的规定。《消费者权益保护法》第 24 条规定，经营者提供的商品或者服务不符合质量要求的，消费者可以依照国家规定、当事人约定退货，或者要求经营者履行更换、修理等义务。没有国家规定和当事人约定的，消费者可以自收到商品之日起 7 日内退货；7 日后符合法定解除合同条件的，消费者可以及时退货，不符合法定解除合同条件的，可以要求经营者履行更换、修理等义务。《消费者权益保护法》第 25 条还规定了经营者采用网络、电视、电话、邮购等方式销售商品的，消费者有权自收到商品之日起 7 日内退货且无需说明理由，但消费者定作的、鲜活易腐的、在线下载或者消费者拆封的音像制品、软件等数字化商品除外。

二、听取意见和接受监督

经营者应当听取消费者对其提供的商品或者服务的意见，接受消费者的监督。这一义务与消费者的监督批评权相对应。消费者监督权的真正实现，有赖于经营者自觉地接受消费者的监督，并为消费者行使监督权提供方便。

三、保障产品、服务安全和经营场所安全

经营者应当保证其提供的商品或者服务符合保障人身、财产安全的要求。对可能危及人身、财产安全的商品和服务，应当向消费者做出真实的说明和明确的警示，并说明和标明正确使用商品或者接受服务的方法以及防止危害发生的方法。经营者发现其提供的商品或者服务存在严重缺陷，即使正确使用商品或者接受服务仍然可能对人身、财产安全造成危害的，应当立即向有关行政部门报告和告知消费者，并采取防止危害发生的措施。这是和保障安全权相对应的义务。

这一义务首先要求经营者提供的商品或服务必须符合安全要求，即符合国家标准、行业标准和社会普遍公认的安全标准之一；其次，对可能危及人身财产安全的商品和服务应明确说明和警示，并说明或标明正确使用商品或接受服务的方法以及防止危害发生的方法；再次，经营者发现其提供的商品或服务存在严重缺陷，即使正确使用商品或接受服务也可能发生损害，那么经营者要做到报告、告知和积极采取措施，防止危害的发生。也就是说经营者提供的商品必须是安全可靠的商品，不可提供有可能对消费者人身及财产造成损害的不安全、不卫生的产品；经营者的经营场所和向消费者提供的服务必须具有可靠的安全保障。最后，宾馆、商场、餐馆、银行、机场、车站、港口、影剧院等公共场所等经营者，应当对消费者尽到安全保障义务。经营者应当履行一般注意义务，例如及时排查经营场所内是否存在地面湿滑、火灾等安全隐患，并采取安全保卫措施，如雇佣保安、门卫等保护消费者在消费过程中的人身财产安全。

四、提供商品和服务的真实信息

多种形式的商品和服务宣传已成为现今社会中经营者促销的重要手段，而消费者大都依靠经营者提供的各种信息来判断商品的质量，为了保证消费者知悉真情权的实现，能够获得商品和服务的真实信息，同时遏制经营者作引人误解宣传

的现象,《消费者权益保护法》规定,经营者应当向消费者提供有关商品或者服务的真实信息,不得作引人误解的虚假宣传。经营者对消费者就其提供的商品或者服务的质量和使用方法等问题提出的询问,应当作出真实、明确的答复。商店提供商品应当明码标价。要对消费者提供真实的信息,则要求经营者一是不得作引人误解的虚假宣传;二是对于商品和服务质量提出的询问,应该作真实明确的答复,不能欺骗消费者;三是商店销售商品应明码标价,标价的内容必须真实准确、齐全完整、一货一签、字迹清楚。此外,商品和服务的名称是消费者判断商品生产者和质量的最基本的依据,同样商品经营者名称不同,价格、质量也都不一样,标记也是如此。经营者应当标明其真实名称和标记。租赁他人柜台或者场地的经营者,应当标明其真实名称和标记。

五、标明真实名称和标记

经营者的名称和标记在消费领域具有重要意义,它是消费者用以区别商品和服务的经营主体以及确认商品和服务来源的主要依据,同时还和商标一样,代表商品和服务的品质、规格、质量等,更代表经营者的商誉。因此,《消费者权益保护法》规定经营者应当标明真实名称和标记。一是要求经营者在向消费者提供商品和服务时应注明自己的真实名称和标记。经营者不得擅自改动经核准登记的企业名称,不得使用与他人企业名称或营业标记相近似的,并足以造成消费者误认的企业名称或营业标记;二是租赁他人柜台或者场地的经营者也应当注明真实名称和标记。经营者不得故意不使用自己的名称或标记,或使用出租者的名称和标记,造成消费者误解,放松了对购买的商品或接受的服务的警惕和注意。

六、出具相应的购货凭证或服务单据

经营者提供商品或者服务,应当按照国家有关规定或者商业惯例向消费者出具发票等购货凭证或者服务单据;消费者索要购货凭证或者服务单据的,经营者必须出具。购货凭证和单据证明是消费者经营者合同履行完毕的一种证明文件,按照法律规定和商业惯例应当提供的,经营者在和消费者进行交易时必须提供;按照商业惯例和国家规定都不提供购货凭证和服务单据的,只要消费者索要,经营人也应当提供。同时在相关的凭证中标明经营者的身份,既有利于消费者知情权和选择权的落实,使其明确商品的来源和服务的提供者,避免上当,又便于确定赔偿主体。

七、提供符合要求的商品或服务

经营者应当保证在正常使用商品或者接受服务的情况下,其提供的商品或者服务应当具有的质量、性能、用途和有效期限;但消费者在购买该商品或者接受该服务前已经知道其存在瑕疵的除外。经营者以广告、产品说明、实物样品或者其他方式表明商品或者服务的质量状况的,应当保证其提供的商品或者服务的实际质量与表明的质量状况相符。由此可见，经营者一方面应当保证其所提供的商品和服务具有该商品和服务应当具有的一般质量，另一方面，在其对商品服务质量通过广告、产品说明、实物演示等方式表明商品、服务的质量的，应当保证实际质量与表明的质量状况相符。

八、不得从事不公平、不合理的交易

在消费领域中，商品和服务的方式不断增多，其规格和项目也逐渐定型，为了缩短交易过程，经营者常常单方拟定合同条款与消费者订立合同。公平合理的格式合同有利于保护双方当事人的合法权益，但利用格式合同损害消费者权益显然不利于市场的稳定，应当承担民事责任。因此《消费者权益保护法》第 26 条规定，经营者在经营活动中使用格式条款的，应当以显著方式提请消费者注意商品或者服务的数量和质量、价款或者费用、履行期限和方式、安全注意事项和风险警示、售后服务、民事责任等与消费者有重大利害关系的内容，并按照消费者的要求予以说明。经营者不得以格式条款、通知、声明、店堂告示等方式作出排除或限制消费者权利、减轻或者免除经营者的责任、加重消费者责任等对消费者不公平、不合理的规定，不得利用格式条款并借用技术手段强制交易。格式条款、通知、声明、店堂告示等含有前述所列内容的，其内容无效。

九、不得侵犯消费者的人身权

《消费者权益保护法》第 27 条规定，经营者不得对消费者进行侮辱、诽谤，不得搜查消费者的身体及其携带的物品，不得侵犯消费者的人身自由。诽谤消费者的行为是通过捏造并散布虚假事实的方式进行的行为；侮辱消费者的行为是运用暴力、言词和文字、图形等方法公然贬低和破坏消费者的人格和名誉的行为；而这些行为和侵犯消费者的人身自由都是违宪行为。我国《宪法》规定，中华人民共和国公民的人身自由和人格尊严不受侵犯；禁止非法拘禁和以其他方法非法剥夺或者限制公民的人身自由；禁止非法搜查公民的身体；禁止用任何方法对公民进行侮辱、诽谤和诬告陷害。宪法是国家的根本法，任何单位和个人必须遵守。

十、非现场销售经营者和提供金融服务的经营者提供全面信息

由于网络、电视、电话、邮购等非现场购物方式的兴起，在远程购物中，消费者无法实质上接触物品，对于商品的信息完全依赖于经营者提供。此外，在证券、银行、保险等金融服务中，由于其具备一定的专业性，消费者在接受服务的过程中需依靠经营者提供的信息做判断。因此，《消费者权益保护法》要求在上述两种情形下，经营者应当向消费者提供全面的信息，以减少信息不对称而损害消费者利益。

十一、保护消费者的个人信息

《消费者权益保护法》第 29 条规定了消费者的个人信息保护制度，经营者收集、使用消费者的个人信息，应当遵循合法、正当、必要的原则，明示收集、使用信息的目的、方式和范围并经消费者同意。经营者收集、使用消费者个人信息应当公开其收集、使用规则，不得违反法律、法规的规定和双方的约定收集、使用信息。经营者应当采取技术措施和其他必要手段，确保信息安全，防止消费者个人信息泄露、丢失。在发生或可能发生信息泄露、丢失的情况时，应当立即采取补救措施。经营者未经消费者同意或者请求，或者消费者明确表示拒绝的，不得向其发送商业性信息。

项目四　国家与社会对消费者合法权益的保护

引　例

李某夫妇于 2020 年 3 月在某市一大型超市购买一台"桃花"牌电暖风扇，1个月后，该风扇连续多次出现自动断电的故障，李某拿出购物发票、保修单等材料再次来到该超市要求换货，但超市负责人认为李某的暖风扇已使用了一个月，不属于超市规定的换货范畴，只能帮李某免费维修，于是，李某只得将暖风扇留在超市维修，3 天后，李某取回修好的风扇，不料一天后又出现故障，李某又一次来到超市坚决要求换货或退货，但超市负责人以同样的理由坚决拒绝，双方发生争议，李某投诉至当地消费者协会。

基本理论

一、国家对消费者合法权益的保护

在消费者权益的保护方面，国家同经营者一样也应负有相应的义务。依据我国《消费者权益保护法》规定，国家对消费者合法权益的保护主要有：

1. 立法保护。国家通过制定有关消费者权益保护的法律、法规和规章，不断完善消费者权益保护的法律体系。当前我国已初步形成家较完整的消费者权益保护法律体系。此外，《消费者权益保护法》第 30 条还规定，国家制定有关消费者权益的法律、法规和政策时，应当听取消费者和消费者协会等组织的意见。

2. 行政保护。《消费者权益保护法》规定，各级人民政府保护消费者合法权益职责主要包括：加强领导，组织、协调、督促有关行政部门做好保护消费者合法权益的工作，落实保护消费者合法权益的职责。

2018 年 4 月 10 日，国家市场监督管理总局正式挂牌，具体落实消费者权益

保护职责。国家市场监督管理总局通过市场综合监督管理、市场主体统一登记注册、监督管理市场秩序、反垄断统一执法、产品质量安全监督管理、食品安全监督管理、建立健全执法机构及投诉申诉举报服务网络和宣传普及消费者权益保护法律知识等措施，切实保护消费者利益。

3. 司法保护。国家检察机关、审判机关承担国家对消费者合法权益司法保护的职责。《消费者权益保护法》规定，对消费者合法权益的保护应由司法机关依照法律法规的规定进行，惩处经营者在提供商品和服务中侵害消费者合法权益的违法犯罪行为，人民法院应当采取措施，方便消费者提起诉讼。人民法院对符合《民事诉讼法》起诉条件的消费者权益争议必须受理，及时审理。

二、社会对消费者合法权益的保护

保护消费者合法权益是全社会的共同责任，国家鼓励、支持一切组织和个人对损害消费者合法权益的行为进行社会监督。因此，我国《消费者权益保护法》第 36 条规定，消费者协会和其他消费者组织是依法成立的对商品和服务进行社会监督的保护消费者合法权益的社会组织。这就明确了在我国消费者组织主要有消费者协会和除消费者协会以外由消费者依法成立的维护自身合法权益的社会团体，他们通过对侵害消费者权益的行为公开批评、组织评议商品和服务质量、监督经营者、协助消费者解决争议等方式达到保护消费者的目的。其中消费者协会是消费者组织的最主要力量。它是经国务院或各级人民政府批准，依法成立的社会组织，承担的是党和政府交办的任务，依据法律赋予的八项职能，各级人民政府对消费者协会履行职能应当予以支持。

消费者组织应当认真履行保护消费者合法权益的职责，听取消费者的意见和建议，接受社会监督。各级人民政府对消费者协会履行职责应当予以必要的经费等支持。消费者协会这一社会组织具有权威性、公正性。其主要职能如下：

1. 向消费者提供消费信息和咨询服务，消费者协会向消费者提供商品和服务在市场中的现状、发展趋势及商品和服务的提供者等一系列资料，使消费者教育权得以实现；提高消费者维护自身合法权益的能力，引导文明、健康、节约资源和保护环境的消费方式；

2. 参与制定有关消费者权益的法律、法规、规章和强制性标准；

3. 参与有关行政部门对商品和服务的监督、检查；

4. 就有关消费者合法权益的问题，向有关部门反映、查询，提出建议；

5. 受理消费者的投诉，并对投诉事项进行调查、调解；

6. 投诉事项涉及商品和服务质量问题的，可以委托具备资格的鉴定人鉴定，鉴定人应当告知鉴定意见；

7. 就损害消费者合法权益的行为，支持受损害的消费者提起诉讼或者依照本法提起诉讼；

8. 对损害消费者合法权益的行为，通过大众传播媒介予以揭露、批评。

消费者协会针对损害消费者合法权益的行为，可以公开在大众传播媒介上予以登载、播放，进行曝光、批评，以充分发挥舆论监督在社会监督中的作用，强化消费者协会在保护消费者权益方面的职能，同时增强社会免疫力，促使经营者尊重消费者的合法权益。

《消费者权益保护法》第 37 条第 1 款第 7 项规定，消费者协会应当履行公益性职责，就损害消费者合法权益的行为，支持受损害的消费者提起诉讼或依照该法提起诉讼。近几年来，我国不断出现侵犯消费者权益的群体性消费事件，对于消费纠纷数额较小的事件，相当多的消费者衡量维权成本后，出于各种原因不愿意维权。在诸如三鹿奶粉、问题胶囊等群体性消费事件中，消费者往往势单力薄，举证困难，消费维权常常陷入尴尬的境地。修改后的《消费者权益保护法》明确了消协的诉讼主体地位，对于群体性消费事件，消费者可以请求消协提起公益诉讼。

《消费者权益保护法》第 38 条也对消费者组织规定了禁止性行为即消费者组织不得从事商品经营和营利性服务，不得以收取费用或者其他牟取利益的方式向消费者推荐商品和服务。

项目五　争议的解决和法律责任的确定

引　例

王某于 2020 年在某市一家具展览会上购买了一套标明是"意大利进口"的家具，回家后没几天偶遇一朋友对其"进口"家具的真实性提出疑问，于是，王某自费请有关专业机构检测，结果是：该家具是用一种进口的"意大利油漆"油漆的家具，而家具本身是在当地用当地的木材生产制作的。王某非常气愤地去当初购买家具的展览会要求退货并赔偿，但被告知展览会已经结束了。于是，王某将展览会的举办者告上法院。

基本理论

一、争议的解决

（一）争议的解决途径

消费者和经营者发生消费者权益争议的，可以通过下列途径解决：

1. 与经营者协商和解。一般争议均可由双方在平等自愿的基础上进行协商和解，重大纠纷或双方无法协商解决的，可寻求其他解决方式。

2. 请求消费者协会或者依法成立的其他调解组织调解。

3. 向有关行政部门投诉。主要是根据具体情况，向工商行政管理部门、质量监督等部门提出申诉，寻求救济。

4. 根据与经营者达成的仲裁协议提请仲裁机构仲裁。

5. 向人民法院提起诉讼。

6. 举证责任。《消费者权益保护法》第23条第3款规定，经营者提供的机动车、计算机、电视机、电冰箱、空调器、洗衣机等耐用商品或者装饰装修等服务，消费者自接受商品或者服务之日起6个月内发现瑕疵，发生争议的，由经营者承担有关瑕疵的举证责任。"谁主张，谁举证"是我国《民事诉讼法》规定的一般证据规则。消费者要想证明某个商品是否存在瑕疵就必须拿出证据来，但因为不掌握相关技术等信息，消费者举证往往非常困难。2014年《消费者权益保护法》的修正实施，将消费者"拿证据维权"转换为经营者"自证清白"，实行举证责任倒置，破解了消费者举证难问题。根据修改后的《消费者权益保护法》，一些商品有无质量问题，应由商家来举证。

（二）根据不同情况，赔偿责任的承担主体

1. 生产者、销售者、服务者责任。

（1）消费者在购买、使用商品时，其合法权益受到损害的，可以向销售者要求赔偿。销售者赔偿后，属于生产者的责任或者属于向销售者提供商品的其他销售者的责任的，销售者有权向生产者或者其他销售者追偿。

（2）消费者或者其他受害人因商品缺陷造成人身、财产损害的，可以向销售者要求赔偿，也可以向生产者要求赔偿。属于生产者责任的，销售者赔偿后，有权向生产者追偿。属于销售者责任的，生产者赔偿后，有权向销售者追偿。消费者在接受服务时，其合法权益受到损害的，可以向服务者要求赔偿。

（3）使用他人营业执照的违法经营者提供商品或者服务，损害消费者合法权益的，消费者可以向其要求赔偿，也可以向营业执照的持有人要求赔偿。

（4）消费者在展销会、租赁柜台购买商品或者接受服务，其合法权益受到损害的，可以向销售者或者服务者要求赔偿。展销会结束或者柜台租赁期满后，也可以向展销会的举办者、柜台的出租者要求赔偿。展销会的举办者、柜台的出租者赔偿后，有权向销售者或者服务者追偿。

（5）《消费者权益保护法》第44条规定了"网购交易平台责任"，即消费者通过网络交易平台购买商品或接受服务，其合法权益受到损害的，可以向销售者或服务者要求赔偿。网络交易平台提供者不能提供销售者或服务者的真实名称、地址和有效联系方式的，消费者也可以向网络交易平台提供者要求赔偿；网络交易平台提供者如果作出更有利于消费者承诺的，应当履行承诺。网络交易平台提供者赔偿后，有权向销售者或者服务者追偿。

2. 变更后的企业责任。消费者在购买、使用商品或者接受服务时，其合法权益受到损害，因原企业分立、合并的，可以向变更后承受其权利义务的企业要求赔偿。

3. 从事虚假广告行为的经营者和广告的经营者责任。消费者因经营者利用虚假广告或者其他虚假宣传方式提供商品或者服务，其合法权益受到损害的，可以向经营者要求赔偿。广告的经营者、发布者发布虚假广告的，消费者可以请求行政主管部门予以惩处。广告的经营者、发布者不能提供经营者的真实名称、地址和有效联系方式的，应当承担赔偿责任。

《消费者权益保护法》第 45 条的规定，对涉及虚假广告的广告经营者、发布者、广告代言人科以连带责任以规范其行为，保护消费者权益。《消费者权益保护法》第 45 条第 2 款规定，广告经营者、发布者设计、制作、发布关系消费者生命健康商品或者服务的虚假广告，造成消费者损害的，应当与提供该商品或者服务的经营者承担连带责任。《消费者权益保护法》第 45 条第 3 款规定，社会团体或者其他组织、个人在关系消费者生命健康商品或者服务的虚假广告或者其他虚假宣传中向消费者推荐商品或者服务，造成消费者损害的，应当与提供该商品或者服务的经营者承担连带责任。

消费者向有关部门投诉的，该部门应当自收到投诉之日起 7 个工作日内，予以处理并告知消费者。

二、法律责任的确定

（一）民事责任

1. 一般的民事责任。《消费者权益保护法》第 48 条规定，经营者提供商品或者服务有下列情形之一的，除《消费者权益保护法》另有规定外，应当按照其他有关法律、法规的规定，承担民事责任：

（1）商品或服务存在缺陷的；

（2）不具备商品应当具备的使用性能而出售时未作说明的；

（3）不符合在商品或者其包装上注明采用的商品标准的；

（4）不符合商品说明、实物样品等方式表明的质量状况的；

（5）生产国家明令淘汰的商品或者销售失效、变质的商品的；

（6）销售的商品数量不足的；

（7）服务的内容和费用违反约定的；

（8）对消费者提出的修理、重作、更换、退货、补足商品数量、退还货款和服务费用或者赔偿损失的要求，故意拖延或者无理拒绝的；

（9）法律、法规规定的其他损害消费者权益的情形。

经营者对消费者未尽到安全保障义务，造成消费者损害的，应当承担侵权责任。

2. 侵犯人身权的民事责任。

（1）一般伤害的责任。经营者提供商品或者服务，造成消费者或者其他受害人人身伤害的，应当赔偿医疗费、护理费、交通费等为治疗和康复支出的合理费用，以及因误工减少的收入。

（2）致残的责任。经营者提供商品或者服务，造成消费者残疾的，还应当赔偿残疾生活辅助具费和残疾赔偿金。

（3）致死的责任。经营者提供商品或者服务，造成消费者或者其他受害人死亡的，应当赔偿丧葬费和死亡赔偿金。

（4）侵犯人格权的责任。经营者侵害消费者的人格尊严、侵犯消费者人身自由或者侵害消费者个人信息依法得到保护的权利的，应当停止侵害、恢复名誉、消除影响、赔礼道歉，并赔偿损失。

《消费者权益保护法》第 51 条明确了精神损害的赔偿，规定：经营者有侮辱诽谤、搜查身体、侵犯人身自由等侵害消费者或其他受害人人身权益的行为，造成严重精神损害的，受害人可以要求精神损害赔偿。

3. 财产损害的民事责任。

（1）经营者提供商品或者服务，造成消费者财产损害的，应当依照法律规定或者当事人约定承担修理、重作、更换、退货、补足商品数量、退还货款和服务费用或者赔偿损失等民事责任。

（2）经营者以预收款方式提供商品或者服务的，应当按照约定提供。未按照约定提供的，应当按照消费者的要求履行约定或者退回预付款；并应当承担预付款的利息、消费者必须支付的合理费用。

（3）依法经有关行政部门认定为不合格的商品，消费者要求退货的，经营者应当负责退货。

4. 财产损害的惩罚性赔偿制度。《消费者权益保护法》第 55 条第 1 款规定，经营者提供商品或者服务有欺诈行为的，应当按照消费者的要求增加赔偿其受到的损失，增加赔偿的金额为消费者购买商品的价款或者接受服务的费用的 3 倍；增加赔偿的金额不足 500 元的，为 500 元。法律另有规定的，依照其规定。该条第 2 款规定，经营者明知商品或者服务存在缺陷，仍然向消费者提供，造成消费者或者其他受害人死亡或者健康严重损害的，受害人有权要求经营者依照该法第 49 条、第 51 条等法律规定赔偿损失，并有权要求所受损失 2 倍以下的惩罚性赔偿。这是我国首次确立了惩罚性赔偿制度，适用于对欺诈行为的惩罚性赔偿和经营者实施侵权行为的惩罚性赔偿。

（二）行政责任

我国《消费者权益保护法》第 56 条规定，经营者有下列情形之一，除承担相应的民事责任外，其他有关法律、法规对处罚机关和处罚方式有规定的，依照法律、法规的规定执行；法律、法规未作规定的，由工商行政管理部门或其他有关行政部门责令改正，可以根据情节单处或者并处警告、没收违法所得、处以违法所得 1 倍以上 10 倍以下的罚款，没有违法所得的，处以 50 万元以下的罚款；情节严重的，责令停业整顿、吊销营业执照：

1. 提供的商品或服务不符合保障人身、财产安全要求的；

2. 在商品中掺杂、掺假，以假充真，以次充好，或者以不合格商品冒充合格商品的；

3. 生产国家明令淘汰的商品或者销售失效、变质的商品的；

4. 伪造商品的产地，伪造或者冒用他人的厂名、厂址，篡改生产日期，伪造或者冒用认证标志等质量标志的；

5. 销售的商品应当检验、检疫而未检验、检疫或者伪造检验、检疫结果的；

6. 对商品或者服务作虚假或引人误解的宣传的；

7. 拒绝或拖延有关行政部门责令对缺陷商品或者服务采取停止销售、警示、召回、无害化处理、销毁、停止生产或者服务等措施的；

8. 对消费者提出的修理、重作、更换、退货、补足商品数量、退还货款和服务费用或者赔偿损失的要求，故意拖延或者无理拒绝的；

9. 侵害消费者人格尊严、侵犯消费者人身自由或者侵害消费者个人信息依法得到保护的权利的；

10. 法律、法规规定的对损害消费者权益应当予以处罚的其他情形。

经营者有上述规定情形的，除法律、法规规定予以处罚外，处罚机关应当记入信用档案，向社会公布。经营者对行政处罚决定不服的，可以依法申请行政复议或者提起行政诉讼。

（三）刑事责任

《消费者权益保护法》第 57 条规定了经营者如果违反本法规定提供商品或者服务，侵害消费者合法权益，构成犯罪的，依法追究刑事责任。

法律还规定了民事责任优先的原则，即经营者违反《消费者权益保护法》的规定，应当承担民事赔偿责任和缴纳罚款、罚金，其财产不足以同时支付的，先承担民事赔偿责任。

以暴力、威胁等方法阻碍有关行政部门工作人员依法执行职务的，依法追究刑事责任；拒绝、阻碍有关行政部门工作人员依法执行职务，未使用暴力、威胁方法的，由公安机关依照《治安管理处罚法》的规定处罚。国家机关工作人员玩忽职守或者包庇经营者侵害消费者合法权益的行为的，由其所在单位或者上级机关给予行政处分；情节严重，构成犯罪的，依法追究刑事责任。

现代社会，消费者权利越来越受到重视，有关消费者权益保护的立法也不断丰富和完善。但在消费领域中，与生产者、经营者相比较，消费者仍然是一个很脆弱的群体，在许多方面权利得不到保障，要解决这一问题，既要求生产者、经营者在交易中遵守法律，也需要国家、社会依法保护消费者合法权益，同时，要保证纠纷发生时，消费者可以依法维护自身的合法权益。

消费者的权利就是消费者在消费过程中依法享有的权能。包括：保障安全权；知悉真情权；自主选择权；公平交易权；依法求偿权；依法结社权；求教获知权；维护尊严权；监督批评权；无理由退货权。

经营者在保护消费者权利方面负有下列义务：依法定或约定履行义务；听取意见和接受监督；保障人身和财产安全；不作虚假宣传；出具相应的凭证和单据；提供符合要求的商品或服务；不得从事不公平、不合理的交易；不得侵犯消费者的人身权；保护消费者个人信息。

思考题

1. 试述消费者的权利。
2. 试述经营者的义务。
3. 国家与社会是如何保护消费者合法权益的？
4. 消费者和经营者争议解决的途径有哪些？
5. 案例分析：

张某从某网店购买一套汽车坐垫。货到拆封后，张某因不喜欢其花色款式，多次与网店交涉要求退货。网店认为：其一，客户下单时网店曾提示"一经拆封，概不退换"，所以对已拆封的商品不予退货；其二，该商品无质量问题，花色款式也是客户自己选的，故退货理由不成立，不予退货。

问：依照《消费者权益保护法》的规定网店不给客户退货的理由是否违法？为什么？

[案例解析]

网店不予退货的行为违法。其一，网店规定售出商品"一经拆封，概不退换"，该提示排除、限制消费者的无条件退货的权利，故无效；其二，《消费者权益保护法》规定：除特殊商品外，网店7日内退货不需要理由。所以网店不予给张某退货是违法的。

第六单元

证券法律制度

　　证券市场主体复杂而多元，这样鲜明的特点也说明了证券市场是高风险市场，证券市场的安全影响着我国经济安全。证券发行行为和证券交易行为，以及由此而产生的权利义务关系，都应当是有规则的，不能是无秩序的。为了能够有效规范和调节证券发行和证券交易行为，保护投资者的合法权益，维护社会经济秩序和社会公共利益，促进社会主义市场经济的发展，我国制定了国家《证券法》。《证券法》以安全稳定为出发点和落脚点，为此，在修订《证券法》中最重要的就是完善对投资者保护的相关制度，比如民事诉讼赔偿制度的完善。2019年是证券法问世第 21 年。21 年间，证券法经历了三次修正和一次修订，分别是 2004 年 8 月 28 日第一次修正，2005 年 10 月 27 日第一次修订，2013 年 6 月 29 日第二次修正，2014 年 8 月 31 日第三次修正。2019 年 12 月 28 日通过，2020 年 3 月 1 日正式施行的证券法修订草案，是证券法的第二次正式修订。作为资本市场的"根本大法"，证券法的这一次修订，意味着资本市场的法治化、市场化进程又向前迈出了一大步，也为中国资本市场全面深化改革奠定了坚实的法律基础。随着《证券法》实施的深入，交易更多样化，市场更多元化，投资主体选择更广，证券市场得以在法治轨道上规范有序地运行。

项目一　证券与证券法的概述

基本理论

一、证券的概念

（一）民法上的证券

　　证券首先是一个民法上的概念，但是，民事立法并没有明确地界定出证券的定义。经过梳理，发现在民事领域，证券的具体含义因语境不同而不尽相同。民法上依据证券的不同功能，将证券分为金券、资格证券和有价证券。

1. 金券。是指标明一定金额并为特殊目的而适用的、证券形式与证券权利密不可分的证券，主要是邮票和印花。

它的特征有三个：①金券的适用有其特殊的目的，如邮票有一定金额，邮寄信件必须使用邮票，邮票通常不得转让；②金券有其特定形式。金券的格式及其内容具有标准化和一致性的特点，必须由国家或者国家授权的机构制作；③金券形式与权利内容紧密结合，即凡是主张金券权利的人，必须持有并出示金券。比如，丢失邮票后就不能邮寄信件。

2. 资格证券。资格证券又称为"免责证券"，证券持有人具有行使某种权利资格的证券。当证券权利人实现权利之后，其权利人的资格就会丧失。比如，车票、银行存折等都属于资格证券。

3. 有价证券。有价证券以持有证券为行使权利的必要条件，证券上记载的权利即为持有人行使权利的内容。有价证券的范围非常广泛，种类也特别繁多，这种证券并不表示特定资格或身份，也不限于特定使用目的。在民法中，有价证券的类型主要有商品证券（如提单、仓单）、资本证券（如股票和公司债券等）、货币证券（如汇票、本票、支票等）。

（二）证券法上的证券

根据《证券法》第2条中的规定，证券包括股票、公司债券、存托凭证和国务院依法认定的其他证券、政府债券、证券投资基金份额以及资产支持证券、资产管理产品等。对于证券法中的证券概念的界定，立法与学者均采取了非常谨慎的态度。由此可见，证券法中的证券，与民法上的证券的概念并不一致。

1. 股票。股票是指由股份有限公司发行的，用来证明公司股东所持有股份的凭证。这是最重要的证券类型。《公司法》第128条规定，股票采用纸面形式或者国务院证券监督管理机构规定的其他形式。股票应记载公司名称、公司成立日期、股票的种类、票面金额及代表的股份数、股票的编号，股票还应由法定代表人签名，公司盖章。发起人的股票，应当标明"发起人股票"字样。

2. 公司债券。我国《证券法》使用了"公司债券"的术语，但并没有规定它的具体含义。根据《公司法》第153条的规定，本法所称公司债券，是指公司依照法定程序发行、约定在一定期限还本付息的有价证券。该条款所称"公司"限于《公司法》规定的股份有限公司和有限责任公司，其他公司或者企业对外发行的债权性权利证书，不属于证券法上的公司债券，不适用证券法。

3. 政府债券。是指政府为筹集资金而向出资者出具并承诺在一定时期支付利息和偿还本金的债务凭证，具体包括国家债券即中央政府债券、地方政府债券和政府担保债券等。依据发行主体不同，分为中央政府债券和地方政府债券，其发行及偿还条件由特定法作出专门规定。

4. 证券投资基金份额。基金是一种利益共享、风险共担的集合式投资方式，即通过发行基金单位，投资者集中投资，由基金管理人管理和运用资金，从事证券和产业投资。通过设立基金，汇集众多投资者的资金之后并交予专门机构进行管理，将资金分散投资于特定的财产组合，投资权益最终归属于原投资者所有，而基金管理者从中收取一定的服务费用。

5. 资产支持证券。是指由银行业金融机构作为发起机构，将信贷资产信托给受托机构，由受托机构发行的，以该财产所产生的现金支付其收益的收益证券。

6. 资产管理产品。是获得监管机构批准的公募基金管理公司或证券公司，向特定客户募集资金或者接受特定客户财产委托担任资产管理人，由托管机构担任资产托管人，为资产委托人的利益，运用委托财产进行投资的一种标准化金融产品。

二、证券的特征

认定某种权利凭证是否构成证券，必须首先考虑权利凭证是否符合证券的基本属性。因此，把握证券的特征就成为理论和实践的出发点。

1. 证券是财产性权利凭证。证券是具有财产价值的权利凭证。在现代社会，人们已经不满足于对财富形态的直接占有、使用、收益和处分，而是更重视对财富的终极支配和控制，证券这一新型财产形态应运而生。持有证券，意味着持有人对该证券所代表的财产拥有控制权，但该控制权不是直接控制权，而是间接控制权。

2. 证券是流通性权利凭证。证券的活力就在于证券的流通性。传统的民事权利始终面临转让上的诸多障碍，就民事财产权利而言，由于并不涉及人格及身份，其转让在性质上并无不可，但其转让是个复杂的民事行为。

3. 证券是收益性权利凭证。证券持有人的最终目的是获得收益，这是证券持有人投资证券的直接动因。一方面，证券本身是一种财产性权利，反映了特定的财产权，证券持有人可通过行使该项财产权而获得收益，如取得股息收入（股票）或者取得利息收入（债券）；另一方面，证券持有人可以通过转让证券获得收益，如二级市场上的低价买入、高价卖出，证券持有人可通过差价而获得收益，尤其是投机收益。

4. 证券是风险性权利凭证。证券的风险性，表现为由于证券市场的变化或发行人的原因，投资者不能获得预期收入，甚至发生损失的可能性。

三、证券的分类

证券按其性质不同，证券可以分为证据证券、凭证证券和有价证券三大类。

证据证券只是单纯地证明一种事实的书面证明文件，如信用证、证据、提单等。

凭证证券是指认定持证人是某种私权的合法权利者和证明持证人所履行的义务有效的书面证明文件，如存款单等。

有价证券是指标有一定票面金额，用于证明持券人或证券指定的特定主体对特定财产拥有所有权或债权的法律凭证，区别于上面两种证券的主要特征是可以让渡。钞票、邮票、印花税票、股票、债券、国库券、商业本票、承兑汇票等，都是有价证券。但一般意义上的证券交易，特指证券法所规范的有价证券，钞票、邮票、印花税票等，就不在这个范围了。

四、证券法的概念

证券法分为形式意义上的证券法和实质意义上的证券法。

形式意义上的证券法是指由立法机关依照法定程序制定的，专门调整和规范证券发行、证券交易、证券监督管理关系及其他与证券相关关系的法律规范，在我国形式意义上的证券法就是指《证券法》。

实质意义上的证券法，是指调整证券发行、交易、服务、监管过程中发生的各种经济关系的法律规范的总称。在我国，《证券法》是调整专门证券法律关系的专门法律，除此之外，我国《民法典》《公司法》等法律也适用于调整证券关系。上述法律、行政法规、部门规章以及证券交易所规则，共同构成了我国现有的证券法体系。

五、证券法的调整对象

任何一个法律部门都有其特定社会关系作为调整对象，证券法也不例外。证券法属于特别法，它以特别事项、特别行为或者特别关系作为其调整对象，主要调整证券发行、证券交易、证券服务、证券监管和证券司法等法律关系。

我国证券法的调整对象，根据《证券法》第 2 条规定，在中华人民共和国境内，股票、公司债券、存托凭证和国务院依法认定的其他证券的发行和交易，适用该法；该法未规定的，适用《公司法》和其他法律、行政法规的规定。政府债券、证券投资基金份额的上市交易，适用该法；其他法律、行政法规另有规定的，适用其规定。资产支持证券、资产管理产品发行、交易的管理办法，由国务院依照该法的原则规定。在中华人民共和国境外的证券发行和交易活动，扰乱中华人民共和国境内市场秩序，损害境内投资者合法权益的，依照该法有关规定处理并追究法律责任。这一规定表明，我国《证券法》以调整证券交易关系为主，同时也调整与证券交易有关的发行关系。这一规定还明确了我国《证券法》与《公司法》以及其他法律、行政法规的关系，确立了《证券法》作为特别法优先适用的法律地位。

六、证券法的基本原则

证券法的基本原则是指证券法所规定的，广泛适用于调整各种证券发行和证券交易活动的基本行为准则。证券法的基本原则是证券法的价值精神所在，贯穿于证券发行、交易、管理以及证券立法、执法和司法的始终。

（一）公开、公平、公正原则

我国《证券法》第 3 条规定，证券的发行、交易活动，必须遵循公开、公平、公正的原则。公开、公平、公正的原则被认为是证券法的特有原则、核心原则。

公开原则，亦称"信息公开制度"，是指有关证券发行、交易的信息要依法如实、充分、持续披露，为投资者提供证券发行人的基本情况、经营情况、财务情况，管理情况，让投资者在了解真实情况的基础上做出决策。贯彻公开原则的基本要求是，公开的信息必须充分，依法应当公开的内容要尽量满足投资者的需要；公开的信息必须真实，具有客观性、一致性和规范性，不得作虚假陈述；公开的信息必须准确无误，不得以模糊不清的语言使公众对其公布的信息产生误解，不得有误导性陈述，不得有虚假内容；公开的信息必须完整，不应当有重大遗漏或者误导行为；公开信息要及时，不得有迟延，公开的信息要有实际的使用价值。

公平原则是指证券市场的参与者在法律上地位平等，在市场中机会平等，公平地开展竞争，合法权益均应受到公平保护，任何单位或个人不得享有特权。公平原则在证券活动中主要体现为：公平的市场准入和市场交易规则，平等的主体法律地位等。比如，投资者持有的股票应当是同股同权、同股同利，在证券交易中无论交易额的大小，都应有同等的获利机会和承担同等的风险。

公正原则是指证券的发行、交易活动执行统一的规则，适用统一的规范。在证券市场中，立法者制定的公正的规则，对一切被监管者给予公正待遇。即在证券市场中，公正地对待各方当事人，证券市场参与者的合法权益受到同等的保护，在享有权利和承担责任方面是公正的。证券市场是一个风险集中的市场，只有实行统一、公正的行为规则，公正地处理市场中产生的争执，公正地确定风险责任，公正地调整利益关系，才能保证证券市场正常有效地运行。

（二）自愿、有偿和诚实信用原则

我国《证券法》第 4 条规定，证券发行、交易活动的当事人具有平等的法律地位，应当遵守自愿、有偿、诚实信用的原则。这是《证券法》中唯一具备民商法性质的原则。

自愿原则是指民事活动当事人法律地位平等，他们参与民事活动完全出于意思自治，任何机构、组织或个人不得非法干预。就是说投资者认购证券的行为，筹资者发行证券的行为，证券持有人相互转让证券的行为，都应出于自愿，由其自主决定，不应当进行强制，除在法律中做出特别规定的外，其买卖行为不受限制。

有偿原则是指民事活动当事人权利义务对等，他们从事交易活动应当支付对价。证券的转让是一种财产权利的转让，让出证券就是转让财产权利，让出方应当取得一定的代价，受让证券的一方得到了财产权利，所以应当是有偿进行的，这也是市场经济中通行的原则。

诚实信用原则是指民事活动当事人参与民事活动要诚实守信，不违约，不弄虚作假。相关主体从事证券发行、证券交易活动时都应本着诚实、善意的态度，即讲求信誉，恪守信用，意思表示真实，行为合法等。诚实信用原则反映了市场经济秩序的要求，是保障市场有规则有秩序运行的重要法则，同时也是社会主义道德规范在法律上的表现。这是市场经济中一条通行的重要原则，在市场经济中，市场主体之间相互进行交换时，均应当有诚意，向对方提供的情况应当是真实的。

（三）遵守法律、反欺诈原则

我国《证券法》第5条规定，证券的发行、交易活动，必须遵守法律、行政法规；禁止欺诈、内幕交易和操纵证券市场的行为。

证券的发行、交易活动是市场经济的产物，关系到社会各方面的利益，牵动到若干个经济领域，由此形成多方面的经济和法律关系，必须遵守国家法律，行政法规的规定。这是建立社会主义法治国家的必然要求。

依法进行证券活动，还包括遵守社会公德、社会公共利益以及社会经济秩序。社会公德是精神文明的具体要求，社会公共利益高于其他一切利益，任何人不得以个人利益损害社会公共利益，社会经济秩序是市场主体实现合法权益的必要前提。

（四）分业经营、分业管理原则

我国《证券法》第6条规定，证券业和银行业、信托业、保险业实行分业经营、分业管理，证券公司与银行、信托、保险业务机构分别设立。国家另有规定的除外。

金融业经营模式的选择并不是恒定的，须与政治、法制、人才等客观条件相匹配。金融业是一个风险系数及其高、风险流动性特别强的行业。我国现阶段的金融行业，各方面都不成熟，分业经营、分业管理的经营模式正好适应现有的金融模式，有利于提高经营水平，加强监督管理，化解金融风险。

（五）集中统一监管原则

我国《证券法》第7条第1款规定，国务院证券监督管理机构依法对全国证券市场实行集中统一监督管理。

证券行业复杂，涉及面广，需要集中、统一的监管模式。我国的监管模式经历了一个漫长的发展过程，从分散式监管到分级式监管，最终确定了国务院证券监督管理机构集中统一监管体制。

七、我国证券法的立法过程

我国证券市场自建立开始，证券立法、执法、监管、市场同时迈进，证券立法见证了我国证券市场兴起、成长的过程。

（一）证券法出台

我国于 1998 年 12 月 29 日在第九届全国人大常委会第六次会议上通过了《证券法》，并自 1999 年 7 月 1 日起施行。《证券法》的颁布实行，标志着我国证券市场的规范发展进入一个全新时期。

（二）《证券法》修订

根据新时期我国证券规范发展的需要，全面开展《证券法》的修订工作。《证券法》自诞生之日起，历经了 2004 年、2013 年、2014 年三次修正（只修改了少量条款和文字）和 2005 年第一次修订（大幅度修改），该次修订奠定了适用至今的现行《证券法》框架。

（三）《证券法》的进一步完善

2019 年 12 月 28 日，第十三届全国人民代表大会常务委员会第十五次会议通过了新修订的《证券法》。此次修改是第二次修订，修订后的《证券法》条文226 条，比 2005 年版《证券法》的 240 条少 14 条，增加了"信息披露"和"投资者保护"两章，修改变动的条文在 100 条以上，算得上是一次"大修改"。

项目二　证券市场

引例

经查明，某证券公司存在以下违法行为：①违规开展委托理财业务。某证券公司未取得证监会批准的客户资产管理业务资格，即于 2016 年 7 月与某（集团）有限公司签订国债托管协议，托管该公司持有的国债，用于国债回购。②违规拆借资金。某证券公司和某纺织公司分别于 2006 年 12 月 17 日和 2006 年 12 月 23 日签订两份资金拆借协议，金额分别为 700 万元和 1200 万元。某证券公司作为资金的拆出方。另外，某证券公司于 2007 年 2 月 7 日以沈阳一处自有房产作抵押，融资 1200 万元拆借给辽宁某药业开发有限公司。

本案涉及的主要问题是，什么是证券公司？设立、变更、终止证券公司需具备什么条件？经过什么程序？是否未经批准就可以开展理财业务？

基本理论

通过证券市场，才能完成证券的发行和转让。证券市场有普通市场的共性，也有其自身的特点。证券市场的高风险性既能给投资者带来利益，也能损害投资者的权益。

一、证券市场的概念和特点

（一）证券市场的概念

证券市场有广义和狭义之分。广义上的证券市场指的是所有证券发行和交易的场所，狭义上、也是最活跃的证券市场指的是资本证券市场、货币证券市场和商品证券市场。证券市场是股票、债券、商品期货、股票期货、期权、利率期货等证券产品发行和交易的场所，主要指的是证券交易所。证券交易所不仅有固定的场所、设施以及专业的人员，还有详细、规范的规则便于交易。

（二）证券市场的特点

1. 证券市场是从事投资交易的市场。通过证券市场，发行人和投资人便于交易，将社会上的闲散资金汇集一起。各个投资者跻身于证券市场，实现资本的增值或者是转移投资风险。

2. 证券市场具有特殊的交易规则。证券交易除了一般市场交易规则之外，还必须遵循特殊的交易规则。因为证券市场主体复杂、交易风险极其高，为了稳定证券市场的发展，唯有适用证券交易的特殊规则才能确保证券市场安稳。

3. 证券市场是以证券权利为内容的市场。证券市场转让的"商品"是一些权利商品，具体而言就是证券权利。严格地说，证券市场是权利商品的流通之地，交易的标的是具有流动性的权利。

二、证券市场的主体

（一）证券投资者

证券投资者是指根据证券发行人的招募要约，已认购或购买证券或者将认购或购买证券的个人或组织。投资者是最重要的市场主体，他们既是证券市场的资金供给者，也是证券的需求者和购买者。证券投资者可分为多种类型。按照投资者身份，证券投资者分为个人投资者和机构投资者。个人投资者是指从事证券买卖的居民个人，其目的是对其剩余、闲置的货币资金加以运用，实现保值和增值的目的。目前，我国个人投资者数量相当庞大，他们多数直接参与证券市场交易。机构投资者是指从事证券买卖的法人单位，主要有政府机构、金融机构、企业和事业单位法人及各类基金等。根据《商业银行法》的规定，商业银行在中华人民共和国境内不得从事信托投资和证券经营业务。商业银行仅限于买卖政府债券。国家公务员及其他依法被禁止的人员或机构以及证券监管机构及其工作人员也不得成为证券投资者。

我国《证券法》规定投资者申请开立账户，应当持有证明中华人民共和国公民、法人、合伙企业身份的合法证件，国家另有规定的除外。证券交易场所、证券公司和证券登记结算机构的从业人员，证券监督管理机构的工作人员以及法律、行政法规规定禁止参与股票交易的其他人员，不得直接或者以化名、借他人名义持有、买卖股票或者其他具有股权性质的证券，也不得收受他人赠送的股票或者其他具有股权性质的证券。

投资者应当与证券公司签订证券交易委托协议，并在证券公司实名开立账户，以书面、电话、自助终端、网络等方式，委托该证券公司代其买卖证券。

（二）证券发行人

证券主要包括了股票、公司债券、国库券等，由于证券种类不同，发行人也不同。

1. 国家或者政府。中央政府和地方政府都可以发行政府债券。中央政府债券被称为"国债"，主要是为了平衡财政收支和国家大型项目投资所用。地方政府发行的债券一般则用于地方的公共设施建设等。

2. 金融机构。经过中国人民银行的批准，商业银行以及政策性银行等可以发行金融债券，主要目的是增强负债的稳定性，获得长期资金来源以及扩大资产业务。

3. 公司。依照《公司法》的规定，股份有限公司可以发行股票，也可以发行公司债券。

（三）证券公司

证券公司是指依照《公司法》和《证券法》的规定设立并经国务院证券监督管理机构审查批准而成立的专门经营证券业务、具有独立法人地位的有限责任公司或者股份有限公司。证券公司又称券商，是证券市场中的一个重要的参与主体，是连接证券发行人与证券投资者、证券投资者与证券投资者之间关系的中介机构。在证券交易过程中，证券公司既可充当证券投资者，即以其自有资金直接进行证券买卖，具有证券投资者的一般职能，以自己的资金和风险承担证券买卖后果；也可依法充当证券买卖的中介机构。由于依照现行规定，证券投资者无法进入证券交易所直接买卖证券，必须委托证券公司办理证券交易事宜。所以，在获得证券投资者委托后，证券公司又成为证券投资者买卖证券的受托人，以委托人名义并为其利益买卖证券。

经国务院证券监督管理机构核准，证券公司可以经营下列部分或者全部证券业务：

1. 证券经纪，是指证券公司通过收取证券买卖佣金，促成买卖双方证券交易的中介业务活动。

2. 证券投资咨询，是指取得监管部门颁发的相关资格的机构及其咨询人员为投资人或客户提供证券投资分析、预测或建议等直接或间接有偿咨询服务的活动。

3. 与证券交易、证券投资活动有关的财务顾问，是指证券公司根据客户需求，为客户的证券投资、资本运作、证券资产管理等活动提供咨询、分析、方案设计等服务的活动。

4. 证券承销与保荐，是指证券公司通过与证券发行人签订证券承销协议，在规定的证券发行期限内协助证券发行人推销其所发行的证券的业务活动。

5. 证券融资融券，又称"证券信用交易"或保证金交易，是指投资者向具有融资融券业务资格的证券公司提供担保物，借入资金买入证券（融资交易）或借入证券并卖出（融券交易）的行为。

6. 证券做市交易，一般指做市商交易模式是指在证券市场上，具有一定实力和声誉的证券经营法人作为特许交易商，不断向社会公众投资者报价某种特定证券的买卖价格（即双向报价），并以该价格接受社会公众投资者的买卖要求，以其自有资金和证券与投资者进行证券交易的模式。

7. 证券自营，是证券公司以自主支配的资金或证券，在证券的一级市场和二级市场上从事以营利为目的并承担相应风险的证券买卖的行为。

8. 其他证券义务，我国这一规定为今后证券业的发展预留了足够的法律空间。

证券公司经营上述第 1 项至第 3 项业务之一的，注册资本最低限额为人民币5000 万元；经营第 4 项至第 8 项业务之一的，注册资本最低限额为人民币 1 亿元；经营第 4 项至第 8 项业务中两项以上的，注册资本最低限额为人民币 5 亿元。其注册资本必须是实缴资本。

（四）证券登记结算机构

证券登记结算机构是指经国务院证券监督管理机构批准的，为证券交易提供集中的登记、存管与结算服务，不以营利为目的的法人。由此可见这是一个在证券交易中同时为买卖双方履行交易责任提供服务的机构，并且这种服务是连续的，贯穿于交易的整个过程，通过这种服务来保证证券交易顺利地、有秩序地完成。证券登记结算机构提供服务虽然有偿，但并不是为了借此追求利润，因此是不以营利为目的。证券登记结算机构在证券交易中虽然是提供服务的，但却处于关键的环节，承担重要的责任，关系到买卖双方的利益关系，必须由国家实施严格的监督管理，因此它的设立需要由国务院证券监督管理机构批准，不得擅自设立，其他部门也不得越权审批。根据《证券登记结算管理办法》，证券登记结算机构实行行业自律管理，依据业务规则对证券登记结算业务参与人采取自律管理措施。中国证监会依法对证券登记结算机构及证券登记结算活动进行监督管理，负责对证券登记结算机构评估与检查。

（五）证券服务机构

证券服务机构是指根据证券投资和证券交易业务的需要，经国务院证券监督管理机构和有关主管部门批准的专门从事证券服务业务的投资咨询机构、财务顾问机构、资信评级机构、资产评估机构、会计师事务所、律师事务所、证券信息公司等。

从稳定证券市场、保护投资者利益、规范证券投资咨询机构从业人员的从业行为等角度出发，《证券法》规定，会计师事务所、律师事务所以及从事证券投资咨询、资产评估、资信评级、财务顾问、信息技术系统服务的证券服务机构，应当勤勉尽责、恪尽职守，按照相关业务规则为证券的交易及相关活动提供服务。从事证券投资咨询服务业务，应当经国务院证券监督管理机构核准；未经核准，不得为证券的交易及相关活动提供服务。从事其他证券服务业务，应当报国务院证券监督管理机构和国务院有关主管部门备案。

证券投资咨询机构及其从业人员从事证券服务业务不得有下列行为：①代理委托人从事证券投资；②与委托人约定分享证券投资收益或者分担证券投资损失；③买卖本证券投资咨询机构提供服务的证券；④法律、行政法规禁止的其他行为。有上述前款所列举行为之一，给投资者造成损失的，应当依法承担赔偿责任。

证券服务机构应当妥善保存客户委托文件、核查和验证资料、工作底稿以及与质量控制、内部管理、业务经营有关的信息和资料，任何人不得泄露、隐匿、伪造、篡改或者毁损。上述信息和资料的保存期限不得少于 10 年，自业务委托结束之日起算。

为了强化证券交易服务机构的管理和保护投资者的合法权益，《证券法》规定，证券服务机构为证券的发行、上市、交易等证券业务活动制作、出具审计报告及其他鉴证报告、资产评估报告、财务顾问报告、资信评级报告或者法律意见书等文件，应当勤勉尽责，对所依据的文件资料内容的真实性、准确性、完整性进行核查和验证。其制作、出具的文件有虚假记载、误导性陈述或者重大遗漏，给他人造成损失的，应当与委托人承担连带赔偿责任，但是能够证明自己没有过错的除外。

项目三　证券发行制度

引　例

甲公司向社会公开发行股票，与证券公司乙签订股票承销协议，规定乙公司代理发售全部向社会公开发行的股票，发行期结束后，若股票未全部售出，则剩余部分退还甲公司。发行期将至，但股票发行状况不理想，甲公司遂与另一证券公司丙签订协议，由丙承销未售出的股票，且丙公司承诺，若承销期结束未能售完股票，则由丙公司全部自行购入。

[法律问题]

甲与乙、丙签订的分别属于何种承销协议？甲公司的行为有何不妥？发生纠纷应如何解决？

基本理论

一、证券发行概述

（一）证券发行的概念

证券发行的概念有广义和狭义之分。广义的证券发行，是指符合发行条件的政府、金融机构、工商企业等组织，以筹集资金为目的，依照法律规定的程序向公众投资者出售代表一定权利的资本证券的行为。狭义的证券发行，是指发行人在所需资金募集后，做成证券并交付投资人受领的单方行为。通常所说的证券发行，是指广义的证券发行。证券发行本质上是一种直接融资方式，与通过银行等金融机构进行的间接融资方式相对应。

（二）证券发行的分类

1. 私募发行和公募发行。证券发行按照发行对象的范围不同，分为私募和公募两种方式。

私募又称为不公开发行或内部发行，是指面向少数特定的投资者发行证券的方式。这种发行手续比较简单，可以节省发行费用和时间，不足之处主要在于发行对象有限，所发行的证券流通性较差。

公募又被称为公开发行，是发行人向不特定的社会公众广泛出售证券的方式。采用公开发行证券的方式，具有发行对象是众多的投资者和不特定的投资者的特点，因此发行对象范围大，筹集资金潜力也大，所发行的证券可以申请在证券交易所上市，增强了证券的流通性，投资者易于分散风险，比较愿意购买，也有利于提高发行人的社会信誉。我国《证券法》第9条第2款规定，有下列情形之一的，为公开发行：向不特定对象发行证券；向特定对象发行证券累计超过200人，但依法实施员工持股计划的员工人数不计算在内；法律、行政法规规定的其他发行行为。

2. 设立发行和新股发行。按照证券发行时间不同，证券发行分为设立发行与新股发行，主要适用于股票发行。

设立发行，指为设立股份公司而发行股票，股份公司因发行完成而设立。

新股发行是指股份公司设立后发行股票的行为。新股发行通常是股份公司为增加公司股本总额而发行新的股票，如股份公司申请增发新股，也可采取送股或配股方式增加发行新股，还可以在公司合并时向并入企业的股东发行新股，以实现增加资本的目的。新股发行通常会改变股份公司的股本结构或总股本。

3. 直接发行与间接发行。根据发行人是否委托证券公司承销，可将证券发行分为直接发行与间接发行。

直接发行，又称自营发行，是指发行人不委托其他机构，而是自己直接面向投资人发售证券的方式。这种发行方式的特点是：①发行量小，社会影响面不大；②内部发行不须向社会公众提供发行人的有关资料；③发行成本较低；④投资人大多是与发行人有业务往来的机构。直接发行方式由于没有证券承销商的参与，一旦发行失败，风险全部由发行人承担。

间接发行，又称委托代理发行，是指发行人委托证券承销商代其向投资人发售证券的方式，包括包销和代销。发行人为此需支付代理费用给承销商，而承销商则需承担相应的发行责任和风险。间接发行的优点是专业的证券发行机构具备较好的发行实力和经验，发行成功的把握较大；缺点主要是对发行人而言，发行成本比较高。

4. 平行发行、溢价发行与折价发行。按照证券发行价格与证券票面金额的关系，可将证券发行分为平价发行、溢价发行与折价发行。

平价发行是指证券发行价格与证券票面金额相同。溢价发行是指证券发行价格高于证券票面金额。折价发行是指证券发行价格低于证券票面金额。

我国《公司法》第127条规定，股票发行价格可以按票面金额，也可以超过票面金额，但不得低于票面金额。换言之，股票发行只可以平价或者溢价发行，不能折价发行。不过对于债券等其他证券，我国法律并没有明文禁止折价发行。

二、股票公开发行

（一）股票公开发行条件

1. 设立发行。设立发行是为设立公司而进行的股票发行，因此，股票发行是公司设立过程中的一个重要组成部分。根据我国《公司法》规定，公司设立分为发起设立和募集设立两种。

发起设立是指由发起人认购公司应发行的全部股份而设立公司。募集设立是指由发起人认购公司应发行股份的一部分，其余股份向社会公开募集或者向特定对象募集而设立公司。

我国《公司法》规定股份有限公司设立时公开发行股票，应当符合下列条件：①发起人应当在 2 人以上 200 人以下，其中半数以上的发起人在中国境内有住所；②有符合公司章程规定的实收股本总额，其中发起人认购的股份不得少于公司股份总数的 35%；③股票发行、筹办事项符合法律规定；④发起人制订公司章程，采用募集方式设立的经创立大会通过；⑤有公司名称，建立符合股份有限公司要求的组织机构；⑥有公司住所。

2. 新股发行。新股发行是指股份有限公司设立后发行股票。新股发行可以公开发行，也可以非公开发行。我国《证券法》第 12 条第 1 款规定：公司首次公开发行新股，应当符合下列条件：①具备健全且运行良好的组织机构；②具有持续经营能力；③最近三年财务会计报告被出具无保留意见审计报告；④发行人及其控股股东、实际控制人最近 3 年不存在贪污、贿赂、侵占财产、挪用财产或者破坏社会主义市场经济秩序的刑事犯罪；⑤经国务院批准的国务院证券监督管理机构规定的其他条件。

（二）股票发行的程序

1. 设立发行。根据《证券法》《公司法》的规定，设立股份有限公司时公开发行股票，严格按照下列程序：

第一，发起人签订发起人协议；

第二，发起人制定公司章程；

第三，发起人认购的股份数不少于 35%；

第四，发起人制作招股说明书，并与证券承销商签订承销协议、与银行签订代收股款协议；

第五，发起人向国务院证券监督管理机构或者国务院授权的部门报送募股申请和文件，国务院证券监督管理机构或者国务院授权的部门依照法定条件和法定程序作出予以注册或者不予注册的决定；

第六，募集股份；

第七，发起人应当自股款缴足之日起 30 日内主持召开创立大会；

第八，申请设立登记。

2. 新股发行。根据《证券法》的相关规定，应遵循如下程序：

第一，公司内部决策。董事会应当对发行新股的决策方案作出决议，股东大会应当对发行的股票数量、价格等作出决议。

第二，公司申请。发行人应当按照中国证监会的有关规定制作申请文件。根据《证券法》第13条规定，公司公开发行新股，应当报送募股申请和下列文件：公司营业执照；公司章程；股东大会决议；招股说明书或者其他公开发行募集文件；财务会计报告；代收股款银行的名称及地址。依照证券法规定聘请保荐人的，还应当报送保荐人出具的发行保荐书。依照证券法规定实行承销的，还应当报送承销机构名称及有关的协议。

第三，主管部门批复。国务院证券监督管理机构或者国务院授权的部门依照法定条件负责证券发行申请的注册。证券公开发行注册的具体办法由国务院规定。依照法定条件和法定程序作出予以注册或者不予注册的决定，不予注册的，应当说明理由。

三、债券的发行

（一）公司债券公开发行条件

依据《证券法》第15条第1款规定，公开发行公司债券，应当符合下列条件：具备健全且运行良好的组织机构；最近3年平均可分配利润足以支付公司债券一年的利息；国务院规定的其他条件。

（二）公司债券公开发行的程序

根据《公司法》和《证券法》的相关规定，公开发行公司债券，应遵循如下程序：

第一，公司内部决策。董事会、股东会就有关发行公司债券作出决议。

第二，公司申请。申请公开发行公司债券，应当向国务院授权的部门或者国务院证券监督管理机构报送下列文件：公司营业执照；公司章程；公司债券募集办法；国务院授权的部门或者国务院证券监督管理机构规定的其他文件。依照本法规定聘请保荐人的，还应当报送保荐人出具的发行保荐书。发行人依法申请公开发行证券所报送的申请文件的格式、报送方式，由依法负责注册的机构或者部门规定。

第三，主管部门批复。国务院证券监督管理机构或者国务院授权的部门应当自受理证券发行申请文件之日起3个月内，依照法定条件和法定程序作出予以注册或者不予注册的决定，发行人根据要求补充、修改发行申请文件的时间不计算在内。不予注册的，应当说明理由。

第四，公告公开发行募集文件。证券发行申请经注册后，发行人应当依照法律、行政法规的规定，在证券公开发行前公告公开发行募集文件，并将该文件置备于指定场所供公众查阅。发行人不得在公告公开发行募集文件前发行证券。

第五，公司发行债券。以上程序完成后，发行人依法发行销售债券。

有下列情形之一的，不得再次公开发行公司债券：对已公开发行的公司债券或者其他债务有违约或者延迟支付本息的事实，仍处于继续状态；违反本法规定，改变公开发行公司债券所募资金的用途。

四、证券的承销

证券承销指的是一种间接发行证券的行为，它的发行方是证券发行人，代理方是证券经营机构。因此，它是证券发行人委托证券经营机构向公众发行证券的一种活动。同时，证券承销也是证券经营机构最基本的职能之一。

（一）证券承销的分类

1. 包销和代销。包销，这是证券承销最常见的一种方式。它是指证券承销机构将全部的证券买下或者是销售完之后剩余的证券全部买下的承销方式。这种方式对于证券承销机构来说，几乎承担了证券销售的全部风险。具体又分为全额包销和定额包销两种方式。全额包销是承销商承购发行的全部证券，承销商将按合同约定支付给发行人证券的资金总额。定额包销是承销商承购发行人发行的部分证券。无论是全额包销，还是定额包销，发行人与承销商之间形成的关系都是证券买卖关系。在承销过程中未售出的证券，其所有权属于承销商。

证券代销是指证券公司代发行人发售证券，在承销期结束时，将未售出的证券全部退还给发行人的承销方式。这是一种典型的代理关系，风险由发行人承担，对证券公司而言，风险较小。

证券的代销、包销期限最长不得超过 90 日。

2. 独立承销和共同承销。按照参加承销的证券公司的数量，分为独立承销和共同承销。

独立承销是指只有一家证券公司进行证券承销。这种承销的方式在资金方面、宣传方面、风险方面都有一定局限。

共同承销是指两家及以上的证券公司组成一个承销团，共同进行承销。共同承销的方式资金强，风险承受能力大，适用于大规模的证券承销。向不特定对象发行证券，聘请承销团承销的，承销团应当由主承销和参与承销的证券公司组成。对于一次发行量特别大的证券，由承销团承销，可以分散发行风险，同时也可以集合各个证券公司的销售网点共同向市场推销，有利于保证迅速地完成证券发行。

3. 自愿承销和强制承销。按照证券发行是否是由证券公司承销分为自愿承销与强制承销。

自愿承销是指证券发行并不是必须由证券公司承销，发行人可以自愿选择承销的方式。

强制承销是指必须由证券公司承销，不允许发行人自己去发行。

（二）证券承销协议

证券公司承销证券，应当同发行人签订代销或者包销协议，载明下列当事人的名称、住所及法定代表人姓名；代销、包销证券的种类、数量、金额及发行价格；代销、包销的期限及起止日期；代销、包销的付款方式及日期；代销、包销的费用和结算办法；违约责任；国务院证券监督管理机构规定的其他事项。

证券公司承销证券，应当对公开发行募集文件的真实性、准确性、完整性进行核查；发现含有虚假记载、误导性陈述或者重大遗漏的，不得进行销售活动；已经销售的，必须立即停止销售活动，并采取纠正措施。证券公司承销证券，不得有下列行为：

1. 进行虚假的或者误导投资者的广告宣传或者其他宣传推介活动；
2. 以不正当竞争手段招揽承销业务；
3. 其他违反证券承销业务规定的行为。

证券公司有前款所列行为，给其他证券承销机构或者投资者造成损失的，应当依法承担赔偿责任。

引例分析

甲与乙的协议属于代销协议，甲与丙的协议属于包销协议。

在承销协议有效期内，发行人应保证将不与其他证券公司达成或签订与该协议相似或类似的协议。本案中甲公司在其与乙的承销协议有效期内，自行又与丙签订承销协议，有违法律规定。乙公司有权要求甲公司支付违约金并赔偿损失。乙公司可与甲公司协商解决，协商不成的，可将争议提交证监会批准设立或指定的调解或仲裁机构调解、仲裁。

项目四　证券交易

引 例

王某和李某曾经是同学，王某将自己购买的一张可转让公司债券转让给李某，债券有效期为 2012 年 6 月 1 日到 2013 年 6 月 1 日。双方口头约定了转让事宜。后王某将公司债券保管单和身份证给了李某。两日后，王某持自己的另一张身份证，以债券保管单遗失为由，向某市信托投资公司申请债券保管单挂失，某市信托投资公司予以批准。王某有两张除地址不同外其余均相同的身份证。债券到期后，只需凭本人身份证及保管单即可领取，保管单上并未写明身份证号码和地址。李某持有的债券到期后，去某市信托投资公司领取债券时，发现债券已被王某领走，即向王某索要，双方发生纠纷。

[法律问题]

王某和李某进行场外交易证券是否合法？证券交易的场所、方式和种类有哪些？

基本理论

一、证券交易的概念和特征

证券交易主要是指证券买卖，即证券持有人依照交易规则，将证券转让给其他投资者的行为。在证券市场上，最为频繁的就是证券交易行为。证券市场包括了证券交易市场和证券发行市场，其中，证券发行市场是一级市场，证券交易市场是二级市场。

证券交易形式多样，证券买卖是证券交易的基本形式，除了证券买卖以外，还有证券赠与、证券质押、无偿转让证券等形式。证券交易种类繁多，交易类型不同，交易规则存在差别。

证券交易是一种具有财产性质的特定权利的买卖行为。证券交易不仅是具有财产价值的买卖，而且是与财产相关的特定权利的买卖，比如股票中的股权，债券中的债权。

证券交易是一种通过合同进行的行为。证券具有合同的性质，有些事项必须通过合同形式确定，如品种、数量和价格。

二、证券交易的一般规则

证券交易除了应当依照证券法的基本原则之外，还应当遵循证券交易的规则：

（一）非依法发行的证券不得买卖

证券交易当事人依法买卖的证券，必须是依法发行并交付的证券。

（二）在规定的限定期限内不得转让

发起人持有的本公司股份，自公司成立之日起1年内不得转让。公司公开发行股份前已发行的股份，自公司股票在证券交易所上市交易之日起1年内不得转让。公司董事、监事、高级管理人员应当向公司申报所持有的本公司的股份及其变动情况，在任职期间每年转让的股份不得超过其所持有本公司股份总数的25%；所持本公司股份自公司股票上市交易之日起1年内不得转让。上述人员离职后半年内，不得转让其所持有的本公司股份。

（三）限制证券从业人员私自买卖证券

证券公司、证券登记结算机构从业人员等在法定任期内，不得以自己的名义持有或者买卖股票等。

（四）证券转让必须在合法场所进行

证券交易离不开证券市场，离不开参与证券交易的各中介机构。我国《证券法》规定公开发行的证券，应当在依法设立的证券交易所上市交易或者在国务院批准的其他全国性证券交易场所交易。非公开发行的证券，可以在证券交易所、国务院批准的其他全国性证券交易场所、按照国务院规定设立的区域性股权市场转让。

（五）依法为投资者保密

证券交易场所、证券公司、证券登记结算机构、证券服务机构及其工作人员应当依法为投资者的信息保密，不得非法买卖、提供或者公开投资者的信息。证券交易场所、证券公司、证券登记结算机构、证券服务机构及其工作人员不得泄露所知悉的商业秘密。

（六）交易公开进行

证券在证券交易所上市交易，应当采用公开的集中交易方式或者国务院证券监督管理机构批准的其他方式。

（七）证券交易要合理收费

证券交易的收费必须合理，并公开收费项目、收费标准和收费办法。

三、证券交易所

我国最早的证券交易所开创于清朝光绪末年，是由在上海经营外商股票的经纪人组织的"上海股份公所"。这是在旧中国出现的第一家外商经营的证券交易所。1905 年，上海股份公所在中国香港注册登记，定名为"上海众业公所"。

新中国成立前后，为了尽快恢复金融市场秩序，疏导社会游资，引导资金投向和调整产业结构，先后设立了天津证券交易所和北京证券交易所，后于 1952 年下半年相继停业清理。

改革开放以来，我国大陆地区先后成立了上海证券交易所、深圳证券交易所以及 2021 年 11 月 15 日开市的北京证券交易所，共三家证券交易所。

证券交易所服务证券交易。证券交易所为证券交易提供了一个固定的交易场所，这是证券交易的物质基础。《证券法》第 101 条第 1 款规定，证券交易所可以自行支配的各项费用收入，应当首先用于保证其证券交易场所和设施的正常运行并逐步改善。交易所具备了证券交易的各种设施，为证券顺利、有序交易提供了保障。

（一）证券交易所设立

证券交易所、国务院批准的其他全国性证券交易场所为证券集中交易提供场所和设施，组织和监督证券交易，实行自律管理，依法登记，取得法人资格。

具有以下特点：

1. 证券交易所是依照国家特许成立的证券交易场所。在证券交易所的设立上，各个国家都采取了严格的许可制度，这样便于国家合理监管证券交易的有关情况。证券交易涉及的投资者多、资金大，风险大，为了证券投资的稳定，证券交易所的设立必须经过严格的审批。

2. 证券交易所有详细的交易规则。交易规则必须体现证券法的基本原则，而且要适合证券交易的交易品种，这样可以避免证券交易的各种风险。

3. 证券交易所具备完善的设施。证券交易所作为证券市场的核心，为投资者、证券公司、上市公司提供交易平台和服务。

《证券法》第 112 条第 1 款规定，证券交易所对证券交易实行实时监控，并按照国务院证券监督管理机构的要求，对异常的交易情况提出报告。证券交易所对证券交易情况比较清楚，对证券交易的监控具有天然优势。证券交易所对证券公司、上市公司、证券市场进行第一线的监管，以维护证券市场的交易秩序、促进市场效率的提高。另一方面它又是被监管者，要接受政府监管部门的依法监督。

证券交易所必须在其名称中标明"证券交易所"字样。其他任何单位或者个人不得使用证券交易所或者近似的名称。实行会员制的证券交易所设有会员大会、理事会、总经理和监事会。

实行有限责任公司制的证券交易所设有股东会、董事会、总经理和监事会。证券交易所为一人有限责任公司的，不设股东会，由股东行使股东会的职权。

会员大会为会员制证券交易所的最高权力机构，理事会是会员制证券交易所的决策机构，负责证券交易所的日常业务活动的管理与指挥，并执行会员大会的有关决议。证券交易所设总经理一人，由国务院证券监督管理机构任免。

引例分析

证券市场主要包括证券发行市场和证券交易市场。根据交易市场的组织形式的不同，又可分为场内交易市场和场外交易市场。场内交易是指在证券交易所内进行的证券交易；场外交易是指在证券交易所之外进行的证券交易。我国《证券法》规定依法公开发行的股票、公司债券及其他证券，应当在依法设立的证券交易所上市交易或者在国务院批准的其他证券交易场所转让。证券在证券交易所上市交易，应当采用公开的集中交易方式或者国务院证券监督管理机构批准的其他方式。证券交易当事人买卖的证券可以采用书面形式或者国务院证券监督管理机构规定的其他形式。本案中，王某和李某不在证券交易所或国务院批准的其他证券交易场所进行交易，而是私下交易，其行为违反了《证券法》的相关规定，逃避了证券监督管理机构的监管，应为无效的交易。

项目五 信息披露制度

引 例

2020 年 5 月 14 日晚间，证监会依法对康美药业违法违规案作出行政处罚及市场禁入决定。对康美药业给予警告并处以 60 万元罚款，对主要责任人罚款并市场禁入。

经过前期的调查和行政复议等程序，证监会最终认定，2016 年至 2018 年期间，康美药业虚增巨额营业收入，通过伪造、变造大额定期存单等方式虚增货币资金，将不满足会计确认和计量条件的工程项目纳入报表，虚增固定资产等。同时，康美药业存在控股股东及其关联方非经营性占用资金的情况。上述行为致使康美药业披露的相关年度报告存在虚假记载和重大遗漏。

证监会认为，康美药业有预谋、有组织，长期、系统地实施财务欺诈行为，践踏法治，对市场和投资者毫无敬畏之心，严重破坏资本市场健康生态。证监会发现案涉违法行为后，立即集中力量查办，持续公布执法进展，疫情期间通过多地远程视频会议的方式召开听证会，听取当事人陈述申辩，并在坚持法治原则下从严从重从快惩处。

康美药业是新《证券法》正式实施后，第一个因财务造假被出具正式处罚决定的造假公司。作为 A 股历史上最大造假案，证监会开出了 60 万元的顶格罚单。业内人士指出，康美药业的违法行为是在 2016 年至 2018 年期间，依据的是老版《证券法》，此前也下发了行政处罚及市场禁入事先告知书，因行政复议等程序导致行政处罚书最近下发。对康美药业的惩处并未结束，后续的民事赔偿、刑事追责将让康美药业为其财务欺诈付出沉重代价。

[法律问题]

根据《证券法》，谈谈康美公司违反了哪些法律规定，其法律责任应该如何承担？

基本理论

一、信息披露制度

信息披露制度，也称公示制度、公开披露制度，是上市公司为保障投资者利益、接受社会公众的监督而依照法律规定必须将其自身的财务变化、经营状况等信息和资料向证券管理部门和证券交易所报告，并向社会公开或公告，以便使投资者充分了解情况的制度。它既包括发行前的披露，也包括上市后的持续信息公开，它主要由招股说明书制度、定期报告制度和临时报告制度组成。

信息披露制度在各国的证券法规中都有明确的规定。实行信息披露，可以了解上市公司的经营状况、财务状况及其发展趋势，从而有利于证券主管机关对证券市场的管理，引导证券市场健康、稳定地发展；有利于社会公众依据所获得的信息，及时采取措施，做出正确的投资选择；也有利于上市公司的广大股东及社会公众对上市公司进行监督。

（一）发行信息披露制度

发行人及法律、行政法规和国务院证券监督管理机构规定的其他信息披露义务人，应当及时依法履行信息披露义务。信息披露义务人披露的信息，应当真实、准确、完整，简明清晰，通俗易懂，不得有虚假记载、误导性陈述或者重大遗漏。证券同时在境内境外公开发行、交易的，其信息披露义务人在境外披露的信息，应当在境内同时披露。

（二）交易信息披露制度

1. 日常交易披露。上市公司、公司债券上市交易的公司、股票在国务院批准的其他全国性证券交易场所交易的公司，应当按照国务院证券监督管理机构和证券交易场所规定的内容和格式编制定期报告，并按照以下规定报送和公告：在每一会计年度结束之日起 4 个月内，报送并公告年度报告，其中的年度财务会计报告应当经符合证券法规定的会计师事务所审计；

在每一会计年度的上半年结束之日起 2 个月内，报送并公告中期报告。

发行人的董事、高级管理人员应当对证券发行文件和定期报告签署书面确认意见。

发行人的监事会应当对董事会编制的证券发行文件和定期报告进行审核并提出书面审核意见。监事应当签署书面确认意见。

发行人的董事、监事和高级管理人员应当保证发行人及时、公平地披露信息，所披露的信息真实、准确、完整。

董事、监事和高级管理人员无法保证证券发行文件和定期报告内容的真实性、准确性、完整性或者有异议的，应当在书面确认意见中发表意见并陈述理由，发行人应当披露。发行人不予披露的，董事、监事和高级管理人员可以直接申请披露。

2. 重大事件披露。在证券交易所的交易中，为了使所有的投资者都能够平等地了解上市公司的有关信息，保证公平、公正、公开原则的实现，保护投资者的权益，证券法对重大事件披露有严格的规定。

《证券法》第 80 条第 1 款规定，发生可能对上市公司、股票在国务院批准的其他全国性证券交易场所交易的公司的股票交易价格产生较大影响的重大事件，投资者尚未得知时，公司应当立即将有关该重大事件的情况向国务院证券监督管理机构和证券交易场所报送临时报告，并予公告，说明事件的起因、目前的状态和可能产生的法律后果。

下列情况为上述所称重大事件：

（1）公司的经营方针和经营范围的重大变化；

（2）公司的重大投资行为，公司在一年内购买、出售重大资产超过公司资产总额30%，或者公司营业用主要资产的抵押、质押、出售或者报废一次超过该资产的30%；

（3）公司订立重要合同、提供重大担保或者从事关联交易，可能对公司的资产、负债、权益和经营成果产生重要影响；

（4）公司发生重大债务和未能清偿到期重大债务的违约情况；

（5）公司发生重大亏损或者重大损失；

（6）公司生产经营的外部条件发生重大变化；

（7）公司的董事、1/3以上监事或者经理发生变动，董事长或者经理无法履行职责；

（8）持有公司5%以上股份的股东或者实际控制人持有股份或者控制公司的情况发生较大变化，公司的实际控制人及其控制的其他企业从事与公司相同或者相似业务的情况发生较大变化；

（9）公司分配股利、增资的计划，公司股权结构的重要变化，公司减资、合并、分立、解散及申请破产的决定，或者依法进入破产程序、被责令关闭；

（10）涉及公司的重大诉讼、仲裁，股东大会、董事会决议被依法撤销或者宣告无效；

（11）公司涉嫌犯罪被依法立案调查，公司的控股股东、实际控制人、董事、监事、高级管理人员涉嫌犯罪被依法采取强制措施；

（12）国务院证券监督管理机构规定的其他事项。

公司的控股股东或者实际控制人对重大事件的发生、进展产生较大影响的，应当及时将其知悉的有关情况书面告知公司，并配合公司履行信息披露义务。

《证券法》第81条第1款规定，发生可能对上市交易公司债券的交易价格产生较大影响的重大事件，投资者尚未得知时，公司应当立即将有关该重大事件的情况向国务院证券监督管理机构和证券交易场所报送临时报告，并予公告，说明事件的起因、目前的状态和可能产生的法律后果。

下列情况为上述所称重大事件：

（1）公司股权结构或者生产经营状况发生重大变化；

（2）公司债券信用评级发生变化；

（3）公司重大资产抵押、质押、出售、转让、报废；

（4）公司发生未能清偿到期债务的情况；

（5）公司新增借款或者对外提供担保超过上年末净资产的20%；

（6）公司放弃债权或者财产超过上年末净资产的10%；

（7）公司发生超过上年末净资产10%的重大损失；

（8）公司分配股利，作出减资、合并、分立、解散及申请破产的决定，或者依法进入破产程序、被责令关闭；

（9）涉及公司的重大诉讼、仲裁；

（10）公司涉嫌犯罪被依法立案调查，公司的控股股东、实际控制人、董事、监事、高级管理人员涉嫌犯罪被依法采取强制措施；

（11）国务院证券监督管理机构规定的其他事项。

3. 收购信息披露。通过证券交易所的证券交易，投资者及其一致行动人拥有权益的股份达到一个上市公司已发行股份的5%时，应当在该事实发生之日起3日内编制权益变动报告书，向中国证监会、证券交易所提交书面报告，通知该上市公司，并予公告；在上述期限内，不得再行买卖该上市公司的股票，但中国证监会规定的情形除外。

前述投资者及其一致行动人拥有权益的股份达到一个上市公司已发行股份的5%后，通过证券交易所的证券交易，其拥有权益的股份占该上市公司已发行股份的比例每增加或者减少5%，应当依照前款规定进行报告和公告。在该事实发生之日起至公告后3日内，不得再行买卖该上市公司的股票，但中国证监会规定的情形除外。

前述投资者及其一致行动人拥有权益的股份达到一个上市公司已发行股份的5%后，其拥有权益的股份占该上市公司已发行股份的比例每增加或者减少1%，应当在该事实发生的次日通知该上市公司，并予公告。

通过协议转让方式，投资者及其一致行动人在一个上市公司中拥有权益的股份拟达到或者超过一个上市公司已发行股份的5%时，应当在该事实发生之日起3日内编制权益变动报告书，向中国证监会、证券交易所提交书面报告，通知该上市公司，并予公告。

前述投资者及其一致行动人拥有权益的股份达到一个上市公司已发行股份的5%后，其拥有权益的股份占该上市公司已发行股份的比例每增加或者减少达到或者超过5%的，应当依照前款规定履行报告、公告义务。

4. 公告的规定。信息公开制度是证券交易的一项基本制度，是公开、公正、公平原则的具体体现，而公告是信息公开的一个重要途径。所以，如何进行公告，对于信息公开的实现，具有十分重要的意义。

依法披露的信息，应当在证券交易场所的网站和符合国务院证券监督管理机构规定条件的媒体发布，同时将其置备于公司住所、证券交易场所，供社会公众查阅。

国务院证券监督管理机构对信息披露义务人的信息披露行为进行监督管理。

证券交易场所应当对其组织交易的证券的信息披露义务人的信息披露行为进行监督，督促其依法及时、准确地披露信息。

项目六　禁止的证券交易行为

引　例

刘某为甲公司的董事。甲公司与乙公司签定一购销合同，甲公司在预先支付了数额巨大的货款后得知，乙公司已经严重亏损，资不抵债，没有任何履约能力，而且甲公司的预付款已被当地银行划走抵充银行欠款。刘某得知这一消息，认为此次公司损失巨大，必定会影响本公司股票价格。他首先将自己手中的本公司股票抛售，还建议好友王某等人也抛售出该股票。半个月后，甲公司购销合同事宜通过媒体向社会公布，消息一出，甲公司股价跌落 50%。

[法律问题]

刘某的行为具体属于什么行为？我国法律规定该行为的主体包括哪些人？依据《证券法》应对刘某如何处理？

基本理论

禁止的证券交易行为也被称为不正当交易行为，是指证券监管机构为了维护证券市场的稳定、持续、健康发展，明确禁止的危害正常交易秩序、侵犯投资者合法权益的违法犯罪行为。根据《证券法》的规定，禁止的证券交易行为主要有内幕交易、操纵市场、欺诈客户、虚假陈述等行为。

一、内幕交易

内幕交易是指证券交易内幕信息的知情人员或者非法获取证券交易内幕信息的人员，在涉及证券的发行、交易或者其他对证券价格有重大影响的信息尚未公开前，买入或卖出该证券，或者泄露该信息的行为。可见内幕交易，首先必须是一种与证券交易相关的行为，行为人或是自己对证券进行买卖，或是参与他人对证券的买卖；其次，行为人必须是直接掌握或是间接得知内幕信息的人；最后，交易者所凭借的条件是未公开的能够影响证券价格的内部信息。因此我国《证券法》规定：

1. 禁止证券交易内幕信息的知情人和非法获取内幕信息的人利用内幕信息从事证券交易活动。证券交易内幕信息的知情人包括：

（1）发行人及其董事、监事、高级管理人员；

（2）持有公司5%以上股份的股东及其董事、监事、高级管理人员，公司的实际控制人及其董事、监事、高级管理人员；

（3）发行人控股或者实际控制的公司及其董事、监事、高级管理人员；

（4）由于所任公司职务或者因与公司业务往来可以获取公司有关内幕信息的人员；

（5）上市公司收购人或者重大资产交易方及其控股股东、实际控制人、董事、监事和高级管理人员；

（6）因职务、工作可以获取内幕信息的证券交易场所、证券公司、证券登记结算机构、证券服务机构的有关人员；

（7）因职责、工作可以获取内幕信息的证券监督管理机构工作人员；

（8）因法定职责对证券的发行、交易或者对上市公司及其收购、重大资产交易进行管理可以获取内幕信息的有关主管部门、监管机构的工作人员；

（9）国务院证券监督管理机构规定的可以获取内幕信息的其他人员。

2. 证券交易活动中，涉及发行人的经营、财务或者对该发行人证券的市场价格有重大影响的尚未公开的信息，为内幕信息。《证券法》第80条第2款、第81条第2款所列重大事件属于内幕信息。

3. 证券交易内幕信息的知情人和非法获取内幕信息的人，在内幕信息公开前，不得买卖该公司的证券，或者泄露该信息，或者建议他人买卖该证券。

证券交易场所、证券公司、证券登记结算机构、证券服务机构和其他金融机构的从业人员、有关监管部门或者行业协会的工作人员，禁止利用因职务便利获取的内幕信息以外的其他未公开的信息，违反规定，从事与该信息相关的证券交易活动，或者明示、暗示他人从事相关交易活动。

二、操纵市场

所谓操纵市场，又称操纵行情，是指操纵人利用掌握的资金、信息等优势，采用不正当手段，人为地制造证券行情，操纵或影响证券市场价格，以诱导证券投资者盲目进行证券买卖，从而为自己谋取利益或者转嫁风险的行为。操纵市场行为必然会扭曲证券的供求关系，导致市场机制失灵，并会形成垄断，妨碍竞争，同时还会诱发过度投机，损害投资者的利益。为了保护广大投资者的利益，维持证券交易公正合理地进行，《证券法》规定禁止任何人以下列手段操纵证券市场：

1. 单独或者通过合谋，集中资金优势、持股优势或者利用信息优势联合或者连续买卖；

2. 与他人串通，以事先约定的时间、价格和方式相互进行证券交易；

3. 在自己实际控制的账户之间进行证券交易；

4. 不以成交为目的，频繁或者大量申报并撤销申报；

5. 利用虚假或者不确定的重大信息，诱导投资者进行证券交易；

6. 对证券、发行人公开作出评价、预测或者投资建议，并进行反向证券交易；

7. 利用在其他相关市场的活动操纵证券市场；

8. 操纵证券市场的其他手段。

三、欺诈客户

所谓欺诈客户，是指在证券交易中，证券公司及其从业人员利用受托人的地位，进行损害投资者利益或者诱使投资者进行证券买卖而从中获利的行为。欺诈客户必然造成投资者利益的损害，最终将损害证券市场的健康发展。

《证券法》规定，禁止证券公司及其从业人员从事下列损害客户利益的欺诈行为：

1. 违背客户的委托为其买卖证券；

2. 不在规定时间内向客户提供交易的确认文件；

3. 未经客户的委托，擅自为客户买卖证券，或者假借客户的名义买卖证券；

4. 为牟取佣金收入，诱使客户进行不必要的证券买卖；

5. 其他违背客户真实意思表示，损害客户利益的行为。

四、虚假陈述

虚假陈述是指证券市场虚假陈述，也称不实陈述，是指信息披露义务人违反证券法律规定，在证券发行或者交易过程中，对重大事件作出违背事实真相的虚假记载、误导性陈述，或者在披露信息时发生重大遗漏、不正当披露信息的行为。

虚假陈述包括虚假记载、误导性陈述、重大遗漏、不正当披露信息四种类型。

虚假记载，是指信息披露义务人在披露信息时，将不存在的事实在信息披露文件中予以记载的行为。

误导性陈述，是指信息披露义务人在信息披露文件中或者通过媒体，作出使投资人对其投资行为发生错误判断并产生重大影响的陈述。

重大遗漏，是指信息披露义务人在信息披露文件中，未将应当记载的事项完全或者部分予以记载。

不正当披露，是指信息披露义务人未在适当期限内或者未以法定方式公开披露应当披露的信息。

《证券法》对虚假陈述行为明确禁止：

禁止任何单位和个人编造、传播虚假信息或者误导性信息，扰乱证券市场。

禁止证券交易场所、证券公司、证券登记结算机构、证券服务机构及其从业人员、证券业协会、证券监督管理机构及其工作人员，在证券交易活动中作出虚假陈述或者信息误导。

各种传播媒介传播证券市场信息必须真实、客观，禁止误导。传播媒介及其从事证券市场信息报道的工作人员不得从事与其工作职责发生利益冲突的证券买卖。

引例分析

刘某的行为属于内幕交易行为。

内幕交易行为的主体具体包括下列人员：

1. 发行人及其董事、监事、高级管理人员；

2. 持有公司 5% 以上股份的股东及其董事、监事、高级管理人员，公司的实际控制人及其董事、监事、高级管理人员；

3. 发行人控股或者实际控制的公司及其董事、监事、高级管理人员；

4. 由于所任公司职务或者因与公司业务往来可以获取公司有关内幕信息的人员；

5. 上市公司收购人或者重大资产交易方及其控股股东、实际控制人、董事、监事和高级管理人员；

6. 因职务、工作可以获取内幕信息的证券交易场所、证券公司、证券登记结算机构、证券服务机构的有关人员；

7. 因职责、工作可以获取内幕信息的证券监督管理机构工作人员；

8. 因法定职责对证券的发行、交易或者对上市公司及其收购、重大资产交易进行管理可以获取内幕信息的有关主管部门、监管机构的工作人员；

9. 国务院证券监督管理机构规定的可以获取内幕信息的其他人员。

证券交易内幕信息的知情人或者非法获取内幕信息的人违反证券法第 53 条的规定从事内幕交易的，责令依法处理非法持有的证券，没收违法所得，并处以违法所得 1 倍以上 10 倍以下的罚款；没有违法所得或者违法所得不足 50 万元的，处以 50 万元以上 500 万元以下的罚款。

项目七　证券上市与上市公司收购

引　例

甲公司为上市公司，为筹集资金而发行新股。新股上市以后，有股东发现，公司将募集资金用于建造办公大楼，而招股说明书中列明所募集资金的用途是更新设备，因此反映到董事会。董事会认为，所募集资金用途变更已由董事会做出决议，而且已经得到监事会和上级主管部门批准，是合法有效的。

[法律问题]

你认为甲公司行为是否违法？为什么？该行为对公司以后的新股发行是否有影响？有何影响？

基本理论

一、证券上市概述

（一）证券上市的概念

证券上市是指发行人的证券按照法定条件和程序，在证券交易所或其他依法设立的证券交易所公开挂牌交易的行为。

（二）证券上市的主要类型

根据不同的标准，证券上市可以分为不同的类型，具体如下：

1. 证券交易所上市和证券交易所外上市。按照上市场所的不同，证券上市分为证券交易所上市和证券交易所外上市。证券交易所上市，是发行人申请证券交易在"证券交易所"挂牌交易。证券交易所外上市是指在证券交易所以外的地方上市。

2. 核准上市和认可上市。根据上市的方式不同，证券上市分为核准上市和认可上市。核准上市是指证券交易根据发行人的申请，按照法定程序核准证券上市。认可上市是指根据监管机构要求在某些证券交易所上市。政府证券适用于此种上市。

3. 股票上市和债券上市。根据上市证券的类型不同，证券上市分为股票上市和债券上市。

（三）证券上市的条件

证券上市条件也称证券上市标准，是指证券交易所对申请证券上市的公司所作的规定或要求，只有符合这些规定和要求，公司所发行的证券才准许上市。

《证券法》47条第1款规定，申请证券上市交易，应当符合证券交易所上市规则规定的上市条件。这就意味着，根据注册制改革的精神，把证券上市条件的规定权赋予了证券交易所。同时，对上市条件的内容做了原则性的要求：《证券法》第47条第2款规定证券交易所上市规则规定的上市条件，应当对发行人的经营年限、财务状况、最低公开发行比例和公司治理、诚信记录等提出要求。

二、上市公司收购概述

（一）上市公司收购的概念

上市公司收购，是指投资者依法定程序公开收购股份有限公司已经发行上市的股份以达到对该公司控股或兼并目的的行为。实施收购行为的投资者称为收购人，作为收购目标的上市公司称为被收购公司。《上市公司收购管理办法》第5条第1款规定，收购人可以通过取得股份的方式成为一个上市公司的控股股东，可以通过投资关系、协议、其他安排的途径成为一个上市公司的实际控制人，也可以同时采取上述方式和途径取得上市公司控制权。收购也是一种证券的买卖，但这种买卖与一般买卖的目的不同，投资者进行这种买卖的目的是控股或兼并，而不是赚取价差。也就是说，收购上市公司是为了控制该上市公司，而不是炒作该上市公司的股票。购买或拥有上市公司股票即意味着介入公司管理事务，甚至形成对公司事务的管理和控制。

为促进证券市场资源的优化配置，加速资本聚集，保护投资者的合法权益，维护证券市场的正常秩序，《证券法》《公司法》等法律、部门规章对上市公司收购活动进行规范。这些规定适应了上市公司优胜劣汰、产权重组的需要。

（二）上市公司收购的方式

投资者可以采取要约收购、协议收购及其他合法方式收购上市公司。

1. 要约收购。要约收购是指收购人先通过证券交易所的竞价交易，收购众多的非特定股票持有人的股权，达到相应比例时，依法向该上市公司所有股东发出收购要约，以收购被收购公司的股份达到对该公司控股或兼并目的的行为。

2. 协议收购。协议收购是收购人以协议的方式直接向持有大比例股权的股东收购其所持股权，以控制或兼并被收购公司的行为。

3. 间接收购。是指收购人通过投资关系、协议或其他安排取得对上市公司的控股公司的控制权，从而达到间接控制该上市公司的目的。

有下列情形之一的，不得收购上市公司：①收购人负有数额较大债务，到期未清偿，且处于持续状态；②收购人最近3年有重大违法行为或者涉嫌有重大违法行为；③收购人最近3年有严重的证券市场失信行为；④收购人为自然人的，存在《公司法》第146条规定情形；⑤法律、行政法规规定以及中国证监会认定的不得收购上市公司的其他情形。

(三) 上市公司收购的主要制度

1. 持续披露义务。上市公司的收购及相关股份权益变动活动，必须遵循公开、公平、公正的原则。上市公司的收购及相关股份权益变动活动中的信息披露义务人，应当充分披露其在上市公司中的权益及变动情况，依法严格履行报告、公告和其他法定义务。在相关信息披露前，负有保密义务。信息披露义务人报告、公告的信息必须真实、准确、完整，不得有虚假记载、误导性陈述或者重大遗漏。

通过证券交易所的证券交易，投资者持有或者通过协议、其他安排与他人共同持有一个上市公司已发行的有表决权股份达到5%时，应当在该事实发生之日起3日内，向国务院证券监督管理机构、证券交易所作出书面报告，通知该上市公司，并予公告，在上述期限内不得再行买卖该上市公司的股票，但国务院证券监督管理机构规定的情形除外。

投资者持有或者通过协议、其他安排与他人共同持有一个上市公司已发行的有表决权股份达到5%后，其所持该上市公司已发行的有表决权股份比例每增加或者减少5%，应当依照前款规定进行报告和公告，在该事实发生之日起至公告后3日内，不得再行买卖该上市公司的股票，但国务院证券监督管理机构规定的情形除外。

投资者持有或者通过协议、其他安排与他人共同持有一个上市公司已发行的有表决权股份达到5%后，其所持该上市公司已发行的有表决权股份比例每增加或者减少1%，应当在该事实发生的次日通知该上市公司，并予公告。

依照上述规定所作的公告，应当包括持股人的名称、住所；持有的股票的名称、数额；持股达到法定比例或者持股增减变化达到法定比例的日期、增持股份的资金来源；在上市公司中拥有表决权的股份变动的时间及方式等内容。

上市公司的收购及相关股份权益变动活动中的信息披露义务人应当在至少一家中国证监会指定媒体上依法披露信息；在其他媒体上进行披露的，披露内容应当一致，披露时间不得早于指定媒体的披露时间。

2. 要约收购的规则。通过证券交易所的证券交易，投资者持有或者通过协议、其他安排与他人共同持有一个上市公司已发行的股份达到30%时，继续进行收购的，应当依法向该上市公司所有股东发出收购上市公司全部或者部分股份的要约。收购上市公司部分股份的收购要约应当约定，被收购公司股东承诺出售的股份数额超过预定收购的股份数额的，收购人按比例进行收购。

依照上述规定发出收购要约，收购人必须事先向国务院证券监督管理机构报送上市公司收购报告书，并载明有关事项。收购人还应当将上市公司收购报告书同时提交证券交易所。

收购人在依照上述规定报送上市公司收购报告书之日起 15 日后，公告其收购要约。在上述期限内，国务院证券监督管理机构发现上市公司收购报告书不符合法律、行政法规规定的，应当及时告知收购人，收购人不得公告其收购要约。收购要约约定的收购期限不得少于 30 日，并不得超过 60 日。在要约收购期间，被收购公司的董事不得辞职。

3. 协议收购的规则。采取协议收购方式的，收购人可以依照法律、行政法规的规定同被收购公司的股东以协议方式进行股权转让。以协议方式收购上市公司时，达成协议后，收购人必须在 3 日内将该收购协议向国务院证券监督管理机构及证券交易所做出书面报告，并予公告。在公告前不得履行收购协议。

采取协议收购方式的，协议双方可以临时委托证券登记结算机构保管协议转让的股票，并将资金存放于指定的银行。采取协议收购方式的，收购人收购或者通过协议、其他安排与他人共同收购一个上市公司已发行的有表决权股份达到30%时，继续进行收购的，应当依法向该上市公司所有股东发出收购上市公司全部或者部分股份的要约。但是，按照国务院证券监督管理机构的规定免除发出要约的除外。

引例分析

甲公司行为违法。根据《证券法》第 14 条的规定，上市公司对公开发行股票所募集的资金，必须按照招股说明书或者其他公开发行募集文件所列资金用途使用；改变资金用途，必须经股东大会作出决议。因此，由于甲公司未经股东大会批准而改变招股说明书所列资金用途，属于违法行为。

第 14 条还规定，上市公司擅自改变公开发行股票所募集资金的用途，未作纠正的，或者未经股东大会认可的，不得公开发行新股。故本案中甲公司发行新股的计划将落空。股东可依法就董事会违反法律、行政法规且侵犯股东合法权益的决议，向人民法院起诉要求停止该违法行为。

项目八　投资者保护

引 例

2020 年 12 月 31 日，11 名自然人请求发起康美药业虚假陈述民事赔偿普通代表人诉讼。2021 年 3 月 26 日，广东省广州市中级人民法院（简称广州中院）发布普通代表人诉讼权利登记公告。同日，投服中心公开接受投资者委托。4 月 8 日，投服中心向广州中院申请转换为特别代表人诉讼。4 月 16 日，经最高人民法院指定管辖，广州中院发布公告，同意转换为特别代表人诉讼。历经庭前会议、开庭审理及多次调解会议，广州中院于 11 月 12 日开庭宣判。

2021 年 11 月 12 日，广州中院作出康美药业特别代表人诉讼一审判决，投服中心代表原告方胜诉。康美药业等相关被告承担 5.2 万余名投资者损失总金额达 24.59 亿元。这标志着以投资者"默示加入、明示退出"为特色的中国式集体诉讼司法实践成功落地。本次判决是中国法制史上的里程碑，也是资本市场法治建设的新标杆。

本案是《证券法》2019 年修订后全国首单特别代表人诉讼。康美药业公司连续 3 年财务造假，涉案金额巨大，持续时间长，性质特别严重，社会影响恶劣，严重损害了投资者的合法权益。作为投资者保护机构的中证中小投资者服务中心响应市场呼声，依法接受投资者委托，作为代表人参加康美药业代表人诉讼，为投资者争取了最大权益。

基本理论

一、投资者保护概念

保护投资者合法权益是资本市场监管的永恒主题，也是衡量一个市场是否健康成熟的重要标准。新《证券法》系统规定了投资者保护的相关制度。

投资者是指投入现金购买某种资产以期望获取利益或利润的自然人和法人。广义的投资者包括公司股东、债权人和利益相关者。狭义的投资者指的就是股东。

投资者保护是指法律对投资者的保障程度以及相关法律的有效实施程度，由委托代理机制带来的信息不对称导致公司的管理者以及大股东可能由于自己的私利侵犯投资者的权益，投资者保护机制就是为解决这一问题而产生的。投资者可以依赖两种保护机制：一是国家层面的制度机制；二是公司层面的政策机制。

二、主要内容

2019 年修订的《证券法》专门新增设立了投资者保护章节，从十个方面切实保护投资者的合法权益：

1. 规定证券民事赔偿的代表人诉讼。《证券法》第 95 条第 1 款规定，投资者提起虚假陈述等证券民事赔偿诉讼时，诉讼标的是同一种类，且当事人一方人数众多的，可以依法推选代表人进行诉讼。

对按照前述规定提起的诉讼，可能存在有相同诉讼请求的其他众多投资者的，人民法院可以发出公告，说明该诉讼请求的案件情况，通知投资者在一定期间向人民法院登记。人民法院作出的判决、裁定，对参加登记的投资者发生效力。

投资者保护机构受 50 名以上投资者委托，可以作为代表人参加诉讼，并为经证券登记结算机构确认的权利人依照前述规定向人民法院登记，但投资者明确表示不愿意参加该诉讼的除外。

2. 明确上市公司征集代理股东权利。《证券法》第 90 条规定，上市公司董事会、独立董事、持有 1% 以上有表决权股份的股东或者依照法律、行政法规或者国务院证券监督管理机构的规定设立的投资者保护机构（以下简称投资者保护机构），可以作为征集人，自行或者委托证券公司、证券服务机构，公开请求上市公司股东委托其代为出席股东大会，并代为行使提案权、表决权等股东权利。

征集股东权利不得收费或变相收费，否则给予警告，可以处以 50 万元以下罚款。

3. 规定投保机构股东派生诉讼。持有公司股份的投资者保护机构可以在发行人的董事、监事、高级管理人员执行公司职务违反法律法规、公司章程或控股股东、实际控制人侵犯公司合法权益造成公司损失时，依法提起派生诉讼，不受持股期限和比例限制。

4. 完善证券纠纷调解。投资者与发行人、证券公司等发生纠纷的，双方可以向投资者保护机构申请调解。普通投资者与证券公司发生证券业务纠纷，普通投资者提出调解请求的，证券公司不得拒绝。

5. 明确支持诉讼。投资者保护机构对损害投资者利益的行为，可以依法支持投资者向人民法院提起诉讼。

6. 完善投资者适当性。明确证券公司和投资者在投资者适当性上的义务，证券公司违反投资者适当性规定导致投资者损失的，应当承担相应赔偿责任。

7. 区分专业和普通投资者。普通投资者与证券公司发生纠纷时，适用"举证责任倒置"原则，证券公司应该证明自己的行为符合相关规定，不存在误导、欺诈等情况，否则应当承担赔偿责任。

8. 完善现金分红。上市公司应当在章程中明确分配现金股利的具体安排和决策程序，依法保障股东的资产收益权。上市公司当年税后利润，在弥补亏损及提取法定公积金后有盈余的，应当按照公司章程的规定分配现金股利。

9. 明确债券持有人会议制度和债券受托人制度。公开发行公司债券的，发行人应当为债券持有人聘请债券受托管理人，并订立债券受托管理协议。债券发行人未能按期兑付债券本息的，债券受托管理人可以接受全部或者部分债券持有人的委托，以自己的名义代表债券持有人提起、参加民事诉讼或者清算程序。

10. 规定先行赔付。发行人因欺诈发行、虚假陈述或者其他重大违法行为给投资者造成损失的，发行人的控股股东、实际控制人、相关的证券公司可以委托投资者保护机构，就赔偿事宜与受到损失的投资者达成协议，予以先行赔付。先行赔付后,可以依法向发行人以及其他连带责任人追偿。

项目九 违反证券法的法律责任

引例

2020 年 9 月至 2021 年 4 月,某证券公司以其客户交易结算资金专用存款账户资金作为质物为他人借款提供质押担保。谭某、鄢某作为时任公司董事长,对上述行为负有直接责任。李某作为财务总监,直接参与和实施上述质押,对上述行为也负有直接责任。2021 年 11 月 28 日,证监会根据《客户交易结算资金管理办法》第 30 条(证券公司、证券营业部有下列行为之一的,责令限期改正,给予通报批评,单处或者并处警告、3 万元以下罚款,情节严重的,按照《证券法》第 208 条处罚:①以伪造、变造证监会账户备案回执等欺骗手段,取得存管银行或者结算公司资金划拨许可;②违反该办法,在客户交易结算资金专用存款账户、清算备付金账户之外存放客户交易结算资金;③以客户交易结算资金为他人提供担保;④其他违反该办法的行为。

对有前述规定行为的有关责任人员,给予通报批评,单处或者并处警告、3 万元以下罚款,情节严重的,按照《证券法》第 208 条处罚。)中关于"对有前款规定行为的有关责任人员,给予通报批评、公开批评,单处或者并处警告、三万元以下罚款"的规定,决定对谭某、鄢某和李某分别处以警告并处罚款 3 万元。

本案涉及的主要问题是,证券法律责任的价值取向和主要功能是什么?

引例分析

《证券法》第 208 条规定,违反该法第 131 条的规定,将客户的资金和证券归入自有财产,或者挪用客户的资金和证券的,责令改正,给予警告,没收违法所得,并处以违法所得 1 倍以上 10 倍以下的罚款;没有违法所得或者违法所得不足 100 万元的,处以 100 万元以上 1000 万元以下的罚款;情节严重的,并处撤销相关业务许可或者责令关闭。对直接负责的主管人员和其他直接责任人员给予警告,并处以 50 万元以上 500 万元以下的罚款。

本案中,证监会对谭某、鄢某和李某作出的"分别处以警告并处罚款 3 万元"的处罚是正确的。但处罚不是目的,通过处罚实现证券法律责任的价值和功能,才是目的所在。证券法律责任是指行为人违反证券法律规范,应当受到的法律制裁及法律后果。各国证券立法关于法律责任的规定均有自己不同的价值取向。总体来看，多数国家的证券法律责任制度以安全、公平为价值取向。以平等的法律责任内容，公正地保护权利人，制裁违法者。证券法律责任的功能主要有两个，一个是教育和预防功能，另一个是补偿与制裁功能。

基本理论

一、擅自公开或者变相公开发行证券行为的法律责任

违反《证券法》第 9 条的规定，擅自公开或者变相公开发行证券的，责令停止发行，退还所募资金并加算银行同期存款利息，处以非法所募资金金额 5% 以上 50% 以下的罚款；对擅自公开或者变相公开发行证券设立的公司，由依法履行监督管理职责的机构或者部门会同县级以上地方人民政府予以取缔。对直接负责的主管人员和其他直接责任人员给予警告，并处以 50 万元以上 500 万元以下的罚款。

二、证券公司的相关法律责任

证券公司承销或者销售擅自公开发行或者变相公开发行的证券的，责令停止承销或者销售，没收违法所得，并处以违法所得 1 倍以上 10 倍以下的罚款；没有违法所得或者违法所得不足 100 万元的，处以 100 万元以上 1000 万元以下的罚款；情节严重的，并处暂停或者撤销相关业务许可。给投资者造成损失的，应当与发行人承担连带赔偿责任。对直接负责的主管人员和其他直接责任人员给予警告，并处以 50 万元以上 500 万元以下的罚款。

证券公司承销证券有下列行为之一的，责令改正，给予警告，没收违法所得，可以并处 50 万元以上 500 万元以下的罚款；情节严重的，暂停或者撤销相关业务许可。对直接负责的主管人员和其他直接责任人员给予警告，可以并处 20 万元以上 200 万元以下的罚款；情节严重的，并处 50 万元以上 500 万元以下的罚款：

1. 进行虚假的或者误导投资者的广告宣传或者其他宣传推介活动；
2. 以不正当竞争手段招揽承销业务；
3. 其他违反证券承销业务规定的行为。

三、发行人、上市公司的相关法律责任

发行人在其公告的证券发行文件中隐瞒重要事实或者编造重大虚假内容，尚未发行证券的，处以 200 万元以上 2000 万元以下的罚款；已经发行证券的，处以非法所募资金金额 10% 以上 1 倍以下的罚款。对直接负责的主管人员和其他直接责任人员，处以 100 万元以上 1000 万元以下的罚款。

发行人的控股股东、实际控制人组织、指使从事前款违法行为的，没收违法所得，并处以违法所得 10% 以上 1 倍以下的罚款；没有违法所得或者违法所得不

足 2000 万元的，处以 200 万元以上 2000 万元以下的罚款。对直接负责的主管人员和其他直接责任人员，处以 100 万元以上 1000 万元以下的罚款。

信息披露义务人未按照证券法规定报送有关报告或者履行信息披露义务的，责令改正，给予警告，并处以 50 万元以上 500 万元以下的罚款；对直接负责的主管人员和其他直接责任人员给予警告，并处以 20 万元以上 200 万元以下的罚款。发行人的控股股东、实际控制人组织、指使从事上述违法行为，或者隐瞒相关事项导致发生上述情形的，处以 50 万元以上 500 万元以下的罚款；对直接负责的主管人员和其他直接责任人员，处以 20 万元以上 200 万元以下的罚款。

信息披露义务人报送的报告或者披露的信息有虚假记载、误导性陈述或者重大遗漏的，责令改正，给予警告，并处以 100 万元以上 1000 万元以下的罚款；对直接负责的主管人员和其他直接责任人员给予警告，并处以 50 万元以上 500 万元以下的罚款。发行人的控股股东、实际控制人组织、指使从事上述违法行为，或者隐瞒相关事项导致发生上述情形的，处以 100 万元以上 1000 万元以下的罚款；对直接负责的主管人员和其他直接责任人员，处以 50 万元以上 500 万元以下的罚款。

发行人违反证券法第 14 条、第 15 条的规定擅自改变公开发行证券所募集资金的用途的，责令改正，处以 50 万元以上 500 万元以下的罚款；对直接负责的主管人员和其他直接责任人员给予警告，并处以 10 万元以上 100 万元以下的罚款。

发行人的控股股东、实际控制人从事或者组织、指使从事前述违法行为的，给予警告，并处以 50 万元以上 500 万元以下的罚款；对直接负责的主管人员和其他直接责任人员，处以 10 万元以上 100 万元以下的罚款。

上市公司、股票在国务院批准的其他全国性证券交易场所交易的公司的董事、监事、高级管理人员、持有该公司 5% 以上股份的股东，违反证券法第 44 条的规定，买卖该公司股票或者其他具有股权性质的证券的，给予警告，并处以 10 万元以上 100 万元以下的罚款。

四、非法设立证券交易场所、证券公司等的法律责任

非法开设证券交易场所的，由县级以上人民政府予以取缔，没收违法所得，并处以违法所得 1 倍以上 10 倍以下的罚款；没有违法所得或者违法所得不足 100 万元的，处以 100 万元以上 1000 万元以下的罚款。对直接负责的主管人员和其他直接责任人员给予警告，并处以 20 万元以上 200 万元以下的罚款。

五、违反禁止证券交易行为的法律责任

证券交易内幕信息的知情人或者非法获取内幕信息的人违反证券法第 53 条的规定从事内幕交易的，责令依法处理非法持有的证券，没收违法所得，并处以违法所得 1 倍以上 10 倍以下的罚款；没有违法所得或者违法所得不足 50 万元的，处以 50 万元以上 500 万元以下的罚款。单位从事内幕交易的，还应当对直接负责的主管人员和其他直接责任人员给予警告，并处以 20 万元以上 200 万元以下的罚款。国务院证券监督管理机构工作人员从事内幕交易的，从重处罚。

违反证券法第 55 条的规定，操纵证券市场的，责令依法处理其非法持有的证券，没收违法所得，并处以违法所得 1 倍以上 10 倍以下的罚款；没有违法所得或者违法所得不足 100 万元的，处以 100 万元以上 1000 万元以下的罚款。单位操纵证券市场的，还应当对直接负责的主管人员和其他直接责任人员给予警告，并处以 50 万元以上 500 万元以下的罚款。

违反证券法第 56 条第 1 款、第 3 款的规定，编造、传播虚假信息或者误导性信息，扰乱证券市场的，没收违法所得，并处以违法所得 1 倍以上 10 倍以下的罚款；没有违法所得或者违法所得不足 20 万元的，处以 20 万元以上 200 万元以下的罚款。

违反本法第 56 条第 2 款的规定，在证券交易活动中作出虚假陈述或者信息误导的，责令改正，处以 20 万元以上 200 万元以下的罚款；属于国家工作人员的，还应当依法给予处分。

证券公司违反证券法规定提供证券融资融券服务的，没收违法所得，并处以融资融券等值以下的罚款；情节严重的，禁止其在一定期限内从事证券融资融券业务。对直接负责的主管人员和其他直接责任人员给予警告，并处以 20 万元以上 200 万元以下的罚款。

六、收购人或者收购人的控股股东，利用上市公司收购，损害被收购公司及其股东的合法权益行为的法律责任

收购人未按照证券法规定履行上市公司收购的公告、发出收购要约义务的，责令改正，给予警告，并处以 50 万元以上 500 万元以下的罚款。对直接负责的主管人员和其他直接责任人员给予警告，并处以 20 万元以上 200 万元以下的罚款。

七、法律、行政法规规定禁止参与股票交易的人员，直接或者以化名、借他人名义持有、买卖股票行为的法律责任

法律、行政法规规定禁止参与股票交易的人员，违反证券法第 40 条的规定，直接或者以化名、借他人名义持有、买卖股票或者其他具有股权性质的证券的，责令依法处理非法持有的股票、其他具有股权性质的证券，没收违法所得，并处以买卖证券等值以下的罚款；属于国家工作人员的，还应当依法给予处分。

八、法人以他人名义设立账户或者利用他人账户买卖证券行为的法律责任

违反证券法第 58 条的规定，出借自己的证券账户或者借用他人的证券账户从事证券交易的，责令改正，给予警告，可以处 50 万元以下的罚款。

思考题

　　飞乐音响（600651）是一家大型绿色照明上市公司，2017 年 8 月 26 日，飞乐音响发布《2017 年半年度报告》，声称收入和利润实现增长。报告发布后，飞乐音响股价连续三个交易日上涨。然而，2018 年 4 月 13 日，飞乐音响在其发布的《2017 年年度业绩预减及股票复牌的提示性公告》中承认，2017 年半年报和三季度报在收入确认方面有会计差错，预计将导致营业收入减少。公告发布后，飞乐音响股价连续三个交易日跌停。2019 年 11 月，上海证监局作出行政处罚，认定飞乐音响因项目确认收入不符合条件，导致 2017 年半年度报告、三季度报告收入、利润虚增及相应业绩预增公告不准确。

　　试用证券法的相关规定，分析飞乐音响（600651）这家上市公司是否违法？涉嫌什么行为？如果你是投资者，可以采取什么方法保护自己的合法权益？

第七单元

土地管理法律制度和城市房地产管理法律制度

项目一　土地管理法律制度

引　例

2021 年 3 月某市政府决定在市郊建一约 10 万公顷（这 10 万公顷土地既有国有土地也包括部分耕地和其他农用地）的经济开发区，以带动该市经济发展。2021 年 4 月该经济开发区土建部分已经动工，后被反映到省政府，省政府以该市无权征用 10 万亩土地为由而紧急叫停。

[法律问题]

省政府决定当否？该市若要建经济开发区应该怎么办？

引例分析

事实上该市的做法既违反了土地用途管制制度，也和我国土地管理方针相违背，程序上更是存在着明显的缺陷，要想了解该件事如何处理，那么我们先从土地管理法的基本制度来入手。

《土地管理法》在 1986 年 6 月 25 日第六届全国人民代表大会常务委员会第十六次会议通过，根据 1988 年 12 月 29 日第七届全国人民代表大会常务委员会第五次会议《关于修改〈中华人民共和国土地管理法〉的决定》第一次修正，1998 年 8 月 29 日第九届全国人民代表大会常务委员会第四次会议修订，根据 2004 年 8 月 28 日第十届全国人民代表大会常务委员会第十一次会议《关于修改〈中华人民共和国土地管理法〉的决定》第二次修正，根据 2019 年 8 月 26 日第十三届全国人民代表大会常务委员会第十二次会议《关于修改〈中华人民共和国土地管理法〉、〈中华人民共和国城市房地产管理法〉的决定》第三次修正，并于 2020 年 1 月 1 日正式实施。

基本理论

一、土地管理法的概述

在我国由于人口众多，耕地有限，人均占有土地较少，水土流失严重。因而，国家将"十分珍惜、合理利用土地和切实保护耕地"这一方针作为我国的一项基本国策。为了贯彻这一方针，要求各级人民政府应当采取措施，全面规划，严格管理，保护、开发土地资源，制止任何单位和个人非法占用土地的行为。

（一）立法宗旨

《土地管理法》第 1 条规定，为了加强土地管理，维护土地的社会主义公有制，保护、开发土地资源，合理利用土地，切实保护耕地，促进社会经济的可持续发展，根据宪法，制定本法。从以上规定看到，《土地管理法》的立法宗旨包括以下六个方面：第一，加强土地管理；第二，维护土地的社会主义公有制；第三，保护、开发土地资源；第四，合理利用土地；第五，切实保护耕地；第六，促进社会经济的可持续发展。

（二）土地公有制

我国土地制度是社会主义公有制，具体包括，全民所有制和劳动群众集体所有制。土地公有制决定了土地所有权不允许转让，但土地使用权可以转让。属于集体所有的土地，国家可以征收或者征用，但应给予补偿。国有土地实行有偿使用制度，即土地出让制度；特定情形下，可以免费试用，即土地划拨制度。下列土地属于全民所有即国家所有：

①城市市区的土地；②农村和城市郊区中已经依法没收、征收、征购为国有的土地；③国家依法征收的土地；④依法不属于集体所有的林地、草地、荒地、滩涂及其他土地；⑤农村集体经济组织全部成员转为城镇居民的，原属于其成员集体所有的土地；⑥因国家组织移民、自然灾害等原因，农民成建制地集体迁移后不再使用的原属于迁移农民集体所有的土地。

（三）土地保护政策

《土地管理法》第 3 条规定，十分珍惜、合理利用土地和切实保护耕地是我国的基本国策。各级人民政府应当采取措施，全面规划，严格管理，保护、开发土地资源，制止非法占用土地的行为。本条规定了我国的基本土地政策，即十分珍惜、合理利用土地和切实保护耕地。各级人民政府是确保这一土地国策得以落实的责任主体。

根据《基本农田保护条例》第 2 条规定，国家实行基本农田保护制度。该条例所称基本农田，是指按照一定时期人口和社会经济发展对农产品的需求，依据土地利用总体规划确定的不得占用的耕地。该条例所称基本农田保护区，是指为对基本农田实行特殊保护而依据土地利用总体规划和依照法定程序确定的特定保护区域。基本农田保护实行全面规划、合理利用、用养结合、严格保护的方针。

（四）土地管理的基本制度

为了加强土地管理，维护土地的社会主义公有制，保护、开发土地资源，合理利用土地，切实保护耕地，促进社会经济的可持续发展，我国实行土地用途管制的基本制度。无论是属于全面所有的土地还是属于集体所有的土地，国家都有权对土地的用途进行管制。我国将土地划分为三种类型：农用地、建设用地和未利用地。农用地是指直接用于农业生产的土地，包括耕地、林地、草地、农田水利用地、养殖水面等；建设用地是指建造建筑物、构筑物的土地，包括城乡住宅和公共设施用地、工矿用地、交通水利设施用地、旅游用地、军事设施用地等；未利用地是指农用地和建设用地以外的土地。三类土地的保护措施各不相同，原则上，农用地不能转为建设用地。鼓励未利用地和建设用地转为农用地。

1. 土地管理主管部门。《土地管理法》第 5 条规定，国务院自然资源主管部门统一负责全国土地的管理和监督工作。县级以上地方人民政府自然资源主管部门的设置及其职责，由省、自治区、直辖市人民政府根据国务院有关规定确定。本条规定了土地的行政主管部门，目前为中华人民共和国自然资源部以及各级地方人民政府设立的相关部门，如各省自然资源厅、各市自然资源局、各县自然资源局等。不同地方的部门设置不完全相同，如北京市并未设置自然资源局，而是设置了规划和自然资源委员会，浙江省宁海县设置了自然资源和规划局。

2. 土地督查制度。国务院授权的机构对省、自治区、直辖市人民政府以及国务院确定的城市人民政府土地利用和土地管理情况进行督察。此规定是 2019 年新修订的《土地管理法》增加的规定。目前，自然资源部已经在全国设置了 9 个自然资源督查局，分别位于北京、沈阳、济南、南京、上海、广州、武汉、成都、西安。

3. 社会监督制度。任何单位和个人都有遵守土地管理法律、法规的义务，并有权对违反土地管理法律、法规的行为提出检举和控告。对违法行为进行检举和控告是《宪法》赋予每一位公民的基本权利和义务，在土地管理领域也不例外。

4. 土地奖励制度。在保护和开发土地资源、合理利用土地以及进行有关的科学研究等方面成绩显著的单位和个人，由人民政府给予奖励。

5. 土地调查制度。土地调查是指对土地的地类、位置、面积、分布等自然属性和土地权属等社会属性及其变化情况，以及永久基本农田状况进行的调查、监测、统计、分析的活动。土地调查的内容包括：土地权属；土地利用现状；土地条件。一般由县级以上人民政府土地行政主管部门会同同级有关部门负责土地调查，而土地所有者或者使用者配合调查，并提供有关资料。地方土地利用现状调查结果，经本级人民政府审核，报上一级人民政府批准后，应当向社会公布；全国土地利用现状调查结果，报国务院批准后，应当向社会公布。土地调查规程，由国务院自然资源主管部门会同国务院有关部门制定。

6. 土地评定等级制度。县级以上人民政府自然资源主管部门会同同级有关部门根据土地调查成果、规划土地用途和国家制定的统一标准，评定土地等级。根据《土地管理法实施条例》第5条规定，国务院自然资源主管部门会同有关部门制定土地等级评定标准。县级以上人民政府自然资源主管部门应当会同有关部门根据土地等级评定标准，对土地等级进行评定。地方土地等级评定结果经本级人民政府审核，报上一级人民政府自然资源主管部门批准后向社会公布。根据国民经济和社会发展状况，土地等级每5年重新评定一次。

7. 土地统计制度。土地统计调查由县级以上人民政府统计机构和自然资源主管部门共同负责。土地统计调查的目的是全面了解全国土地资源状况，掌握土地资源调查评价、开发利用及其行政管理工作情况，为全国有关部门、各级自然资源主管部门制定有关政策和进行宏观管理提供依据，为社会公众提供信息服务。土地统计调查的内容主要包括：土地资源状况、土地资源调查与土地资源开发利用状况、土地资源行政管理情况。

8. 土地管理信息系统。国家建立全国土地管理信息系统，对土地利用状况进行动态监测。

（五）土地利用总体规划

土地利用总体规划是指在一定区域内根据国民经济和社会发展对土地的需求以及自然、经济和社会条件，对该地区范围内全部土地的利用所作的长期的、战略性的总体布局和安排。

1. 土地利用总体规划编制主体。组织编制土地利用总体规划的责任主体是各级人民政府。各级人民政府应当依据国民经济和社会发展规划、国土整治和资源环境保护的要求、土地供给能力以及各项建设对土地的需求，组织编制土地利用总体规划。土地利用总体规划的规划期限由国务院规定。

2. 土地利用总体规划编制原则。土地利用总体规划按照下列原则编制：

（1）落实国土空间开发保护要求，严格土地用途管制；

（2）严格保护永久基本农田，严格控制非农业建设占用农用地；

（3）提高土地节约集约利用水平；

（4）统筹安排城乡生产、生活、生态用地，满足乡村产业和基础设施用地合理需求，促进城乡融合发展；

（5）保护和改善生态环境，保障土地的可持续利用；

（6）占用耕地与开发复垦耕地数量平衡、质量相当。

3. 土地利用总体规划的审批。土地利用总体规划实行分级审批，审批主体包括国务院和省级人民政府。省、自治区、直辖市的土地利用总体规划报国务院批准，省、自治区人民政府所在的城市、人口在100万以上的城市以及国务院指定的城市的土地利用总体规划，经省、自治区人民政府审查同意后，报国务院批准。其他土地利用总体规划，逐级上报省、自治区、直辖市人民政府批准；其中，乡（镇）土地利用总体规划，可以由省级人民政府授权的设区的市、自治州人民政府批准。土地利用总体规划一经批准，必须严格执行。

4. 与相关规划的关系。城市总体规划、村庄和集镇规划，应当与土地利用总体规划相衔接。城市总体规划、村庄和集镇规划中建设用地规模不得超过土地利用总体规划确定的城市和村庄、集镇建设用地规模。在城市规划区内、村庄和集镇规划区内，城市和村庄、集镇建设用地应当符合城市规划、村庄和集镇规划。

江河、湖泊综合治理和开发利用规划，应当与土地利用总体规划相衔接。在江河、湖泊、水库的管理和保护范围以及蓄洪滞洪区内，土地利用应当符合江河、湖泊综合治理和开发利用规划，要符合河道、湖泊行洪、蓄洪和输水的要求。

5. 土地利用总体规划的修改。已批准的土地利用总体规划的修改，须经原批准机关批准；未经批准，不得改变土地利用总体规划确定的土地用途。国务院已批准的大型能源、交通、水利等基础设施建设用地，需要改变土地利用总体规划的，根据国务院的批准文件修改土地利用总体规划。已经由省、自治区、直辖市人民政府批准的能源、交通、水利等基础设施建设用地，需要改变土地利用总体规划的，属于省级人民政府土地利用总体规划批准权限内的，根据省级人民政府的批准文件修改土地利用总体规划。

（六）土地利用年度规划

土地利用年度计划，根据国民经济和社会发展计划、国家产业政策、土地利用总体规划以及建设用地和土地利用的实际状况编制。土地利用年度计划的编制审批程序与土地利用总体规划的编制审批程序相同，一经审批下达，必须严格执行。省、自治区、直辖市人民政府应当将土地利用年度计划的执行情况列为国民经济和社会发展计划执行情况的内容，向同级人民代表大会报告。

（七）国土空间规划体系

《土地管理法》第18条第1款规定，国家建立国土空间规划体系。编制国土空间规划应当坚持生态优先，绿色、可持续发展，科学有序统筹安排生态、农业、城镇等功能空间，优化国土空间结构和布局，提升国土空间开发、保护的质量和效率。

2019 年修订《土地管理法》时新增加了该规定。国土空间规划是土地利用总体规划和城乡规划的升级版，因此，已经编制国土空间规划的，不再编制土地利用总体规划和城乡规划。《土地管理法实施条例》第 3 条第 2 款规定，国土空间规划应当包括国土空间开发保护格局和规划用地布局、结构、用途管制要求等内容，明确耕地保有量、建设用地规模、禁止开垦的范围等要求，统筹基础设施和公共设施用地布局，综合利用地上地下空间，合理确定并严格控制新增建设用地规模，提高土地节约集约利用水平，保障土地的可持续利用。

国土空间规划应当细化落实国家发展规划提出的国土空间开发保护要求，统筹布局农业、生态、城镇等功能空间，划定落实永久基本农田、生态保护红线和城镇开发边界。

二、土地权益制度

（一）土地所有权

土地所有权是国家或者农民集体依法对其所有的土地所享有的支配性权利。即土地所有权人对其土地占有、使用、收益和处分的支配性权利。其体现如下特征：土地所有权人及其代表由法律明确规定；土地所有权的取得与丧失以法律规定，不因约定而发生；土地所有权禁止交易。我国土地所有权只限于国家所有和农村集体组织所有。

1. 国有土地所有权。

（1）国有土地所有权的客体。依据我国《土地管理法》的规定，下列土地属于全民所有即国家所有：城市市区的土地；农村和城市郊区被国家依法没收、征收、征购的土地；国家依法征用的集体所有的土地；依法不属于集体所有的林地、草地、荒地、滩涂及其他土地；农村集体经济组织全部成员转为城镇居民的，原属于其成员集体所有的土地；因国家组织移民、自然灾害等原因，农民成建制地集体迁移后，不再使用的原属于迁移农民集体所有的土地。

（2）国有土地所有权的主体。国家土地所有权由国务院代表国家行使，国务院可以通过制定行政法规或发布行政命令授权地方人民政府或其职能部门行使国家土地所有权。国家土地所有权主体不能亲自行使所有权，只能由主体代表代为行使，虽主体代表不能亲自行使所有权的全部四项权能，却对土地保有最终的处分权。

（3）国有土地所有权的确权。国家土地所有权登记，依照有关不动产登记的法律、行政法规执行。依法登记的国家土地所有权受法律保护，任何单位和个人不得侵犯。

2. 集体土地所有权。集体土地所有权是以符合法律规定的农村集体经济组织的农民集体为所有权人，对归其所有的土地所享有的受法律限制的支配性权利。《土地管理法》第9条第2款规定，农村和城市郊区的土地，除由法律规定属于国家所有的以外，属于农民集体所有；宅基地和自留地、自留山，属于农民集体所有。

（1）集体土地所有权主体及其代表。集体土地所有权的主体及其代表有三个层次：

第一，农村集体所有的土地依法属于村农民所有的，由村集体经济组织或村民委员会作为所有者代表，依法经营、管理；

第二，农村集体所有的土地已经分别属于村内两个以上农村集体经济组织的农民集体所有的，由村内各该农村集体经济组织或者村民小组经营、管理；

第三，农村集体所有的土地已经属于乡、村农民集体所有的，由乡、村农村集体经济组织作为所有者代表，依法经营管理。

（2）集体土地所有权的确权。集体土地所有权登记，依照有关不动产登记的法律、行政法规执行。依法登记的集体土地所有权受法律保护，任何单位和个人不得侵犯。

（二）土地使用权

土地使用权是指一定的社会主体对土地利用的权利，是从土地所有权中分离出来的。相对独立的土地物权，包括对土地的占有、使用、收益和一定意义上处分的权利。

1. 土地使用权的确定。国有土地和农民集体所有的土地，可以依法确定给单位或者个人使用。使用土地的单位和个人，有保护、管理和合理利用土地的义务。虽然土地属于国家所有或者农民集体所有，但是使用权可以归属于单位和个人。相关单位和个人拥有的上述权利属于用益物权。

2. 国有土地使用权。

（1）审批。经批准的建设项目需要使用国有建设用地的，建设单位应当持法律、行政法规规定的有关文件，向有批准权的县级以上人民政府自然资源主管部门提出建设用地申请，经自然资源主管部门审查，报本级人民政府批准。

（2）取得方式。建设单位使用国有土地，原则上以出让等有偿使用方式取得，即国有土地使用权出让；国有土地租赁；国有土地使用权作价出资或者入股等；特殊情况下，可以无偿取得，即以划拨方式取得。

土地使用权的出让，是指国家将国有土地使用权在一定年限内出让给土地使用者，由土地使用者向国家支付土地使用权出让金的行为。国有土地使用权的建设单位，按照国务院规定的标准和办法，缴纳土地使用权出让金等土地有偿使用费和其他费用后，方可使用土地。国有土地使用权出让、国有土地租赁等应当依照国家有关规定通过公开的交易平台进行交易，并纳入统一的公共资源交易平台体系。除依法可以采取协议方式的以外，应当采取招标、拍卖、挂牌等竞争性方式确定土地使用者。

土地使用权划拨是指由县级以上人民政府依法批准，在土地使用者缴纳补偿、安置费后，将该幅土地交付其使用，或称将土地使用权无偿交付给土地使用者使用的行为。符合下列情形就可以以划拨方式取得：①国家机关用地和军事用地；②城市基础设施用地和公益事业用地；③国家重点扶持的能源、交通、水利等基础设施用地；④法律、行政法规规定的其他用地。

（3）收回。为实施城市规划进行旧城区改建以及其他公共利益需要，确需使用土地的；土地出让等有偿使用合同约定的使用期限届满，土地使用者未申请续期或者申请续期未获批准的；因单位撤销、迁移等原因，停止使用原划拨的国有土地的；公路、铁路、机场、矿场等经核准报废的。可以由有关人民政府自然资源主管部门报经原批准用地的人民政府或者有批准权的人民政府批准，依法收回国有土地使用权。收回国有土地使用权的，对土地使用权人应当给予适当补偿。

（4）改变土地用途的程序。建设单位使用国有土地的，应当按照土地使用权出让等有偿使用合同的约定或者土地使用权划拨批准文件的规定使用土地；确需改变该幅土地建设用途的，应当经有关人民政府自然资源主管部门同意，报原批准用地的人民政府批准。其中，在城市规划区内改变土地用途的，在报批前，应当先经有关城市规划行政主管部门同意。

3. 农村集体土地使用权。

（1）乡村建设用地使用权。乡镇企业、乡（镇）村公共设施、公益事业、农村村民住宅等乡（镇）村建设，应当按照村庄和集镇规划，合理布局，综合开发，配套建设；建设用地，应当符合乡（镇）土地利用总体规划和土地利用年度计划，并依照规定办理审批手续。

（2）农村兴办企业用地使用权。农村集体经济组织使用乡（镇）土地利用总体规划确定的建设用地兴办企业或者与其他单位、个人以土地使用权入股、联营等形式共同举办企业的，应当持有关批准文件，向县级以上地方人民政府自然资源主管部门提出申请，按照省、自治区、直辖市规定的批准权限，由县级以上地方人民政府批准；其中，涉及占用农用地的，依照农用地转用规定办理审批手续。兴办企业的建设用地，必须严格控制。省、自治区、直辖市可以按照乡镇企业的不同行业和经营规模，分别规定用地标准。

（3）乡村公共用地使用权。乡（镇）村公共设施、公益事业建设，需要使用土地的，经乡（镇）人民政府审核，向县级以上地方人民政府自然资源主管部门提出申请，按照省、自治区、直辖市规定的批准权限，由县级以上地方人民政府批准；其中，涉及占用农用地的，依照农用地转用规定办理审批手续。

（4）宅基地使用权。农村村民一户只能拥有一处宅基地，其宅基地的面积不得超过省、自治区、直辖市规定的标准。人均土地少、不能保障一户拥有一处宅基地的地区，县级人民政府在充分尊重农村村民意愿的基础上，可以采取措施，按照省、自治区、直辖市规定的标准保障农村村民实现户有所居。农村村民建住宅，应当符合乡（镇）土地利用总体规划、村庄规划，不得占用永久基本农田，并尽量使用原有的宅基地和村内空闲地。编制乡（镇）土地利用总体规划、村庄规划应当统筹并合理安排宅基地用地，改善农村村民居住环境和条件。

农村村民住宅用地，由乡（镇）人民政府审核批准；其中，涉及占用农用地的，依照农用地转用规定办理审批手续。农村村民出卖、出租、赠与住宅后，再申请宅基地的，不予批准。

国家允许进城落户的农村村民依法自愿有偿退出宅基地，鼓励农村集体经济组织及其成员盘活利用闲置宅基地和闲置住宅。国务院农业农村主管部门负责全国农村宅基地改革和管理有关工作。

农村村民申请宅基地的，应当以户为单位向农村集体经济组织提出申请；没有设立农村集体经济组织的，应当向所在的村民小组或者村民委员会提出申请。宅基地申请依法经农村村民集体讨论通过并在本集体范围内公示后，报乡（镇）人民政府审核批准。涉及占用农用地的，应当依法办理农用地转用审批手续。

国家允许进城落户的农村村民依法自愿有偿退出宅基地。乡（镇）人民政府和农村集体经济组织、村民委员会等应当将退出的宅基地优先用于保障该农村集体经济组织成员的宅基地需求。依法取得的宅基地和宅基地上的农村村民住宅及其附属设施受法律保护。禁止违背农村村民意愿强制流转宅基地，禁止违法收回农村村民依法取得的宅基地，禁止以退出宅基地作为农村村民进城落户的条件，禁止强迫农村村民搬迁退出宅基地。

（5）土地承包经营权。农民集体所有和国家所有依法由农民集体使用的耕地、林地、草地，以及其他依法用于农业的土地，采取农村集体经济组织内部的家庭承包方式承包，不宜采取家庭承包方式的荒山、荒沟、荒丘、荒滩等，可以采取招标、拍卖、公开协商等方式承包，从事种植业、林业、畜牧业、渔业生产。家庭承包的耕地的承包期为30年，草地的承包期为30年至50年，林地的承包期为30年至70年；耕地承包期届满后再延长30年，草地、林地承包期届满后依法相应延长。国家所有依法用于农业的土地可以由单位或者个人承包经营，从事种植业、林业、畜牧业、渔业生产。发包方和承包方应当依法订立承包合同，约定双方的权利和义务。承包经营土地的单位和个人，有保护和按照承包合同约定的用途合理利用土地的义务。

土地承包经营权自土地承包经营权合同生效时设立。登记机构应当向土地承包经营权人发放土地承包经营权证、林权证等证书，并登记造册，确认土地承包经营权。土地承包经营权人依照法律规定，有权将土地承包经营权互换、转让。未经依法批准，不得将承包地用于非农建设。土地承包经营权互换、转让的，当事人可以向登记机构申请登记；未经登记，不得对抗善意第三人。土地承包经营权人可以自主决定依法采取出租、入股或者其他方式向他人流转土地经营权。土地经营权人有权在合同约定的期限内占有农村土地，自主开展农业生产经营并取得收益。

（6）集体土地的收回。为乡（镇）村公共设施和公益事业建设，需要使用土地的；不按照批准的用途使用土地的；因撤销、迁移等原因而停止使用土地的，农村集体经济组织报经原批准用地的人民政府批准，可以收回土地使用权。

为乡（镇）村公共设施和公益事业建设，需要使用土地而收回农民集体所有的土地的，对土地使用权人应当给予适当补偿。收回集体经营性建设用地使用权，依照双方签订的书面合同办理，法律、行政法规另有规定的除外。

（三）土地权属争议解决

土地所有权和使用权争议，由当事人协商解决；协商不成的，由人民政府处理。单位之间的争议，由县级以上人民政府处理；个人之间、个人与单位之间的争议，由乡级人民政府或者县级以上人民政府处理。当事人对有关人民政府的处理决定不服的，可以自接到处理决定通知之日起 30 日内，向人民法院起诉。在土地所有权和使用权争议解决前，任何一方不得改变土地利用现状。

三、建设用地

[案情简介]

2016 年 9 月 21 日，上海某工贸有限公司与赵厅村原党支部书记郑某就转让赵厅村约 27.75 亩土地建造厂房等事宜达成转让协议，约定转让费为 111 万元。2016 年 10 月，公司开始在受让地块的河南边动工建造围墙和厂房，占地面面积 9.95 亩；2019 年 12 月开始在河北面建造厂房、办公楼和综合楼。上海市房屋资源管理局执法人员在动态巡查时及时发现上述违法行为，并在 2020 年 1 月和 3 月两次责令赵厅村通知违法用地单位停止施工，但该公司短暂停工后又继续施工，4 月该公司占用农用地 17.82 亩基本农田，且已遭严重毁坏。

[法律问题]

该工贸公司的建设行为违反了《土地管理法》哪些具体规定？

[分析提示]

注意农用地转为建设用地的程序，本案例中建设的时间和位置要仔细分析。

建设用地是指用于建造建筑物或构造物的土地。以出让等有偿使用方式取得国有土地使用权的建设单位，按照国务院规定的标准和办法，缴纳土地使用权出让金等土地有偿使用费和其他费用后，方可使用土地。城市建设用地规模应当符合国家规定的标准，充分利用现有建设用地，不占或者尽量少占农用地。建设用地分为国家建设用地和乡（镇）村建设用地。

（一）农用地转为建设用地

建设项目需要使用土地的，应当符合国土空间规划、土地利用年度计划和用途管制以及节约资源、保护生态环境的要求，并严格执行建设用地标准，优先使用存量建设用地，提高建设用地使用效率。从事土地开发利用活动，应当采取有效措施，防止、减少土壤污染，并确保建设用地符合土壤环境质量要求。

1. 农地转用审批。建设占用土地，涉及农用地转为建设用地的，应当办理农用地转用审批手续。

永久基本农田转为建设用地的，由国务院批准。在土地利用总体规划确定的城市和村庄、集镇建设用地规模范围内，为实施该规划而将永久基本农田以外的农用地转为建设用地的，按土地利用年度计划分批次按照国务院规定由原批准土地利用总体规划的机关或者其授权的机关批准。在已批准的农用地转用范围内，具体建设项目用地可以由市、县人民政府批准。

在土地利用总体规划确定的城市和村庄、集镇建设用地规模范围外，将永久基本农田以外的农用地转为建设用地的，由国务院或者国务院授权的省、自治区、直辖市人民政府批准。

2. 农民集体土地征收。需要征收土地，县级以上地方人民政府认为符合《土地管理法》规定的，应当发布征收土地公告，并开展拟征收土地现状调查和社会稳定风险评估。

县级以上地方人民政府应当依据社会稳定风险评估结果，结合土地现状调查情况，组织自然资源、财政、农业农村、人力资源和社会保障等有关部门拟定征地补偿安置方案。征地补偿安置方案应当包括征收范围、土地现状、征收目的、补偿方式和标准、安置对象、安置方式、社会保障等内容。

（1）征收原因。为了公共利益的需要，确需征收农民集体所有的土地的，可以依法实施征收：军事和外交需要用地的；由政府组织实施的能源、交通、水利、通信、邮政等基础设施建设需要用地的；由政府组织实施的科技、教育、文化、卫生、体育、生态环境和资源保护、防灾减灾、文物保护、社区综合服务、社会福利、市政公用、优抚安置、英烈保护等公共事业需要用地的；由政府组织实施的扶贫搬迁、保障性安居工程建设需要用地的；在土地利用总体规划确定的城镇建设用地范围内，经省级以上人民政府批准由县级以上地方人民政府组织实施的成片开发建设需要用地的；法律规定为公共利益需要可以征收农民集体所有的土地的其他情形。

（2）征收批准主体。征收永久基本农田、永久基本农田以外的耕地超过35公顷的以及其他土地超过70公顷的，由国务院批准。征收其他土地的，由省、自治区、直辖市人民政府批准。征收农用地的，应当依法先行办理农用地转用审批。其中，经国务院批准农用地转用的，同时办理征地审批手续，不再另行办理征地审批；经省、自治区、直辖市人民政府在征地批准权限内批准农用地转用的，同时办理征地审批手续，不再另行办理征地审批，超过征地批准权限的，应当另行办理征地审批。

（3）征收土地实施。国家征收土地的，依照法定程序批准后，由县级以上地方人民政府予以公告并组织实施。县级以上地方人民政府拟申请征收土地的，应当开展拟征收土地现状调查和社会稳定风险评估，并将征收范围、土地现状、征收目的、补偿标准、安置方式和社会保障等在拟征收土地所在的乡（镇）和村、村民小组范围内公告至少30日，听取被征地的农村集体经济组织及其成员、村民委员会和其他利害关系人的意见。多数被征地的农村集体经济组织成员认为征地补偿安置方案不符合法律、法规规定的，县级以上地方人民政府应当组织召开听证会，并根据法律、法规的规定和听证会情况修改方案。拟征收土地的所有权人、使用权人应当在公告规定期限内，持不动产权属证明材料办理补偿登记。县级以上地方人民政府应当组织有关部门测算并落实有关费用，保证足额到位，与拟征收土地的所有权人、使用权人就补偿、安置等签订协议；个别确实难以达成协议的，应当在申请征收土地时如实说明。相关前期工作完成后，县级以上地方人民政府方可申请征收土地。

（4）征收土地补偿。征收土地应当给予公平、合理的补偿，保障被征地农民原有生活水平不降低、长远生计有保障。征地补偿安置方案拟定后，县级以上地方人民政府应当在拟征收土地所在的乡（镇）和村、村民小组范围内公告，公告时间不少于30日。

征收土地应当依法及时足额支付土地补偿费、安置补助费以及农村村民住宅、其他地上附着物和青苗等的补偿费用，并安排被征地农民的社会保障费用。征收农用地的土地补偿费、安置补助费标准由省、自治区、直辖市通过制定公布区片综合地价确定。制定区片综合地价应当综合考虑土地原用途、土地资源条件、土地产值、土地区位、土地供求关系、人口以及经济社会发展水平等因素，并至少每3年调整或者重新公布一次。

征收农用地以外的其他土地、地上附着物和青苗等的补偿标准，由省、自治区、直辖市制定。对其中的农村村民住宅，应当按照先补偿后搬迁、居住条件有改善的原则，尊重农村村民意愿，采取重新安排宅基地建房、提供安置房或者货币补偿等方式给予公平、合理的补偿，并对因征收造成的搬迁、临时安置等费用予以补偿，保障农村村民居住的权利和合法的住房财产权益。县级以上地方人民政府应当将被征地农民纳入相应的养老等社会保障体系。被征地农民的社会保障费用主要用于符合条件的被征地农民的养老保险等社会保险缴费补贴。被征地农民社会保障费用的筹集、管理和使用办法，由省、自治区、直辖市制定。

（二）临时建设用地

临时建设用地是指建设项目施工和地质勘查需要临时使用国有土地或者农民集体所有的土地的，由县级以上人民政府自然资源主管部门批准。其中，在城市规划区内的临时用地，在报批前，应当先经有关城市规划行政主管部门同意。土地使用者应当根据土地权属，与有关自然资源主管部门或者农村集体经济组织、村民委员会签订临时使用土地合同，并按照合同的约定支付临时使用土地补偿费。

临时使用土地的使用者应当按照临时使用土地合同约定的用途使用土地，并不得修建永久性建筑物。临时使用土地期限一般不超过 2 年；建设周期较长的能源、交通、水利等基础设施建设使用的临时用地，期限不超过 4 年；法律、行政法规另有规定的除外。土地使用者应当自临时用地期满之日起 1 年内完成土地复垦，使其达到可供利用状态，其中占用耕地的应当恢复种植条件。

抢险救灾、疫情防控等急需使用土地的，可以先行使用土地。其中，属于临时用地的，用后应当恢复原状并交还原土地使用者使用，不再办理用地审批手续；属于永久性建设用地的，建设单位应当在不晚于应急处置工作结束 6 个月内申请补办建设用地审批手续。

四、耕地保护

（一）国家实行占用耕地补偿制度

国家保护耕地，严格控制耕地转为非耕地。非农业建设经批准占用耕地的，按照"占多少，垦多少"的原则，由占用耕地的单位负责开垦与所占用耕地的数量和质量相当的耕地；没有条件开垦或者开垦的耕地不符合要求的，应当按照省、自治区、直辖市的规定缴纳耕地开垦费，专款用于开垦新的耕地。省、自治区、直辖市人民政府应当制定开垦耕地计划，监督占用耕地的单位按照计划开垦耕地或者按照计划组织开垦耕地，并进行验收。

省、自治区、直辖市人民政府应当严格执行土地利用总体规划和土地利用年度计划，采取措施，确保本行政区域内耕地总量不减少、质量不降低。耕地总量减少的，由国务院责令在规定期限内组织开垦与所减少耕地的数量与质量相当的耕地；耕地质量降低的，由国务院责令在规定期限内组织整治。新开垦和整治的耕地由国务院自然资源主管部门会同农业农村主管部门验收。

个别省、直辖市确因土地后备资源匮乏，新增建设用地后，新开垦耕地的数量不足以补偿所占用耕地的数量的，必须报经国务院批准减免本行政区域内开垦耕地的数量，易地开垦数量和质量相当的耕地。

（二）国家实行永久基本农田保护制度

根据《基本农田保护条例》第 2 条规定，国家实行基本农田保护制度。该条例所称基本农田，是指按照一定时期人口和社会经济发展对农产品的需求，依据土地利用总体规划确定的不得占用的耕地。该条例所称基本农田保护区，是指为对基本农田实行特殊保护而依据土地利用总体规划和依照法定程序确定的特定保护区域。

1. 永久基本农田划定主体。永久基本农田划定以乡（镇）为单位进行，由县级人民政府自然资源主管部门会同同级农业农村主管部门组织实施。永久基本农田应当落实到地块，纳入国家永久基本农田数据库严格管理。乡（镇）人民政府应当将永久基本农田的位置、范围向社会公告，并设立保护标志。

2. 永久基本农田范围。下列耕地应当根据土地利用总体规划划为永久基本农田，实行严格保护：①经国务院农业农村主管部门或者县级以上地方人民政府批准确定的粮、棉、油、糖等重要农产品生产基地内的耕地；②有良好的水利与水土保持设施的耕地，正在实施改造计划以及可以改造的中、低产田和已建成的高标准农田；③蔬菜生产基地；④农业科研、教学试验田；⑤国务院规定应当划为永久基本农田的其他耕地。

各省、自治区、直辖市划定的永久基本农田一般应当占本行政区域内耕地的 80% 以上，具体比例由国务院根据各省、自治区、直辖市耕地实际情况规定。

3. 永久基本农田划定后的特殊保护。永久基本农田经依法划定后，任何单位和个人不得擅自占用或者改变其用途。国家能源、交通、水利、军事设施等重点建设项目选址确实难以避让永久基本农田，涉及农用地转用或者土地征收的，必须经国务院批准。禁止通过擅自调整县级土地利用总体规划、乡（镇）土地利用总体规划等方式规避永久基本农田农用地转用或者土地征收的审批。

（三）禁止土地资源浪费

由于土地资源的有限性，所以非农业建设必须节约使用土地，可以利用荒地的，不得占用耕地；可以利用劣地的，不得占用好地。法律禁止占用耕地建窑、建坟或者擅自在耕地上建房、挖砂、采石、采矿、取土等；禁止占用基本农田发展林果业和挖塘养鱼；禁止任何单位和个人闲置、荒芜耕地；禁止毁坏森林、草原开垦耕地，禁止围湖造田和侵占江河滩地。

禁止任何单位和个人闲置、荒芜耕地。

已经办理审批手续的非农业建设占用耕地，1年内不用而又可以耕种并收获的，应当由原耕种该幅耕地的集体或者个人恢复耕种，也可以由用地单位组织耕种；1年以上未动工建设的，应当按照省、自治区、直辖市的规定缴纳闲置费；连续2年未使用的，经原批准机关批准，由县级以上人民政府无偿收回用地单位的土地使用权；该幅土地原为农民集体所有的，应当交由原农村集体经济组织恢复耕种。

在城市规划区范围内，以出让方式取得土地使用权进行房地产开发的闲置土地，依照《城市房地产管理法》的有关规定办理。

（四）鼓励和保护措施

国家鼓励单位和个人按照土地利用总体规划，在保护和改善生态环境、防止水土流失和土地荒漠化的前提下，开发未利用的土地；适宜开发为农用地的，应当优先开发成农用地。开垦未利用的土地，必须经过科学论证和评估，在土地利用总体规划划定的可开垦的区域内，经依法批准后进行。根据土地利用总体规划，对破坏生态环境开垦、围垦的土地，有计划有步骤地退耕还林、还牧、还湖。

国家依法保护开发者的合法权益。若单位或个人开发未确定使用权的国有荒山、荒地、荒滩从事种植业、林业、畜牧业、渔业生产的，可以经县级以上人民政府依法批准后，确定给开发单位或者个人长期使用。

国家鼓励土地整理。县、乡（镇）人民政府应当组织农村集体经济组织，按照土地利用总体规划，对田、水、路、林、村综合整治，提高耕地质量，增加有效耕地面积，改善农业生产条件和生态环境。

地方各级人民政府应当采取措施，改造中、低产田，整治闲散地和废弃地。

五、法律责任

1. 违反法律规定，占用耕地建窑、建坟或者擅自在耕地上建房、挖砂、采石、采矿、取土等，破坏种植条件的，或者因开发土地造成土地荒漠化、盐渍化的，由县级以上人民政府自然资源主管部门、农业农村主管部门等按照职责责令限期改正或者治理，可以并处罚款；构成犯罪的，依法追究刑事责任。

2. 违反法律规定，拒不履行土地复垦义务的，由县级以上人民政府自然资源主管部门责令限期改正；逾期不改正的，责令缴纳复垦费，专项用于土地复垦，可以处以罚款。

3. 未经批准或者采取欺骗手段骗取批准，非法占用土地的，由县级以上人民政府自然资源主管部门责令退还非法占用的土地，对违反土地利用总体规划擅自将农用地改为建设用地的，限期拆除在非法占用的土地上新建的建筑物和其他设施，恢复土地原状，对符合土地利用总体规划的，没收在非法占用的土地上新建的建筑物和其他设施，可以并处罚款；对非法占用土地的单位的直接负责的主管人员和其他直接责任人员，依法给予行政处分；构成犯罪的，依法追究刑事责任。

超过批准的数量占用土地，多占的土地以非法占用土地论处。

4. 农村村民未经批准或者采取欺骗手段骗取批准，非法占用土地建住宅的，由县级以上人民政府农业农村主管部门责令退还非法占用的土地，限期拆除在非法占用的土地上新建的房屋。

超过省、自治区、直辖市规定的标准，多占的土地以非法占用土地论处。

5. 无权批准征收、使用土地的单位或者个人非法批准占用土地的，超越批准权限非法批准占用土地的，不按照土地利用总体规划确定的用途批准用地的，或者违反法律规定的程序批准占用、征收土地的，其批准文件无效，对非法批准征收、使用土地的直接负责的主管人员和其他直接责任人员，依法给予处分；构成犯罪的，依法追究刑事责任。非法批准、使用的土地应当收回，有关当事人拒不归还的，以非法占用土地论处。

非法批准征收、使用土地，对当事人造成损失的，依法应当承担赔偿责任。

6. 侵占、挪用被征收土地单位的征地补偿费用和其他有关费用，构成犯罪的，依法追究刑事责任；尚不构成犯罪的，依法给予处分。

7. 依法收回国有土地使用权当事人拒不交出土地的，临时使用土地期满拒不归还的，或者不按照批准的用途使用国有土地的，由县级以上人民政府自然资源主管部门责令交还土地，处以罚款。

8. 擅自将农民集体所有的土地通过出让、转让使用权或者出租等方式用于非农业建设，或者违反本法规定，将集体经营性建设用地通过出让、出租等方式交由单位或者个人使用的，由县级以上人民政府自然资源主管部门责令限期改正，没收违法所得，并处罚款。

9. 依照本法规定，责令限期拆除在非法占用的土地上新建的建筑物和其他设施的，建设单位或者个人必须立即停止施工，自行拆除；对继续施工的，作出处罚决定的机关有权制止。建设单位或者个人对责令限期拆除的行政处罚决定不服的，可以在接到责令限期拆除决定之日起 15 日内，向人民法院起诉；期满不起诉又不自行拆除的，由作出处罚决定的机关依法申请人民法院强制执行，费用由违法者承担。

10. 自然资源主管部门、农业农村主管部门的工作人员玩忽职守、滥用职权、徇私舞弊，构成犯罪的，依法追究刑事责任；尚不构成犯罪的，依法给予处分。

项目二　城市房地产管理法律制度

引　例

某工厂为扩大生产规模，投资 80 万元建一分厂，向某县级人民政府申请用地 2 亩（以出让方式取得土地使有权），经县人民政府批准使用城市规划区内属于 A 村集体所有的土地（非耕地）2 亩。为保证按时使用土地，工厂与 A 村签订了土地使用权合同。合同规定 A 村向工厂出让土地 2 亩，土地所有权出让金 30 万元，土地用途为工业用地，土地使用权出让年限为 70 年。有关合同的其他内容均参照国家出让土地使用权的标准合同写明。

[法律问题]

1. 该土地使用权出让合同是否有效？为什么？

2. 县级人民政府批准的该工厂用地 70 年是否合法？为什么？

3. 按照有关法律规定，该工厂应该怎样取得土地使用权？

基本理论

一、房地产管理法律制度概述

房地产是房产和地产的统称。房产即土地上的房屋，包括地上建筑物和构筑物及有关附属设施。地产即土地，这里的土地是指用于建筑房屋的土地。

为了加强对城市房地产的管理，维护房地产市场秩序，保障房地产权利人的合法权益，促进房地产业的健康发展，我国于 1994 年 7 月 5 日颁布了《城市房地产管理法》，于 1995 年 1 月 1 日起施行。2007 年 8 月 30 日第十届全国人民代表大会常务委员会第二十九次会议第一次修正，2009 年 8 月 27 日第十一届全国人民代表大会常务委员会第十次会议第二次修正，2019 年 8 月 26 日第十三届全国人民代表大会常务委员会第十二次会议第三次修正。

城市房地产管理法是指调整在中华人民共和国城市规划区国有土地范围内取得房地产开发用地的土地使用权，从事房地产开发、交易、管理的法律规范的总称。

国务院建设行政主管部门、土地管理部门依照国务院规定的职权划分，各司其职，密切配合，管理全国房地产工作。县级以上地方人民政府房产管理部门、土地管理部门的机构设置及其职权由省、自治区、直辖市人民政府确定。

二、房地产开发用地取得

房地产开发用地的取得是房地产开发的源头，我国法律规定城镇的土地所有权归国家所有，禁止流转。开发房地产能够取得的只是土地使用权，且是国有土地的使用权。我国现行的房地产开发用地采取国有土地使用权的取得方式，主要包括行政划拨和有偿出让。出让的方式取得土地使用权是最基本方式。

（一）土地使用权出让

1. 土地使用权出让的概念。土地使用权出让，是指国家将国有土地使用权（以下简称土地使用权）在一定年限内出让给土地使用者，由土地使用者向国家支付土地使用权出让金的行为。城市规划区内的集体所有的土地，经依法征收转为国有土地后，该幅国有土地的使用权方可有偿出让。土地使用权出让，必须符合土地利用总体规划、城市规划和年度建设用地计划。

2. 土地使用权出让合同。土地使用权出让，应当签订书面出让合同。土地使用权出让合同由市、县人民政府土地管理部门与土地使用者签订。土地使用者必须按照出让合同约定，支付土地使用权出让金；未按照出让合同约定支付土地使用权出让金的，土地管理部门有权解除合同，并可以请求违约赔偿。

土地使用者按照出让合同约定支付土地使用权出让金的，市、县人民政府土地管理部门必须按照出让合同约定，提供出让的土地；未按照出让合同约定提供出让的土地的，土地使用者有权解除合同，由土地管理部门返还土地使用权出让金，土地使用者并可以请求违约赔偿。

3. 土地使用权出让的方式。

（1）拍卖出让。拍卖出让是指在指定的时间、地点，组织符合条件的土地使用权竞投者到场，在主持人主持下，公平竞投某一块土地使用权的方式。采用这种方式，可以公平竞争，最大限度的使得出让方获得较高的出让金。

（2）招标出让。招标出让，是指在指定的期限内，由符合条件的主体以书面投标方式竞标，然后择优确定土地使用权出让人的一种方式。这种方式透明度高，程序公正。

（3）双方协议出让。双方协议出让，是指土地管理部门与申请受让人直接就土地使用权出让有关事宜进行协商，达成协议的一种出让方式。商业、旅游、娱乐和豪华住宅用地，有条件的，必须采取拍卖、招标方式；没有条件，不能采取拍卖、招标方式的，可以采取双方协议的方式。采取双方协议方式出让土地使用权的出让金不得低于按国家规定所确定的最低价。

4. 土地用途改变的程序。土地使用者需要改变土地使用权出让合同约定的土地用途的，必须取得出让方和市、县人民政府城市规划行政主管部门的同意，签订土地使用权出让合同变更协议或者重新签订土地使用权出让合同，相应调整土地使用权出让金。

5. 限制土地使用权的最高年限。土地使用权出让，并不是土地所有权出让，必须有限期设定。土地使用权出让最高年限由国务院规定。

6. 土地使用权的终止。土地使用权终止是指因出现法律规定的情形，导致受让人丧失了土地使用权。具体有以下几个方面的原因：

（1）使用权期限届满。土地使用权出让合同约定的使用年限届满，土地使用者未申请续期或者虽申请续期但未获得批准的，土地使用权由国家无偿收回。

（2）根据社会公共利益的需要提前收回。国家对土地使用者依法取得的土地使用权，在出让合同约定的使用年限届满前不收回；在特殊情况下，根据社会公共利益的需要，可以依照法律程序提前收回，并根据土地使用者使用土地的实际年限和开发土地的实际情况给予相应的补偿。

（3）因逾期开发而被无偿收回。以出让方式取得土地使用权进行房地产开发的，必须按照土地使用权出让合同约定的土地用途、动工开发期限开发土地。超过出让合同约定的动工开发日期满 1 年未动工开发的，可以征收相当于土地使用权出让金 20% 以下的土地闲置费；满 2 年未动工开发的，可以无偿收回土地使用权。但是，因不可抗力或者政府、政府有关部门的行为或者动工开发必需的前期工作造成动工开发迟延的除外。

（4）土地灭失。土地灭失是指由于不可抗拒的自然力量造成原土地性质的彻底改变或原土地面貌的彻底改变。土地使用权因土地灭失而终止。

7. 土地使用权期满后的续期。土地使用权出让合同约定的使用年限届满，土地使用者需要继续使用土地的，应当至迟于届满前一年申请续期，除根据社会公共利益需要收回该幅土地的，应当予以批准。经批准准予续期的，应当重新签订土地使用权出让合同，依照规定支付土地使用权出让金。

（二）土地使用权划拨

1. 土地使用权划拨的概念。土地使用权划拨，是指县级以上人民政府依法批准，在土地使用者缴纳补偿、安置等费用后将该幅土地交付其使用，或者将土地使用权无偿交付给土地使用者使用的行为。

2. 划拨的范围。下列建设用地的土地使用权，确属必需的，可以由县级以上人民政府依法批准划拨：①国家机关用地和军事用地；②城市基础设施用地和公益事业用地；③国家重点扶持的能源、交通、水利等项目用地；④法律、行政法规规定的其他用地。

三、房地产开发

（一）房地产开发的概念和管理原则

1. 概念。《城市房地产管理法》第 2 条第 3 款规定，该法所称房地产开发，是指在依据该法取得国有土地使用权的土地上进行基础设施、房屋建设的行为。根据这个法律规定，可以从两个方面理解这个定义：第一，实施房地产开发行为的前提条件是依法取得国有土地使用权，城市房地产开发用地必须是国有土地；第二，房地产开发包括基础设施建设和房屋建设两种。

2. 房地产开发管理应当贯彻的原则。

（1）严格执行城市规划的原则。房地产开发必须符合执行城市规划，服从规划管理。在房地产管理中，贯彻这一原则的手段是实行房地产开发的建设许可制度。从某种意义上讲，房地产开发就是城市规划的实施，所以必须严格贯彻这一原则。

（2）坚持经济效益、社会效益、环境效益相统一的原则。房地产业的发展对整个社会经济的影响很大，尤其是对城市建设、城市生态环境及城市文化事业的发展、居民居住条件的改善都至关重要，故而应坚持按照经济效益、社会效益、环境效益相统一的原则开发房地产，保持三种效益的协调统一发展。

（3）实行全面规划、合理布局、综合开发、配套建设的原则。实行全面规划、合理布局、综合开发、配套建设的原则，目的在于保证房地产开发的合理、适用和效益。

为了保证土地利用效益，房地产开发必须按照土地使用权出让合同约定的土地用途、动工开发期限开发土地。超过出让合同约定的动工开发日期满1年未动工开发的，可以征收相当于土地使用权出让金20%以下的土地闲置费；满2年未动工开发的，可以无偿收回土地使用权；但是，因不可抗力或者政府、政府有关部门的行为或者动工开发必需的前期工作造成动工开发迟延的除外。

房地产开发项目的设计、施工，必须符合国家的有关标准和规范。房地产开发项目竣工，经验收合格后，方可交付使用。

（二）房地产开发企业管理

1. 房地产开发企业概念和分类。房地产开发企业是以营利为目的，从事房地产开发和经营的企业，可分为房地产开发专营企业、兼营企业和项目公司。

2. 设立房地产开发企业的条件。设立房地产开发企业，应当具备下列条件：①有自己的名称和组织机构；②有固定的经营场所；③有符合国务院规定的注册资本；④有足够的专业技术人员；⑤法律、行政法规规定的其他条件。

3. 设立房地产开发企业的程序。设立房地产开发企业，应当向工商行政管理部门申请设立登记。工商行政管理部门对符合法律规定条件的，应当予以登记，发给营业执照；对不符合法律规定条件的，不予登记。

设立有限责任公司、股份有限公司，从事房地产开发经营的，还应当执行《公司法》的有关规定。

房地产开发企业在领取营业执照后的1个月内，应当到登记机关所在地的县级以上地方人民政府规定的部门备案。

4. 房地产开发企业的分期投资额规制。房地产开发企业分期开发房地产的，分期投资额应当与项目规模相适应，并按照土地使用权出让合同的约定，按期投入资金，用于项目建设。

四、房地产交易

（一）房地产交易的概念

房地产交易是指当事人之间进行的房地产转让、房地产抵押、房屋租赁的行为的总称。房地产交易可分为地产交易和房产交易。地产交易是指城镇国有土地使用权的出让、转让、抵押等形式。我国国有土地所有权不得转让或非法买卖，但其使用权可以依法转让。土地使用者可以通过出让、转让、出租、抵押等方式取得对土地的使用权。房产交易是包括了房产的所有权和使用权的买卖、租赁、抵押、交换等交易方式。

1. 房地产权属不可分离原则。房地产转让、抵押时，房屋的所有权和该房屋占用范围内的土地使用权同时转让、抵押。土地使用权出租时，其他地上建筑物、附着物随同出租。

2. 房地产权属登记管理。房地产权属登记指房地产管理部门依职权或应当事人请求，对土地所有权、土地使用权、房屋所有权和房地产他项权利等进行勘测、记录、核实、确认，并向权利人发放权证的一系列活动。其具有权利确认、权利公示和管理的功能。

（1）房地产权属登记。国家实行土地使用权和房屋所有权登记发证制度。以出让或者划拨方式取得土地使用权，应当向县级以上地方人民政府土地管理部门申请登记，经县级以上地方人民政府土地管理部门核实，由同级人民政府颁发土地使用权证书。在依法取得的房地产开发用地上建成房屋的，应当凭土地使用权证书向县级以上地方人民政府房产管理部门申请登记，由县级以上地方人民政府房产管理部门核实并颁发房屋所有权证书。

（2）房地产变更登记。房地产转让或者变更时，应当向县级以上地方人民政府房产管理部门申请房产变更登记，并凭变更后的房屋所有权证书向同级人民政府土地管理部门申请土地使用权变更登记，经同级人民政府土地管理部门核实，由同级人民政府更换或者更改土地使用权证书。

（3）房地产抵押登记。房地产抵押时，应当向县级以上地方人民政府规定的部门办理抵押登记。因处分抵押房地产而取得土地使用权和房屋所有权的，应当办理过户登记。

3. 房地产交易价格管理。基准地价、标定地价和各类房屋的重置价格应当定期确定并公布。

（1）基准地价是指按照不同的土地级别、区域分别评估和测算的商业、工业和住宅等各类用地的平均价格；

（2）标定地价是指对需要进行土地使用权出让、转让、抵押的地块评定的具体价格，它是以基准地价为依据，根据市场行情、地块的具体情况、使用年限等条件评定的某一地块在某一时间的价格；

（3）房屋重置价格是指按照当前的建筑技术、工艺水平、建筑材料价格、人工和运输费用等条件，重新建造同类结构、式样、质量标准的房屋所需的费用。

4. 国家实行房地产价格评估制度。房地产评估是指房地产专业人员，根据估价目的，遵循估价原则，按照估价程序，采用科学的估价方法，并结合估价经验与对影响房地产价格因素的分析，对房地产最可能实现的合理价格所做的推测与判断。房地产价格评估，应当遵循公正、公平、公开的原则，按照国家规定的技术标准和评估程序，以基准地价、标定地价和各类房屋的重置价格为基础，参照当地的市场价格进行评估。

5. 国家实行房地产成交价格申报制度。房地产权利人转让房地产，应当向县级以上地方人民政府规定的部门如实申报成交价，不得瞒报或者作不实的申报。

（二）房地产转让

1. 房地产转让的概念。房地产转让，是指房地产权利人通过买卖、赠与或者其他合法方式将其房地产转移给他人的行为。国有土地使用权的有偿出让，仅仅是土地使用权买卖的一级市场。土地使用权只有从受让人手里再流向真正需要者手里，才能实现其价值。

2. 房地产转让的条件。以出让方式取得土地使用权的，转让房地产时，应当符合下列条件：①按照出让合同约定已经支付全部土地使用权出让金，并取得土地使用权证书；②按照出让合同约定进行投资开发，属于房屋建设工程的，完成开发投资总额的25%以上，属于成片开发土地的，形成工业用地或者其他建设用地条件。转让房地产时房屋已经建成的，还应当持有房屋所有权证书。

以划拨方式取得土地使用权的，转让房地产时，应当按照国务院规定，报有批准权的人民政府审批。有批准权的人民政府准予转让的，应当由受让方办理土地使用权出让手续，并依照国家有关规定缴纳土地使用权出让金。以划拨方式取得土地使用权的，转让房地产报批时，有批准权的人民政府按照国务院规定可以不办理土地使用权出让手续的，转让方应当按照国务院规定将转让房地产所获收益中的土地收益上缴国家或者作其他处理。

3. 房地产转让的禁止事由。下列房地产，不得转让：①以出让方式取得土地使用权的，不符合前述转让条件的；②司法机关和行政机关依法裁定、决定查封或者以其他形式限制房地产权利的；③依法收回土地使用权的；④共有房地产，未经其他共有人书面同意的；⑤权属有争议的；⑥未依法登记领取权属证书的；⑦法律、行政法规规定禁止转让的其他情形。

4. 房地产转让合同及受让方的土地使用权年限。房地产转让，应当签订书面转让合同，合同中应当载明土地使用权取得的方式。房地产转让时，土地使用权出让合同载明的权利、义务随之转移。

以出让方式取得土地使用权的，转让房地产后，其土地使用权的使用年限为原土地使用权出让合同约定的使用年限减去原土地使用者已经使用年限后的剩余年限。

5. 对房地产转让合同受让人改变土地用途的处理。以出让方式取得土地使用权的，转让房地产后，受让人改变原土地使用权出让合同约定的土地用途的，必须取得原出让方和市、县人民政府城市规划行政主管部门的同意，签订土地使用权出让合同变更协议或者重新签订土地使用权出让合同，相应调整土地使用权出让金。

6. 商品房预售。商品房预售即开发商将正在建设中的房屋预先出售给承购人，由承购人支付定金或房款的行为。商品房预售，应当符合下列条件：①交付全部土地使用权出让金，取得土地使用权证书；②持有建设工程规划许可证；③按提供预售的商品房计算，投入开发建设的资金达到工程建设总投资的25%以上，并已经确定施工进度和竣工交付日期；④向县级以上人民政府房产管理部门办理预售登记，取得商品房预售许可证明。

商品房预售人应当按照国家有关规定将预售合同报县级以上人民政府房产管理部门和土地管理部门登记备案。商品房预售所得款项，必须用于有关的工程建设。商品房预购人将购买的未竣工的预售商品房再行转让的问题，应由国务院规定。

(三) 房地产抵押

房地产抵押，是指抵押人以其合法的房地产以不转移占有的方式向抵押权人提供债务履行担保的行为。债务人不履行债务时，抵押权人有权依法以抵押的房地产拍卖所得的价款优先受偿。

1. 可抵押的客体。依法取得的房屋所有权连同该房屋占用范围内的土地使用权，可以设定抵押权。以出让方式取得的土地使用权，可以设定抵押权。

2. 房地产抵押程序。房地产抵押，应当凭土地使用权证书、房屋所有权证书办理。房地产抵押时，抵押人和抵押权人应当签订书面抵押合同。

设定房地产抵押权的土地使用权是以划拨方式取得的，依法拍卖该房地产后，应当从拍卖所得的价款中缴纳相当于应缴纳的土地使用权出让金的款额后，抵押权人方可优先受偿。

3. 新增房屋处置。房地产抵押合同签订后，土地上新增的房屋不属于抵押财产。需要拍卖该抵押的房地产时，可以依法将土地上新增的房屋与抵押财产一同拍卖，但对拍卖新增房屋所得，抵押权人无权优先受偿。

（四）房屋租赁

房屋租赁，是指房屋所有权人作为出租人将其房屋出租给承租人使用，由承租人向出租人支付租金的行为。

1. 房屋租赁程序。房屋租赁时，出租人和承租人应当签订书面租赁合同，约定租赁期限、租赁用途、租赁价格、修缮责任等条款，以及双方的其他权利和义务，并向房产管理部门登记备案。住宅用房的租赁，应当执行国家和房屋所在城市人民政府规定的租赁政策。租用房屋从事生产、经营活动的，由租赁双方协商议定租金和其他租赁条款。

2. 房屋租赁中涉及国家利益的处置。以营利为目的，房屋所有权人将以划拨方式取得使用权的国有土地上建成的房屋出租的，应当将租金中所含土地收益上缴国家。

（五）中介服务机构

房地产中介服务机构包括房地产咨询机构、房地产价格评估机构、房地产经纪机构等。

1. 房地产中介服务机构的条件。房地产中介服务机构应当具备下列条件：①有自己的名称和组织机构；②有固定的服务场所；③有必要的财产和经费；④有足够数量的专业人员；⑤法律、行政法规规定的其他条件。

2. 房地产中介服务机构的程序。设立房地产中介服务机构，应当向工商行政管理部门申请设立登记，领取营业执照后，方可开业。国家实行房地产价格评估人员资格认证制度。

五、违反城市房地产管理法的法律责任

1. 擅自批准出让或者擅自出让土地使用权用于房地产开发的，由上级机关或者所在单位给予有关责任人员行政处分；

2. 未取得营业执照擅自从事房地产开发业务的，由县级以上人民政府工商行政管理部门责令停止房地产开发业务活动，没收违法所得，可以并处罚款；

3. 非法转让土地使用权的，由县级以上人民政府土地管理部门没收违法所得，可以并处罚款；

4. 非法转让房地产的，由县级以上人民政府土地管理部门责令缴纳土地使用权出让金，没收违法所得，可以并处罚款；

5. 非法预售商品房的，由县级以上人民政府房产管理部门责令停止预售活动，没收违法所得，可以并处罚款；

6. 未取得营业执照擅自从事房地产中介服务业务的，由县级以上人民政府工商行政管理部门责令停止房地产中介服务业务活动，没收违法所得，可以并处罚款；

7. 没有法律、法规的依据，向房地产开发企业收费的，上级机关应当责令退回所收取的钱款；情节严重的，由上级机关或者所在单位给予直接责任人员行政处分；

8. 房产管理部门、土地管理部门工作人员玩忽职守、滥用职权，构成犯罪的，依法追究刑事责任；不构成犯罪的，给予行政处分。房产管理部门、土地管理部门工作人员利用职务上的便利，索取他人财物，或者非法收受他人财物为他人谋取利益，构成犯罪的，依法追究刑事责任；不构成犯罪的，给予行政处分。

引例分析

1. 无效。因为按照我国有关法律规定，城市规划区内的集体所有土地，必须先依法征为国有，其土地使用权才能出让。土地所有权的出让方只能是代表政府的土地管理局，本例中由 A 村直接向工厂出让土地使用权是违法的，违法的合同应确认为无效。

2. 不合法。依照《中华人民共和国城镇国有土地使用权出让和转让暂行条例》的规定，工业用地最高年限为 50 年。

3. 该工厂取得土地使用权的合法方式应该是：由人民政府依法定权限批准征用 A 村的土地，将集体土地转为国有土地，然后再将土地使用权出让给工厂，由土地管理局代表政府与工厂签订土地使用权出让合同，工厂依合同向政府缴纳土地使用权出让金，并依法登记，领取土地使用权证书后，取得土地使用权。

思考题

1. 如何理解我国耕地保护制度？
2. 谈谈土地使用权出让。
3. 如何房地产开发？
4. 谈谈商品房预售的效力。
5. 习作案例：

某开发公司同某乡合作开发了一块属于乡级所有的农村集体土地，公司出钱、乡政府出地，开发了 100 多栋带大棚的二层"洋房"公开销售，吸引了许多城市居民前去购买。集体土地可以进行"商品房"开发公开销售吗？

第八单元

税收法律制度

项目一　税收法律制度概述

引　例

　　英法战争（1756-1763 年）结束后，英国政府强行在北美殖民地征收砂糖税和印花税，后又于 1773 年由英国议会颁布《茶税法》，主要是想通过向殖民地征收进口茶叶税，挽救陷于困境的东印度公司。波士顿市民愤怒了，将价值 10 万英镑的英国茶叶倒进河里，这就是著名的"波士顿倾茶事件"。英国议会随即通过了一系列法令压制殖民地人民，这些法令更激起了殖民地人民的强烈反对，人们控诉英王专制的事实之一就是"不经我们允许就向我们强迫征税"，最终在莱克星顿爆发了北美独立战争。战争以英国的失败而告终。同时还诞生了著名的《独立宣言》，其中明确表示："政府的正当权力，则系得自被统治者的同意。"

基本理论

一、为什么要征税

　　政府为人们提供公共产品如交通、环保、公共安全等，公众必须为消费这些公共产品付出必要的代价——缴纳税收。政府行为是由一个个具体的个人来完成的，因此要对政府进行强力约束，否则，政府会尽量扩大税款征收，抽取社会财富，政府权力一旦难以控制，纳税人的财产权利必将会受到侵犯。历史已经一次次地证明了保障纳税人权利的重要性。通过对这种税收法律关系中征税人与纳税人双方的权利的合理分配，实现政府宏观调控的职能、纳税人公平税负的目标。

二、税收的概念、特征、作用和分类

(一) 税收的概念

税收是国家为了实现其国家职能，凭借政治权力，按照法律规定的标准，无偿取得财政收入的一种特定分配方式。

(二) 税收的特征

1. 强制性。税收是国家以社会管理者的身份，凭借政治权力，通过颁布法律或政令来进行强制征收的。负有纳税义务的社会集团或社会成员，都必须遵守国家法律，依法纳税，否则将要受到法律的制裁。

2. 无偿性。国家向纳税人征税不以支付任何代价为前提，不承担返还义务，也不支付任何报酬。税收的无偿性特征是区别于其他财政收入形式的最基本的特征。它既不同于国有资产收入或利润上交，也不同于还本付息的国债。税收的无偿性至关重要，体现了财政分配的本质，它是税收"三性"的核心。

3. 固定性。税收是按照国家法律预定的标准征税的，对于税法预先规定的这一标准，征税和纳税双方都必须遵守。税收的固定性既包括时间上的连续性，也包括征收比例的固定性。即在征收税款之前就以法律形式将征税对象、征收比例或数额等公布于众，然后按事先公布的标准征收。征税对象、征收比例或数额在一定时期内保持稳定，未经严格的立法程序，任何单位和个人对征税标准均不得随意变更或修改。

(三) 税收的作用

1. 税收是国家组织收入的主要形式。由于税收具有强制性、无偿性、固定性等特点，所以能保证其收入的稳定，而且税收的源泉十分广泛，能从多方面筹集财政收入。

2. 税收是国家调控经济的重要杠杆之一。税收作为国家宏观经济调节工具的一种重要手段，其在政府收入中的重要份额，决定了对公共部门消费的影响，进而会影响总需求。国家通过税种的设置及税率、减免税的规定，直接影响投资行为，从而对总需求产生影响。调节社会生产、交换、分配、消费，促进社会经济健康发展。

3. 税收具有维护国家政权的作用。没有税收，国家机器就不可能有效运转。而且，税收分配不是按照等价原则和所有制原则分配的，而是凭借政治权力，对物质利益进行调节，体现国家支持什么、限制什么，从而达到巩固国家政权的目的。

(四) 税收的分类

1. 按征税对象分类。可将全部税收划分为流转税类、所得税类、财产税类、资源税类、行为税类、资源税类和特定目的的税类。

（1）流转税。它是以商品交换和服务业的收入额为依据而征收的税。税额是商品价格或服务收费的组成部分。我国现行流转税具体包括增值税、消费税、关税等。

（2）所得税。又称收益税，是以纳税人的各种收益为征税对象的一种税，税额多少取决于纳税人的收益额。我国现行所得税包括企业所得税、个人所得税、社会保障税。

（3）资源税。是以自然资源和某些社会资源为征税对象的一种税。征税范围的选择较灵活。

（4）财产税。是以纳税人拥有的财产数量或财产价值为征税对象的一种税。我国现行的财产税有房产税、车船使用税等。

（5）行为税。它是以纳税人的某些特定行为为征税对象的一种税。我国现行行为税主要包括印花税。

（6）特定目的税类。它是对某些特定对象和特定行为发挥特定作用的一种税。其主要包括城市维护建设税、烟叶税等。

2. 按计税依据分类。可以把税收划分为从价税、从量税和复合税。从价税是指以征税对象的价值或价格为计税依据征收的一种税；从量税是指以征税对象的实物量为计税依据征收的一种税；复合税是指对征税对象采用从价和从量相结合的复合计税方法征收的一种税。

3. 按管理和使用权限分类，可以将税收分为中央税、地方税、中央地方共享税。这种划分明确了在财政收支管理权限上中央与地方的关系，有利于调动中央和地方的积极性。

（1）中央税，属于中央政府的财政收入，由国家税务局负责征收管理，如关税和消费税。

（2）地方税，属于地方各级政府的财政收入，由地方税务局负责征收管理，如车船税，城镇土地使用税。

（3）中央地方共享税，属于中央政府和地方政府财政的共同收入，由中央和地方政府按一定的比例分享税收收入，目前由国家税务局负责征收管理，如增值税。

三、税法的概念和构成要素

（一）税法的概念

税款是纳税人为购买政府的公共服务产品所支付的代价，是对公民的一种剥夺，因此，法治国家对征收税款都采取慎重的态度，以增加纳税人的合作意识，减少对抗情绪。

在我国，严格实行税收法定主义，全国人民代表大会及其常务委员会是税收立法的最高立法机关，同时，全国人民代表大会及其常委会也会根据需要授权国务院制定具有法律效力的条例或暂行规定。

综上所述，税法的概念有广义和狭义两种解释。按广义的解释，税法就是国家制定或认可的、调整国家与纳税人之间以及国家机关之间所发生的各种税收关系的法律规范总和。按狭义的解释，税法就是调整税收关系的基本法。纵观世界各国立法，大多数国家都采用制定各单行的税法，我国也如此。

（二）税法的构成要素

1. 纳税主体。是指税法规定的直接负有纳税义务的单位和个人。任何一个税种首先要解决的就是国家对谁征税的问题，例如，我国个人所得税、增值税、消费税以及印花税等税种暂行条例第 1 条规定的都是该税种的纳税义务人。纳税人可以是自然人，也可以是法人或其他社会组织。

值得一提的是与纳税人相联系的两个概念是代扣代缴义务人和代收代缴义务人。前者是指虽不承担纳税义务，但依据有关规定，在向纳税人支付收入、结算货款、收取费用时有义务代扣代缴其应纳税款的单位和个人，例如，出版社代扣代缴作者稿酬所得的个人所得税等。代收代缴义务人是指虽不承担纳税义务，但依照有关规定，在此情况下纳税人收取商品或者劳务收入时，有义务代收代缴其应纳税额的单位和个人。例如，在消费税中，委托加工的应税消费品，由受托方在向委托方交货时代收代缴委托方应该缴纳的消费税。

还有一个与纳税人相关的概念是"负税人"，就是实际负担税款的单位和个人。它与纳税人的区别是：在有些情况下，"纳税人"与"负税人"是一致的，例如个人所得税，某人缴纳了个人所得税税款 200 元，他是纳税人的同时也是这 200 元税款的负担者即负税人。但在另一些情况下，纳税人与负税人又不一致。比如，酒的消费税纳税人是生产酒的酒厂，但负担税款的却是买酒的消费者，这就叫"税负转嫁"。

2. 征税对象。征税对象又称课税对象，是指对什么征税。征税对象包括物和行为。它是区别不同类型税种的主要标志。不同的征税对象构成不同的税种。根据征税对象不同，可分为对流转额征税、对所得额征税、对财产征税、对资源征税、对特定行为征税。

税目是征税对象的具体化。是征收的具体根据。它规定了征税对象的具体范围。凡列入税目的即为应税项目，未列入税目的，则不属于应税项目。税目并不是每个税法都必须具备的要素，有些税种简单、明确，则无须进一步划分税目。当某一征税对象是集合概念，范围较广时，才有必要进一步将征税对象划分小类，每一小类为一税目。

3. 税率。税率是指应纳税额与征税对象的比例或征收额度。它是计算税额的尺度。税率是税法的核心要素，税率高低，直接关系到国家收入的多少和纳税人的负担轻重，因此，每一税种的适用税率都必须在税法中明确规定。我国现行的税率主要有：

（1）比例税率。是指对同一征税对象，不论其数量多少、数额大小，均按同一个比例征收的税率。它具有计算简便、税负透明度高、有利于保证财政收入、有利于纳税人公平竞争等优点，但比例税率不能针对不同的收入水平的纳税人实施不同的税收负担，在调节纳税人的收入水平方面难以体现税收的公平原则。如，我国的增值税、企业所得税等采用的是比例税率。比例税率有单一比例税率、差别比例税率和幅度比例税率。

（2）定额税率。是指对单位征收对象规定固定的税额，而不采用百分比的比例形式。它适用于从量计征的税种。我国目前采用定额税率的有城镇土地使用税和车船税、消费税等。

（3）累进税率。

①超额累进税率。是指把征税对象按数额大小划分为若干等级，每一等级规定一个税率，税率依次提高，但每一纳税人的征税对象则依所属等级同时适用几个税率分别计算，将计算结果相加后得出应纳税额（见表8-1）。目前，采用这种税率的有个人所得税。纳税人收入差距越大，适用税率差别也越大，这体现了税收纵向公平，有利于缓解社会分配不公的矛盾。

表 8-1　某个人所得税三级超额累进税率表

级数	全月应纳税所得额（元）	税率（%）	速算扣除数
1	5000（含）以下	10	0
2	5000 – 20000（含）	20	500
3	20000 以上	30	2500

假如，某人某月应纳税所得额为 6000 元，按表 8-1 所列税率，其应纳税额可以分步计算：

第 1 级次的 5000 元适用 10% 的税率，应纳税额 = 5000×10% = 500（元）。

第 2 级次的 1000 元（6000－5000）适用 20% 的税率，应纳税额 = 1000×20% = 200（元）。

该月应纳税额 = 5000×10% + 1000×20% = 700（元）

在级数较多的情况下，分级计算然后相加的方法比较繁琐。为了简化计算，也可采用速算法，在超额累进税率表中设计"速算扣除数"。所谓速算扣除数，是指按照全额累进税率计算的税额与超额累进税率计算的税额相减而得的差数。

超额累进方法计算的税额＝按全额累进方法计算的税额－速算扣除数

接上述例子，某人某月应纳税所得额为6000元，如果直接用6000元乘以所对应级次的税率20%，则对于第1级次的5000元应纳税所得额就出现了5000×（20%-10%）的重复计算的部分。因为这5000元仅适用10%的税率，而现在全部采用了20%的税率来计算，故多算了10%，这就是应该扣除的所谓速算扣除数。如果用简化的方法计算，则6000元月应纳税所得额＝6000×20%-500 ＝700（元）。

②超额累计税率。是指以征税对象数额的相对率划分若干级距，分别规定相应的差别税率。相对率每超过一个级距，对超过的部分就按高一级的税率计算征税。目前，采用这种税率的有土地增值税，实行四级超率累进税率。

4. 纳税环节。纳税环节是指税法规定的征税对象在从生产到消费的流转过程中应当缴纳税额的环节。商品流转过程中，包括工业生产、农业生产、货物进出口、商业批发、商业零售等在内的各个环节，如果具体被确定为应当缴纳税款的环节，就称之为纳税环节。

5. 纳税期限。纳税期限是指纳税人发生纳税义务后，应依法缴纳税额的期限。它是衡量纳税人是否按时履行纳税义务的尺度。在纳税期限之前，征税机关不能征税，纳税人也不得在纳税期限届满后拖延纳税。纳税期限可以分为两种：一是按期纳税，如增值税的纳税期限是根据纳税人的生产和经营情况与税额的大小分别核定为1天、3天、5天、10天、15天、1个月或者1个季度为一期，逐期计算缴纳。二是按次纳税，如进口商品应纳的增值税，是在纳税人发生义务后，按次计算缴纳。

6. 纳税地点。纳税地点是指纳税人依据税法规定向征税机关申报纳税的具体地点。通常，在税法上规定的纳税地点主要是机构所在地、经济活动发生地、财产所在地、报关地等。

7. 减免税。减免税是指国家对某些纳税人和征税对象给予鼓励和照顾的一种特殊规定。包括减免税、起征点和免征额。减税是指从应征税额中减征部分税额；免税是指对按规定应征收的税额全部免除。减免税一种是税法直接规定的减免优惠，另一种是依法给予一定期限内的减免税优惠，期满后仍按规定纳税。起征点是指对征税对象达到一定数额才开始征税的界限。没有达到规定数额的不征税，达到规定数额的，就全部征税。免征额是指对征税对象总额中免予征税的数额。即将纳税对象中的一部分给予减免，只就减免后的剩余部分计征税额。如《个人所得税法》即规定了免征额。

8. 罚则。罚则主要是指纳税人、扣缴义务人、税务机关和其他国家机关在税务征收管理过程中实施违反税法的行为而由有关国家机关给予的法律制裁。违反税法的行为主要有偷税、欠税、骗税、抗税及其他违反税收征管法的行为。责任形式有滞纳金、罚款、没收等行政责任，对情节严重构成犯罪的行为，由司法机关追究刑事责任。

四、税收法律关系

（一）税收法律关系的概念

税收法律关系是指国家与纳税人之间在税收活动中发生的、并由税法确认和调整、靠国家强制力保证实施的、以征纳关系为内容的权利义务关系。

（二）税收法律关系的构成

1. 税收法律关系主体。税收法律关系主体，包括征税主体和纳税主体。前者是指参加税收法律关系，享有国家管理权利和履行国家管理职能，依法对纳税人进行税收管理的国家机关。在我国，负责税收管理和征收的机关主要是税务机关，此外，海关负责关税的征收。后者是指参加税收法律关系，负有纳税义务的社会组织和社会成员（自然人）。包括纳税义务人、代扣和代缴人等负有义务的当事人。纳税主体的构成条件和范围均在具体税种法中加以规定。

2. 税收法律关系客体。又称税法客体，是指税收法律关系主体权利义务共同指向的对象。包括物和行为两大类。属于物的是指按一定的征税对象的一定税率计算出来的应当上缴国家的货币和实物，通常称作税款。物是税收法律关系最常见的客体。属于行为的是指国家权力机关、行政机关及其所属税收征收管理机关在制定、颁布、实施税法过程中享有管理权限、履行职责的行为。

3. 税收法律关系内容。税收法律关系内容即指税法主体的权利义务。包括征税主体的权利义务和纳税主体的权利义务。征税主体的权利主要包括：税务管理权、税款征收权、税务检查权、税务违法处理权。义务主要包括：对纳税人负有保密义务、正确执法义务、回答和处理纳税人咨询的义务等。纳税主体在税收法律关系中虽然主要是义务主体，但也依法享有以下权利：请求依法减免税的权利、请求税务机关退还多征税款的权利、就纳税问题向税务机关查询的权利、要求税务机关依法赔偿其损害的权利。纳税主体的义务有：依法办理税务登记、接受账簿管理、办理纳税申报、按时足额纳税等。

项目二 流转税法律制度

引 例

增值税之所以能够在世界上众多国家推广，是因为其可以有效地防止商品在流转过程中的重复征税问题，并使其具备保持税收中性、普遍征收、税收负担由最终消费者承担、实行税款抵扣制度、实行比例税率、实行价外税制度等特点。

我国从 1979 年开始在部分城市试行生产型增值税，1994 年在生产和流通领域全面实施生产型增值税。2008 年国务院决定全面实施增值税改革，即将生产型增值税转为消费型增值税。2011 年底国家决定在上海试点营业税改征增值税（以下简称"营改增"）工作，并逐步将试点地区扩展到全国。2016 年 5 月 1 日起，我国在全国范围内全面推开"营改增"试点，将建筑业、房地产业、金融业、生活服务业等全部营业税纳税人纳入试点范围，由缴纳营业税改为缴纳增值税。2017 年 11 月 19 日国务院发布了《关于废止〈中华人民共和国营业税暂行条例〉和修改〈中华人民共和国增值税暂行条例〉的决定》（国务院令第 691 号），正式结束了营业税的历史使命。之后国务院又逐步发布了诸多"营改增"的具体实施办法和措施。

基本理论

一、流转税的概念

流转税是指以商品或劳务的流转额为征税对象的一种税。商品流转额是指在商品买卖过程中发生的交易额。劳务流转额是指单位或个人在提供有偿劳务过程中获取的收入额。2017 年 11 月 19 日国务院发布了《关于废止〈中华人民共和国营业税暂行条例〉和修改〈中华人民共和国增值税暂行条例〉的决定》，正式结束了营业税的历史使命。我国现行的流转税由增值税、消费税、关税等税种所组成。此外，城市维护建设税和教育费附加属于流转税的附加税。

二、流转税的种类

（一）增值税

增值税是指对在我国境内发生增值税应税交易（包括销售货物、服务、无形资产、不动产和金融产品），以及进口货物的单位和个人就其实现的增值额作为征税对象而征收的一种税。这里所说的"增值额"是指纳税人在生产、经营或劳务活动中所创造的新增价值。由于增值因素在实际生活中难以精确计算，所以增值税的计算一般采取税额抵扣的方式来计算应纳税额，即纳税人根据货物或应税劳务销售额，按照规定的税率计算出一个税额，然后从中扣除上一道环节已纳增值税额，其余额即为纳税人应纳的增值税税额。

要准确理解增值税，关键要理解什么是增值额。举例说明：某种产品经过生产、批发、零售阶段后到达消费者手中，假设第一阶段销售额为 200 元，第二阶段为 300 元，第三阶段为 400 元，第四阶段为 500 元，对所有阶段都实行 10% 的单一税率，那么，增值税的计算过程是：

表 8-2　不同阶段的增值税额表

征税阶段	出售者的外购价格	外购价加已付的增值税	销售价	按销售价计算的增值税	对以前阶段已付税的抵扣	本阶段实际缴纳的增值税	本阶段新增的价值额
将原料卖给制造商	0	0	200	20	0	20	200
制造商将产品卖给批发商	200	220	300	30	20	10	100
批发商将产品卖给零售商	300	330	400	40	30	10	100
零售商将产品卖给消费者	400	440	500	50	40	10	100

由上可见，各阶段上的纳税人实际缴纳的税额加起来正好等于对消费者支付的价格所征税额，即 20+10+10+10 = 50 = 500×10% = 50。这说明在采用抵扣方法的情况下，对某种商品应征增值税总额比较均匀地分散在该商品生产经营各个阶段上，由纳税人代为国家征收上来，并逐级向前推移，最终由购买该商品的消费者支付全部增值税税额。

增值额征税的概念是 1917 年美国耶鲁大学经济学教授亚当斯首先提出的，而推动增值税真正走向历史舞台的是被誉为"增值税之父"的法国人莫里斯·洛雷。1954 年，时任法国税务总局局长助理的莫里斯·洛雷积极推动法国增值税制度的制定与实施，并取得了成功，最终使增值税制度在世界上许多国家和地区广泛运用。但各国各地区对增值税的称呼各有不同，在澳大利亚增值税被称为货物劳务税，在日本被称为消费税，在我国台湾地区增值税又被称为加值型营业税。

营改增在全国的推开，大致经历了以下三个阶段：

第一阶段：部分行业，部分地区。2012年1月1日起，上海交通运输业和部分现代服务业开展营业税改征增值税试点工作。自2012年8月1日起，营业税改征增值税试点范围由上海市分4批次扩大至北京、江苏、安徽、福建、广东、天津、浙江、湖北8省市。

第二阶段：部分行业，全国范围。2013年8月1日，交通运输业和部分现代服务业营改增试点在全国范围内推开。同时，广播影视作品的制作、播映、发行等也开始纳入试点。2014年1月1日起铁路运输和邮政服务业纳入营业税改征增值税试点，2014年6月1日起电信业纳入营改增试点范围。

第三阶段：所有行业，全国范围。2016年3月18日，国家决定全面推开营改增试点，将建筑业，房地产业，金融业、生活服务业全部纳入营改增试点范围。自2016年5月1日起，营业税改征增值税试点全面推开。

1. 增值税的纳税人。增值税纳税人是指在中国境内发生应税交易且达到增值税起征点的单位和个人，以及进口货物的收货人。

增值税的纳税单位，包括：国有企业、集体企业、私营企业、股份制企业、其他企业和行政事业单位、军事单位、社会团体及其他单位。增值税的纳税个人，是指个体经营者及其他个人。另外，进口货物的收货人或办理报关手续的单位和个人，也为进口货物的增值税纳税人。企业租赁或承包给他人经营的，以承租人或承包人为增值税的纳税人。

增值税纳税人还分为小规模纳税人和一般纳税人。

增值税小规模纳税人是指经营规模较小，销售额在规定的标准以下，并且会计核算不健全的纳税人，即不能正确核算增值税的销项税额、进项税额和应纳税额。为了便于增值税的征收管理，我国采取了国际上通行的做法，就是对小规模纳税人实行简易计税的办法，而不采取税款抵扣的办法。

小规模纳税人的认定标准：①从事货物生产或提供应税劳务的纳税人，以及以从事货物生产或提供劳务为主，并兼营货物批发或零售的纳税人，年应征增值税销售额（应税销售额）在500万元以下的（含本数，下同）。②对上述规定以外的纳税人，年应税销售额在500万元以下的。③应税服务的年应征增值税销售额未超过500万元的。

小规模纳税人会计核算健全，能够提供准确税务资料的，可以向主管税务机关申请认定为一般纳税人。小规模纳税人实行简易征税办法，并且不使用增值税专用发票，如果经济往来实际情况确需要开具增值税专用发票，则可以到税务机关代开增值税专用发票。

增值税一般纳税人是指年应纳税销售额超过财政部、国家税务总局规定的小规模纳税人标准的企业和企业性单位。

一般纳税人的认定标准：①从事货物生产或提供应税劳务的纳税人，以及以从事货物生产或提供劳务为主，并兼营货物批发或零售的纳税人，年应征增值税销售额（应税销售额）在 500 万元以上的。②从事货物批发或零售的纳税人，年应税销售额在 500 万元以上的。③应税服务的年应征增值税销售额超过 500 万元的。

2. 增值税的征收范围。

（1）销售货物。"货物"是指有形动产，包括电力、热力和气体在内。销售货物是指有偿转让货物的所有权。"有偿"不仅指从购买方取得货币，还包括取得货物或其他经济利益。

（2）销售劳务。劳务是指纳税人提供的加工、修理修配劳务。加工是指受托加工货物，即委托方提供原料及主要材料，受托方按照委托方的要求制造货物并收取加工费的业务；修理修配是指受托对损伤和丧失功能的货物进行修复，使其恢复原状和功能的业务。销售劳务也称为提供劳务，是指有偿提供劳务。单位或者个体工商户聘用的员工为本单位或者雇主提供劳务不包括在内。

（3）销售服务。销售服务，是指提供交通运输服务、邮政服务、电信服务、建筑服务、金融服务、现代服务、生活服务。各类服务的具体范围，根据财政部、国家税务总局制定的《销售服务、无形资产、不动产注释》确定。

（4）销售无形资产。销售无形资产是指转让无形资产所有权或者使用权的业务活动。无形资产包括技术、商标、著作权、商誉、自然资源使用权和其他权益性无形资产。其他权益性无形资产包括基础设施资产经营权、公共事业特许权、配额、经营权（包括特许经营权、连锁经营权、其他经营权）、经销权、分销权、代理权、会员权、席位权、网络游戏虚拟道具、域名、名称权、肖像权、冠名权、转会费等。

（5）销售不动产。销售不动产，是指转让不动产所有权的业务活动。不动产，包括建筑物、构筑物等。转让建筑物有限产权或者永久使用权的，转让在建的建筑物或者构筑物所有权的，以及在转让建筑物或者构筑物时一并转让其所占土地的使用权的，按照销售不动产缴纳增值税。

（6）进口货物。进口货物是指申报进入我国海关境内的货物。确定一项货物是否属于进口货物，必须看其是否办理了报关进口手续。只要是报关进口的应税货物，均属于增值税征税范围，在进口环节缴纳增值税（享受免税政策的货物除外）。

根据《增值税暂行条例实施细则》第 4 条规定，下列行为，视同销售应税货物，征收增值税：①将货物交付其他单位或者个人代销；②销售代销货物；③设有两个以上机构并实行统一核算的纳税人，将货物从一个机构移送其他机构用于销售，但相关机构在同一县（市）的除外；④将自产或委托加工的货物用于非应税项目；⑤将自产、委托加工或购进的货物作为投资，提供给其他单位或个体工商户；⑥将自产、委托加工或购进的货物分配给股东或投资者；⑦将自产、委托加工的货物用于集体福利或个人消费；⑧将自产、委托加工或购买的货物无偿赠送他人。

3. 增值税税率和征收率。增值税的税率分别为17%、11%、6%和零税率。

（1）17%税率适用范围。纳税人销售货物或者进口货物，提供加工、修理修配劳务。

（2）11%税率适用范围。纳税人销售交通运输、邮政、基础电信、建筑、不动产租赁服务，销售不动产，转让土地使用权，销售或者进口下列货物，税率为11%：①粮食等农产品、食用植物油、食用盐；②自来水、暖气、冷气、热水、煤气、石油液化气、天然气、二甲醚、沼气、居民用煤炭制品；③图书、报纸、杂志、音像制品、电子出版物；④饲料、化肥、农药、农机、农膜；⑤国务院规定的其他货物。

（3）6%税率适用范围。纳税人销售服务、无形资产，除《增值税暂行条例》第2条第1、2、5项另有规定外，税率为6%。

（4）零税率适用范围。纳税人出口货物，税率为零，国务院另有规定的除外。境内单位和个人跨境销售国务院规定范围内的服务、无形资产，税率为零。

小规模纳税人按简易办法计算缴纳增值税，除按规定适用5%征收率的以外，其应税销售行为均适用3%的征收率，即按不含增值税的销售额乘以征收率计算缴纳增值税。一般纳税人在特殊情况下也按简易办法分别依照相应的征税率计算缴纳增值税。例如：纳税人销售自己使用过的固定资产按照简易办法依照3%征收率缴纳增值税并可以开具增值税专用发票。

纳税人兼营不同税率的货物或者应税劳务，应分别核算不同税率货物或应税劳务的销售额。未分别核算的，从高适用税率。

4. 增值税应纳税额的计算。一般纳税人销售货物或提供应税劳务，其应纳税额为当期销项税额抵扣当期进项税额后的余额。应纳税额计算公式为：

应纳税额＝当期销项税额－当期进项税额

因当期销项税额小于当期进项税额，不足抵扣时，其不足抵扣部分可以结转下期继续抵扣。

进口货物，按照组成计税价格和规定的增值税税率计算应纳税额，计算公式为：

应纳税额＝组成计税价格×税率

组成计税价格＝关税完税价格×（1+关税率）+消费税

小规模纳税人实行简易办法计算应纳税额，不得抵扣进项税额，其计算公式为：

应纳税额＝销售额×征收率

上述公式中的"销售额"，不包括收取的增值税销项税额，即不含税销售额。对销售货物或提供应税劳务采取销售额和增值税销项税额合并定价方法的，要分离出不含税销售额。

即不含增值税的销售额＝含税销售额÷（1+增值税税率或征收率）

增值税的应税销售额，是指纳税人发生应税行为取得的全部价款和价外费用，财政部和国家税务总局另有规定的除外。价外费用，是指价外收取的各种性质的收费，包括手续费、补贴、基金、集资费、返还利润、奖励费、违约金、延期付款利息、包装费、包装物租金、储备费、优质费、运输装卸费、代收款项、代垫款项及其他各种性质的价外收费，但不包括以下项目：①向购买方收取的销项税额。②受托加工应征消费税的消费品所代收代缴的消费税。③同时符合以下两个条件的代垫运费：第一，承运部门的运费发票开具给购货方的；第二，销货方将该项发票转交给购货方的。④代为收取并符合规定的政府性基金或者行政事业性收费。⑤销售货物额的同时通过代办保险等收取的保险费，以及收取的代买方缴纳的车辆购置税、车辆牌照费。⑥以委托方名义开具发票代委托方收取的款项。

理解应税销售额的计算，还应注意以下特殊问题：第一，纳税人兼营销售货物、劳务、服务、无形资产或者不动产，适用不同税率或者征收率的，应当分别核算适用不同税率或者征收率的销售额；未分别核算的，从高适用税率。第二，一项销售行为如果既涉及服务又涉及货物，为混合销售。从事货物的生产、批发或者零售的单位和个体工商户的混合销售行为，按照销售货物缴纳增值税；其他单位和个体工商户的混合销售行为，按照销售服务缴纳增值税。第三，纳税人兼营免税、减税项目的，应当分别核算免税、减税项目的销售额；未分别核算的，不得免税、减税。第四，纳税人发生应税行为，开具增值税专用发票后，发生开票有误或者销售折让、中止、退回等情形的，应当按照国家税务总局的规定开具红字增值税专用发票；未按照规定开具红字增值税专用发票的，不得扣减销项税额或者销售额。第五，纳税人发生应税行为，将价款和折扣额在同一张发票上分别注明的，以折扣后的价款为销售额；未在同一张发票上分别注明的，以价款为销售额，不得扣减折扣额。第六，纳税人发生应税行为价格明显偏低或者偏高且不具有合理商业目的的，或者发生视同销售服务、无形资产或者不动产行为而无销售额的，主管税务机关有权依法确定销售额。

5. 增值税进项税额的计算。进项税额是指纳税人购进货物、劳务、服务、无形资产、不动产所支付或者负担的增值税税额。进项税额与销项税额是一个相对应的概念。它们之间的对应关系是，销售方收取的销项税额就是购买方支付的进项税额。纳税人收取的销项税额抵扣其支付的进项税额，其余额为纳税人实际应纳的增值税额。因为进项税额可以抵扣销项税额，直接影响纳税人应纳增值税的多少，所以，税法对准予从销项税额中抵扣的进项税额作了严格的规定。

常见的准予从销项税额中抵扣进项税额的项目有：

（1）从销售方取得的增值税专用发票上注明的增值税额。

（2）从海关取得的海关进口增值税专用缴款书上注明的增值税额。

（3）自境外单位或者个人购进劳务、服务、无形资产或者境内的不动产，从税务机关或者扣缴义务人处取得的代扣代缴税款的完税凭证上注明的增值税税额。

（4）购进农产品，除取得增值税专用发票或者海关进口增值税专用缴款书外，按照农产品收购发票或销售发票上注明的农产品买价和11%扣除率计算进项税额。其计算公式：

$$进项税额＝买价×扣除率$$

下列项目的进项税额不得从销项税额中抵扣的有：

（1）纳税人购进货物、劳务、服务、无形资产、不动产，取得的增值税扣税凭证不符合法律、行政法规或者国务院税务主管部门有关规定的，其进项税额不得从销项税额中抵扣。

（2）用于简易计税方法计税项目、免征增值税项目、集体福利或者个人消费的购进货物、劳务、服务、无形资产和不动产。

（3）非正常损失购进货物及相关的应税劳务。

（4）非正常损失的在产品、产成品所耗用的购进货物（不包括固定资产）、劳务和交通运输服务。

（5）非正常损失的不动产，以及该不动产所耗用的购进货物、设计服务和建筑服务。

（6）非正常损失的不动产在建工程所耗用的购进货物、设计服务和建筑服务。纳税人新建、改建、扩建、修缮、装饰不动产，均属于不动产在建工程。

（7）购进的贷款服务、餐饮服务、居民日常服务和娱乐服务。

（8）纳税人接受贷款服务向贷款方支付的与该笔贷款直接相关的投融资顾问费、手续费、咨询费等费用，其进项税额不得从销项税额中抵扣。

（9）提供保险服务的纳税人以现金赔付方式承担机动车辆保险责任的，将应付给被保险人的赔偿金直接支付给车辆修理劳务提供方，不属于保险公司购进车辆修理劳务，其进项税额不得从保险公司销项税额中抵扣。

（10）适用一般计税方法的纳税人，兼营简易计税方法计税项目、免征增值税项目而无法划分不得抵扣的进项税额。

（11）一般纳税人已抵扣进项税额的不动产，发生非正常损失，或者改变用途，专用于简易计税方法、免征增值税项目、集体福利或者个人消费的，不得抵扣的进项税额

（12）有下列情形之一的，应当按照销售额和增值税税率计算应纳税额，不得抵扣进项税额，也不得使用增值税专用发票：一是一般纳税人会计核算不健全，或者不能够提供准确税务资料的，二是应当办理一般纳税人资格登记而未办理的。

（13）财政部和国家税务总局规定的其他情形。

6. 增值税的税收优惠。《增值税暂行条例》及其实施细则规定了增值税的免税范围有以下：农业生产者销售的自产农业产品；避孕药品和用具；古旧图书；直接用于科学研究、科学实验和教学的进口仪器、设备；外国政府、国际组织无偿援助的进口设备；来料加工、来件装配和补偿贸易所需进口的设备；由残疾人组织直接进口供残疾人专用的物品；销售自己使用过的物品。

7. 增值税纳税义务发生时间、纳税地点、纳税期限。增值税纳税义务发生时间是指增值税纳税人、扣缴义务人发生应税、扣缴税款行为应承担纳税义务、扣缴义务的起始时间。根据《增值税暂行条例》的规定，纳税人发生应税销售行为，其纳税义务发生时间为收讫销售款项或者取得索取销售款项凭据的当天；先开具发票的，为开具发票的当天。进口货物，为报关进口的当天。增值税扣缴义务发生时间为纳税人增值税纳税义务发生的当天。

增值税纳税地点：固定业户应当向其机构所在地主管税务机关申报纳税。总机构和分支机构不在同一县（市）的，应当分别向各自所在地的主管税务机关申报纳税，经财政部和国家税务总局或者其授权的财政和税务机关批准，可以由总机构汇总向总机构所在地的主管税务机关申报纳税；固定业户到外县（市）销售货物或者劳务，应当向其机构所在地的主管税务机关报告外出经营事项，并向其机构所在地的主管税务机关申报纳税；非固定业户销售货物或者劳务应当向销售地或者劳务发生地主管税务机关申报纳税；进口货物，应当向报关地海关申报纳税。扣缴义务人应当向其机构所在地或者居住地主管税务机关申报缴纳扣缴的税款。

增值税纳税期限：增值税的纳税期限分别为1日、3日、5日、10日、15日、1个月或者一个季度。纳税人的具体纳税期限，由主管税务机关根据纳税人应纳税额的大小分别规定，不能按照固定期限纳税的，可以按次纳税。

8. 增值税专用发票使用规定。增值税专用发票是专门用于销售或提供增值税应税项目的一种发票。专用发票不仅是经济业务收付款的原始凭证，而且是兼记销货方纳税义务和购买义务进项税额的主要依据，是购货方据以抵扣税款的法定凭证。《增值税暂行条例》对增值税专用发票的使用作了规定。

专用发票的领购使用范围：专用发票只限于增值税一般纳税人领购使用。增值税小规模纳税人和非增值税纳税人不得领购使用。小规模纳税人如符合规定条件，需要开具专用发票的，由当地主管税务所代开。

一般纳税人有下列情形之一的，不得领购开具专用发票：

（1）会计核算不健全，不能向税务机关准确提供增值税销项税额、进项税额、应纳税额数据及其他有关增值税税务资料的。

（2）有《税收征管法》规定的税收违法行为，拒不接受税务机关处理的。

（3）有下列行为之一，经税务机关责令限期改正而仍未改正的：虚开增值税发票；私自印制专用发票；向税务机关以外的单位和个人买取专用发票；借用他人专用发票；未按规定开具专用发票；未按规定保管专用发票和专用设备；未按规定申请办理防伪税控系统变更发行；未按规定接受税务机关检查。

增值税发票的开具范围：增值税一般纳税人发生应税销售行为，必须向购买方开具专用发票。向小规模纳税人销售应税货物，可以不开具专用发票，需要开具专用发票的，可以向主管税务机关申请代开。下列情形也不得开具专用发票：①商业企业一般纳税人零售烟、酒、食品、服装、鞋帽、化妆品等消费品的；②销售货物或者应税劳务适用免税规定的；③向消费者个人销售货物或者提供应税劳务的。

增值税专用发票的开具要求：①项目齐全，与实际交易相符。②字迹清楚，不得涂改，不得压线、错格。③发票联和抵扣联加盖发票专用章。④按照增值税纳税义务的发生时间开具。对不符合上述要求的专用发票，购买方有权拒收。

（二）消费税

消费税是指对消费品和特定的消费行为按流转额征收的一种商品税。我国消费税具有以下特点：征收范围具有选择性；征收简便；税源广泛；税负具有转嫁性。

1. 消费税纳税人和征收范围。消费税纳税人，是指在中国境内生产、委托加工和进口《消费税暂行条例》规定的消费品的单位和个人。

消费税的征收范围可以归纳为以下四类：①过度消费会对人的身体健康、社会秩序、生产环境等方面造成危害的特殊消费品，如烟、酒、鞭炮、烟火等；②非生活必需品，如化妆品、贵重首饰、珠宝玉石；③高能耗及高档消费品，如摩托车、小汽车、高尔夫球及球具、高档手表、游艇、木制一次性筷子、实木地板、电池、涂料等；④使用和消耗不可再生和替代的稀缺资源的消费品，如汽油、柴油、石脑油、溶剂油、航空煤油、燃料油等。

2. 消费税税率。消费税税率有两种形式：一种是比例税率；一种是定额税率即单位税率。根据不同的应税消费品分别实行从价定率、从量定额和二者相结合的复合计税方法。消费税实行比例税率的部分，税率从1%~56%。纳税人兼有不同税率的应税消费品应当分别核算不同税率的应税销售额，否则，一并从高。纳税人将不同税率的应税消费品组成成套消费品销售的，从高适用税率计征消费税。对卷烟和白酒实行复合计税办法征收消费税。

3. 消费税的计算。实行从价定率和从量定额的计算公式分别为：

从价应纳税额＝销售额×消费税比例税率

从量应纳税额＝销售数量×消费税定额税率

这里"销售额"是不含增值税的销售额。此外，纳税人自产自用的应税消费品，用于连续生产应税消费品的，即作为生产最终应税消费品的直接材料，并构成最终应税消费品实体的，不缴纳消费税；用于其他方面的，应缴纳消费税。其计税依据为纳税人生产的同类消费品的销售价格，没有同类消费品销售价格的，以组成计税价格为计税依据。其计算公式为：

应纳税额＝组成计税价格×消费税比例税率

组成计税价格＝（成本+利润）÷（1-比例税率）

委托加工应税消费品，如果受托方有同类消费品销售价格的，按同类消费品价格计算纳税，没有同类消费品销售价格的，按组成计税价格计算纳税。其计算公式为：

应纳税额＝组成计税价格×消费税比例税率

组成计税价格＝（材料成本+加工费）÷（1-比例税率）

进口应税消费品实行从价定率办法计算应纳税额的，按组成计税价格计算纳税。其计算公式为：

应纳税额＝组成计税价格×消费税比例税率

组成计税价格＝（关税完税价+关税）÷（1-比例税率）

4. 消费税纳税义务发生时间、纳税地点和纳税期限。消费税纳税人生产应税消费品，除金银首饰外，均于销售时纳税。金银、钻石及钻石首饰在零售环节纳税，而其他金银首饰消费品在生产、批发和进口环节不纳消费税，只在零售环节纳税。

委托加工的应税消费品，由受托方向委托方交货时代收代缴消费税。进口的应税消费品，由报关进口人在报关进口时纳税。其纳税义务发生时间为报关进口的当天。

消费税纳税地点除国务院另有规定外，应当向纳税人机构所在地或者居住地的主管税务机关申报纳税。纳税人到外县（市）销售应税消费品的，应于应税消费品销售后，回纳税人机构所在地或者居住地主管税务机关缴纳消费税；委托加工的应税消费品，由受托方向机构所在地或者居住地主管税务机关解缴税款；进口的应税消费品，由进口人或者其代理人向报关地海关申报纳税。

消费税的纳税期限分别为1日、3日、5日、10日、15日、一个月或者一个季度。纳税人的具体纳税期限，由主管税务机关根据纳税人应纳税额的大小分别核定，不能按照固定期限纳税的，可以按次纳税。纳税人进口应税消费品，应当自海关填发税款缴纳凭证之日起15日内缴纳税款。

（三）关税

在我国，西周时期就在边境设立关卡，《周礼·地宫》中有"关市之征"的记载，春秋时期以后，诸侯割据纷纷在各自领地边界设立关卡，"关市之征"的记载越来越多。可以说"关市之征"是我国关税的雏形，我国"关税"的名称也由此演进而来的。

现代关税是指对进出口国境或关境的货物、物品征收的一种税。关税一般分为进口关税、出口关税和过境关税。我国目前对进出境货物征收的关税分为进口关税和出口关税两大类。

1. 关税的纳税人和征收范围。进口货物的收货人、出口货物的发货人、进出境物品的所有人是关税的纳税义务人。进出口货物的收、发货人是依法取得对外贸易经营权，并进口或者出口货物的法人或者其他社会团体。进出境物品的所有人包括该物品的所有人和推定为所有人的人。一般情况下，对于携带进境的物品，推定其携带人为所有人；对分离运输的行李，退订相应的进出境旅客为所有人；对以邮寄方式进境的物品，推定其收件人为所有人；以邮寄或其他运输方式出境的物品，推定其寄件人或托运人为所有人。

关税的征税对象是允许进出境货物、物品。货物是指贸易性商品；物品是指入境旅客随身携带的行李物品、个人邮寄物品、各种运输工具上的服务人员携带进口的自用品、馈赠物品以及其他方式进境的个人物品。具体地说，除国家规定享有减免税的货物可以免征或减征关税外，所有进口货物和少数出口货物均属于关税的征收范围。

2. 关税的税率。关税的税率由《海关进出口税则》规定。关税税率分为进口关税税率、出口关税税率和特殊关税。

进口关税税率。在我国加入世界贸易组织（WTO）之前，我国进口税则设有两栏税率，即普通税率和优惠税率。对原产于与我国未订有关税互惠协议的国家或者地区的进口货物，按照普通税率征税；对原产于与我国订有关税互惠协议的国家或者地区的进口货物，按照优惠税率征税。在我国加入 WTO 之后，为履行我国在加入 WTO 关税减让谈判中承诺的有关义务，享有 WTO 成员应有的权利，自 2002 年 1 月 1 日起，我国进口税则设有最惠国税率、协定税率、特惠税率、普通税率、暂定税率关税配额税率等税率。此外，对进口货物在一定期限内可以实行暂定税率。不同税率的运用是以进口货物的原产地为标准的。确定进境货物原产国的主要原因之一，是便于正确运用进口税则的各栏税率，对产自不同国家或地区的进口货物适用不同的关税税率。

（1）最惠国税率，适用原产于与我国共同适用最惠国待遇条款的 WTO 成员国或地区的进口货物，或原产于与我国签有相互给予最惠国待遇条款的双边贸易协定的国家或地区的进口货物，以及原产于我国境内的进口货物。

（2）协定税率适用原产于我国参加的含有关税优惠条款的区域性贸易协定有关缔约方的进口货物，如曼谷协定税率。

（3）特惠税率适用原产于与我国签订有特殊优惠关税协定的国家或地区的进口货物。

（4）普通税率适用原产于上述国家或地区以外的其他国家或地区的进口货物。

（5）暂定税率是在海关进出口税则规定的进口优惠税率基础上，对进口的某些重要的工农业生产原材料和机电产品关键部件和出口的特定货物实施得更为优惠的关税税率。

（6）配额税率是指对实行关税配额管理的进口货物，关税配额内，适用关税配额税率；关税配额外的，按不同情况分别适用于最惠国税率、协定税率、特惠税率或者普通税率。

出口关税税率。出口关税税率是对出口货物征收关税而规定的税率。目前我国仅对少数资源性产品及需要规范出口秩序的半制成品征收出口关税。未订有出口关税税率的货物，不征收出口关税。

3. 关税的计算。我国对进出口货物征收关税，主要采取从价计征的办法，以商品价格为标准征收关税。因此，关税主要以进出口货物的完税价格为计税依据，其计算公式为：

应纳税额＝应税进（出）口货物数量×关税完税价×适用税率

一般贸易项下进口货物以海关审定的成交价格为基础的到岸价格作为完税价格。到岸价格包括货价以及货物运抵我国关境内输入地点起卸前的包装费、运费、保险费和其他劳务费用等费用构成的一种价格。

4. 关税的减免规定。关税的减免分为法定性减免税、政策性减免税和临时性减免税。

（1）法定性减免税。《海关法》和《进出口关税条例》中规定的减免税，称为法定性减免税。

（2）政策性减免税。在法定减免税之外，参照国际上的通行做法，根据国家制定发布的有关进出口货物减免关税的政策办理的减免税，称为政策性减免税。

（3）临时性减免税。由国务院根据《海关法》对某个纳税人由于特殊原因临时给予的减免税。

5. 关税的征收管理。进口货物自运输工具申报进境之日起 14 日内，出口货物在货物运抵海关监管区后的 24 小时以前，由进出口货物的纳税人向货物进（出）境地海关申报，纳税人应当在海关签发税款缴款凭证之日起 15 日内，向指定银行缴纳税款。逾期不缴的，从滞纳税款之日起，按日加收滞纳税款万分之五的滞纳金。

纳税人因不可抗力或者在国家税收政策调整的情形下，不能按期缴纳税款的，经海关总署批准，可以延期缴纳税款，但最长不得超过 6 个月。

项目三　所得税法律制度

引　例

某居民企业为增值税一般纳税人，2021 年发生经营业务如下：

1. 取得产品销售收入 5000 万元；

2. 应结转产品销售成本 3200 万元；

3. 发生销售费用 970 万元（其中广告费 800 万元），管理费用 380 万元（其中业务招待费 30 万元）；财务费用 50 万元；

4. 税金及附加 70 万元；

5. 营业外收入 100 万元，营业外支出 60 万元（含通过公益性社会团体向贫困山区捐款 50 万元，支付税收滞纳金 10 万元）；

6. 计入成本、费用中的实发工资总额 300 万元、拨缴职工工会经费 7 万元、发生职工福利费 45 万元、发生职工教育经费 30 万元。

[法律问题]

计算该企业 2021 年度实际应缴纳的企业所得税。

引例分析

1. 会计利润总额＝5000－3200－970－380－50－70＋100－60＝370（万元）

2. 广告费和业务宣传费调增所得额=800-5000×15%=50（万元）

3. 业务招待费调增所得额=30-30×60%=12（万元），5000×5%=25（万元）>30×60%=18（万元）

4. 捐赠支出应调增所得额=50-370×12%=5.6（万元）

5. 工会经费应调增所得额=7-300×2%=1（万元）

6. 职工福利费应调增所得额=45-300×14%=3（万元）

7. 职工教育经费应调增所得额=30-300×8%=6（万元）

8. 应纳税所得额=370+50+12+5.6+1+3+6+10=457.6（万元）

9. 该企业2021年应缴纳企业所得税=457.6×25%=114.4（万元）

基本理论

所得税是以纳税人的所得额为征税对象所征收的税收。所谓所得额，是指纳税人在一定期间内由于生产、经营等取得的可用货币计量的收入，扣除为取得这些收入所需各种耗费后的净额。所得税属于直接税，其纳税人和实际负税人是一致的，可以直接调节纳税人的收入。所得税的计算涉及纳税人经济活动的各个方面，因此能促使纳税人建立、健全会计和经营管理制度，有利于国家通过征税加强监督管理。在我国，所得税有企业（公司）所得税和个人所得税。

一、企业所得税

企业所得税，又称公司所得税或法人所得税，是国家对企业生产经营和其他所得征收的一种所得税。

（一）企业所得税的纳税人与征税范围

企业所得税的纳税人是指我国境内实行独立核算的企业或组织，包括国有企业、集体企业、私营企业、联营企业、股份制企业、外商投资企业和外国企业等。不包括个人独资企业、合伙企业。

企业所得税的纳税人分为居民企业和非居民企业。居民企业是指依法在中国境内成立，或者依照外国（地区）法律成立但实际管理机构在中国境内的企业，其来源于中国境内、境外的所得均应缴纳企业所得税；非居民企业是指依照外国（地区）法律成立且实际管理机构不在中国境内，但在中国境内设立机构、场所的，或在中国未设立机构、场所但有来源于中国境内所得的企业。非居民企业在中国境内设立机构、场所的，应当就其所设机构、场所取得的来源于中国境内的所得，以及发生在中国境外但与其所设机构、场所有实际联系的所得，缴纳企业所得税。非居民企业在中国未设立机构、场所的，或者虽设立机构、场所但取得的所得与其所设机构、场所没有实际联系的，应当仅就其来源于中国境内的所得缴纳企业所得税。

（二）企业所得税税率

根据《企业所得税法》的规定，企业所得税实行25%的比例税率。符合规定条件的小型微利企业，适用税率为20%。需要国家重点扶持的高新技术企业以及技术先进型服务企业，按15%的税率征收。非居民企业减按10%的税率征收企业所得税。

（三）企业所得税应纳税额的计算

居民企业应缴纳所得税额等于应纳税所得额乘以适用税率，减除依照税法关于税收优惠的规定减免和抵免的税额后的余额，基本计算公式为：

应纳税额=应纳税所得额×适用税率-减免税额-抵免税额

根据计算公式可以看出，应纳税额的多少，主要取决于应纳税所得额和适用税率两个因素。在实际过程中，应纳税所得额的计算一般有两种方法。

在直接计算法下，企业每一纳税年度的收入总额减除不征税收入、免税收入、各项扣除以及允许弥补的以前年度亏损后的余额为应纳税所得额。计算公式为：

应纳税所得额=收入总额-不征税收入-免税收入-各项扣除金额-允许弥补的以前年度亏损

在间接计算法下，会计利润总额加上或减去按照税法规定调整的项目金额后，即为应纳税所得额。计算公式为：

应纳税所得额=会计利润总额±纳税调整项目金额

纳税调整项目金额包括两方面的内容：一是税法规定范围与会计规定不一致的应予以调整的金额；二是税法规定扣除标准与会计规定不一致的应予以调整的金额。

1. 收入总额的确定。纳税人的收入总额是指企业在生产经营活动及其他活动中各项收入的总和。具体包括：销售货物收入；提供劳务收入；财产转让收入；股息、红利、利息收入（不包括国债利息收入）；租金收入；特许权使用费收入；接受捐赠收入和其他收入。

在收入总额中的下列收入为不征税收入：①财政拨款；②依法取得并纳入财政管理的行政事业性收费、政府性基金；③国务院规定的其他不征税收入。

下列收入为免税收入：①国债利息收入；②符合条件的居民企业之间的股息、红利等权益性投资收益；③在中国境内设立机构、场所的非居民企业从居民企业取得与该机构、场所有实际联系的股息、红利等权益性投资收益。该收益不包括连续持有居民企业公开发行并上市流通的股票不足12个月取得的投资收益。④符合条件的非营利组织的收入。

2. 税前准予扣除项目。计算应纳税所得额时准予扣除的项目，是企业每一纳税年度实际发生的与经营活动有关的、合理的支出，包括成本、费用、税金、损失和其他支出，可以在计算应纳税所得额时扣除，成本是指纳税人销售商品、提供劳务、转让固定资产、无形资产的成本。费用是指纳税人每一纳税年度发生的可扣除的销售费用、管理费用和财务费用，已计入成本的除外。税金，是指纳税人按规定缴纳的消费税、城市维护建设税、关税等产品销售税金及附加，但增值税除外。损失，是指纳税人生产、经营过程中的各项营业外支出、已发生的经营亏损和投资损失以及其他损失。

此外，下列项目按照规定的范围、标准在税前扣除：

（1）工资、薪金支出。企业和单位发生的合理的工资薪金支出，准予扣除。

（2）职工工会经费、职工福利费、职工教育经费。其中，企业发生的职工福利费支出，不超过工资、薪金总额14%的部分准予扣除；企业拨缴的工会经费，不超过工资、薪金总额2%的部分准予扣除；企业发生的职工教育经费支出，自2018年1月1日起不超过工资、薪金总额8%的部分，准予在计算企业所得税应纳税所得额时扣除；超过部分，准予在以后纳税年度结转扣除。

（3）社会保险费。各类保险基金和统筹基金。企业依照国务院有关主管部门或者省级人民政府规定范围和标准为职工缴纳的基本养老保险费、基本医疗保险费、失业保险费、工伤保险费、生育保险费等基本社会保险费和住房公积金，准予扣除。但企业为投资者或职工支付的商业保险费，不得扣除。

（4）利息费用。企业在生产、经营活动中发生的利息费用，准予扣除。

（5）借款费用。企业在生产、经营活动中发生的合理的不需要资本化的借款费用，准予扣除。

（6）汇兑损失。企业在货币交易中，以及纳税年度终了时将人民币以外的货币性资产、负债按照期末即期人民币汇率中间价折算为人民币时产生的汇兑损失，除已经计入有关资产成本以及与向所有者进行利润分配相关的部分外，准予扣除。

（7）业务招待费。企业发生的与生产经营活动有关的业务招待费支出，按照发生额的60%扣除，但最高不得超过当年销售（营业）收入的5‰。

（8）广告费和业务宣传费。企业发生的符合条件的广告费和业务宣传费支出，除国务院财政、税务主管部门另有规定外，不超过当年销售收入（营业）收入15%的部分，准予扣除；超过部分，准予在以后纳税年度结转扣除。

（9）环境保护专项资金。企业依照法律、行政法规有关规定提取的用于环境保护、生态恢复等方面的专项资金，准予扣除。上述专项资金提取后改变用途的，不得扣除。

（10）保险费。企业参加财产保险，按照规定缴纳的保险费，准予扣除。

（11）租赁费。企业根据生产经营活动的需要租入固定资产支付的租赁费，按照以下方法扣除：以经营租赁方式租入的固定资产发生的租赁费支出，按照租赁期限均匀扣除；以融资租赁方式租入固定资产发生的租赁费支出，按照规定构成融资租入固定资产价值的部分应当提取折旧费分期扣除。

（12）劳动保护费。企业发生的合理的劳动保护支出，准予扣除。

（13）公益性捐赠。企业通过公益性社会团体或者县级（含县级）以上人民政府及其部门，用于《公益事业捐赠法》规定的公益事业的捐赠，不超过年度利润总额12%的部分，准予扣除。超过年度利润总额12%的部分，准予以后3年内在计算应纳税所得额时结转扣除。

（14）有关资产的费用。企业转让各类固定资产发生的费用，允许扣除。企业按规定计算的固定资产折旧费、无形资产和递延资产的摊销费，准予扣除。

（15）总机构分摊的费用。非居民企业在中国境内设立的机构、场所，就其中国境外总机构发生的与该机构、场所生产经营有关的费用，能够提供总机构出具的费用汇集范围、定额、分配依据和方法等证明文件，并合理分摊的，准予扣除。

（16）资产损失。企业当期发生的固定资产和流动资产盘亏、毁损净损失，由其提供清查盘存资料经主管税务机关审核后，准予扣除。

（17）依照有关法律、行政法规和有关税法规定准予扣除的其他项目。如会员费、合理的会议费、差旅费、违约金、诉讼费用等。

此外，税法还规定了企业的一些支出，可以实行加计扣除，如：企业为开发新技术、新产品、新工艺发生的研究开发经费；企业安置残疾人员及其他国家鼓励安置的就业人员所支付的工资。

3. 不得扣除的项目。在计算应纳税所得额时，下列支出不得扣除：

（1）向投资者支付的股息、红利等权益性投资收益款项。

（2）企业所得税税款。

（3）税收滞纳金。

（4）罚金、罚款和被没收财物的损失。

（5）超过规定标准的捐赠支出。

（6）未经核定的准备金支出。

（7）赞助支出。

（8）与取得收入无关的其他支出。

4. 亏损弥补。纳税人发生年度亏损的，准予向以后年度结转，可以用以后年度的所得弥补。但结转年限最长不超过5年。

5. 税收抵免。企业取得的下列所得已在境外缴纳的所得税税额，可以从其当期应纳税额中抵免，抵免限额为该项所得依照我国税法规定计算的应纳税额；超过抵免限额的部分，当期不得抵免，也不得作为费用扣除，但可以在以后5个年度内，用每年度抵免限额抵免当年应抵税额后的余额进行抵补：①居民企业来源于中国境外的应税所得；②非居民企业在中国境内设立的机构、场所，取得发生在中国境外但与该机构、场所有实际联系的应税所得。

居民企业从其直接或间接控股的外国企业分得的来源于中国境外的股息、红利所得，外国企业在境外实际缴纳的所得税税额中属于该项所得负担的部分，可以作为居民企业的可抵免境外所得税税额，在规定的抵免限额内抵免。

企业在汇总计算缴纳企业所得税时，其境外营业机构的亏损不得抵减境内营业机构的盈利。

（五）企业所得税税收优惠

根据税法的规定，对下列企业实行税收优惠政策：

1. 从事农、林、牧、渔业项目的所得。企业从事下列项目的所得，免征企业所得税：①蔬菜、谷物、薯类、油料、豆类、棉花、麻类、糖料、水果、坚果的种植；②农作物新品种的选育；③中药材的种植；④牲畜、家禽的饲养；⑤林木的培育和种植；⑥林产品的采集；⑦灌溉、农产品初加工、兽医、农机推广和作业等农、林、牧、渔服务业项目；⑧远洋捕捞；企业从事下列项目的所得，减半征收企业所得税：①花卉、茶及其他饮料作物和香料作物的种植；②海水养殖、内陆养殖。

2. 从事国家重点扶持的公共基础设施项目投资经营的所得免征或减征企业所得税。

3. 从事符合条件的环境保护、节能节水项目的所得。

4. 符合条件的技术转让所得。是指一个纳税年度内，居民企业技术转让所得不超过500万元的部分，免征企业所得税；超过500万元的部分，减半征收企业所得税。其计算公式为：

技术转让所得＝技术转让收入－技术转让成本－相关费用

5. 符合条件的小型微利企业，减按20%的税率征收企业所得税。

6. 国家对重点扶持和鼓励发展的产业和项目给予企业所得税的优惠；高新技术企业，减按15%的税率征收企业所得税。

7. 加计扣除。企业的下列支出，可以在计算应纳税所得额时加计扣除：①研究开发费用。是指企业为开发新产品、新技术、新工艺发生的研发费用，未形成无形资产计入当期损益的，在按照规定据实扣除的基础上，按照研发费用的75%加计扣除；形成无形资产的，按照无形资产成本的175%摊销。②企业安置残疾人员所支付的工资。企业安置残疾人员及国家鼓励安置的其他就业人员所支付的工资，可以在计算应纳税所得额时加计扣除。

8. 加速折旧。企业的固定资产由于技术进步等原因，确需加速折旧的，可以缩短折旧年限或者采取加速折旧的方法。

9. 减计收入。企业综合利用资源，生产符合国家产业政策规定的产品所取得的收入，可以在计算应纳税所得额时减计收入。减按90%计入收入总额。

10. 税额抵免优惠。企业购置用于环境保护、节能节水、安全生产等专用设备的投资额，可以按一定比例实行税额抵免。

另外，为了鼓励创业，对创业投资企业从事国家需要重点扶持的创业投资，可以按照投资额的一定比例抵扣应纳税所得额。

（六）企业所得税的纳税申报、纳税期限

企业所得税采取按年计算，分月或分季预缴的方法。企业在纳税年度内无论盈利或亏损，都应当在月份或季度终了后15日内向税务机关报送预缴企业所得税纳税申报表，预缴税款。企业应当自年度终了之日起5个月内向税务机关报送年度企业所得税纳税申报表，并汇算清缴，结清应缴应退税款。

企业所得税的纳税年度为公历1月1日至12月31日，纳税人在一个纳税年度中间开业，或者由于合并、关闭等原因，使该纳税年度的实际经营不足12个月的，应以实际经营期为一个纳税年度。纳税人在年度中间合并、分立、终止时，应当在停止生产、经营之日起60日内，向当地税务机关办理当期所得税的汇算清缴，结清应缴应退税款。企业应当在办理注销登记前，就其清算所得向税务机关申报并依法缴纳企业所得税。

二、个人所得税

个人所得税是指对个人（即自然人）取得的各项应纳税所得所征收的一种税。我国第五届全国人民代表大会第三次会议于1980年9月10日通过了《个人所得税法》，并先后于1993年10月31日、1999年8月30日和2005年10月27日进行了修改。2011年进行了第六次修正，从2011年9月1日起施行。2018年6月19日，个人所得税法修正案草案提请十三届全国人大常委会第三次会议审议，这是个人所得税法自1980年出台以来第七次大修。2018年8月31日，修改个人所得税法的决定通过，2018年10月1日起实施最新免征额和税率。修改后的新的《个人所得税法》于2019年1月1日起全面实施。

（一）个人所得税纳税人和征税范围

个人所得税的纳税人是指在中国境内有住所，或者无住所而在境内居住满183天的个人为居民纳税人。居民个人从中国境内和境外取得的所得，依照个人所得税法规定缴纳个人所得税。在中国境内无住所又不居住或者无住所而一个纳税年度内在中国境内居住累计不满183天的个人，为非居民纳税人，包括中国公民、外籍个人、港澳台同胞。非居民个人仅就从中国境内取得的所得，依照个人所得税法规定缴纳个人所得税。

我国《个人所得税法》规定，个人所得税以所得人为纳税人，以支付所得的单位或者个人为扣缴义务人。个人所得超过国务院规定数额的，在两处以上取得工资、薪金所得或者没有扣缴义务人的，纳税人应当按照国家规定办理纳税申报。扣缴义务人应当按照国家规定办理全员全额扣缴申报。

征税范围包括：居民纳税人来源于中国境内、境外的所得和非居民纳税人来源于中国境内的所得。非居民纳税人境外所得部分不属于征税范围。

2019年实施的新的个人所得税法规定有九个应税项目：①工资、薪金所得；②劳务报酬所得；③稿酬所得；④特许权使用费所得；⑤经营所得；⑥利息、股息、红利所得；⑦财产租赁所得；⑧财产转让所得；⑨偶然所得。

居民取得上述1至4项所得（以下称综合所得），按照纳税年度合并计算个人所得税；非居民个人取得上述四项所得，按月或按次分项计算个人所得税。纳税人取得上述5至9项所得依照个人所得税法规定分别计算个人所得税。

目前，国家对股票转让所得暂不征收个人所得税。对个人出售自有住房取得的所得按照"财产转让所得"征收个人所得税，但对个人转让自用5年以上并且是家庭唯一生活用房取得的所得，继续免征个人所得税。

（二）个人所得税税率和计税依据

1. 个人所得税税率。工资、薪金所得，劳务报酬所得、稿酬所得、特许权使用费所得，统称综合所得，适用3%-45%的超额累进税率（见表8-3）；个体户生产、经营所得和企业事业单位的承包经营、承租经营所得，统称经营所得，适用5%-35%的超额累进税率（见表8-4）；利息、股息、红利所得、财产租赁所得、财产转让所得和偶然所得，适用比例税率，税率为20%。

表8-3　个人所得税税率表（综合所得适用）

级数	全年应纳税所得额	税率（%）
1	不超过36 000元的	3
2	超过36 000元至144 000元的部分	10
3	超过144 000元至300 000元的部分	20
4	超过300 000元至420 000元的部分	25
5	超过420 000元至660 000元的部分	30

级数	全年应纳税所得额	税率（%）
6	超过 660 000 元至 960 000 元的部分	35
7	超过 960 000 元的部分	45

注：（1）本表所称全年应纳税所得额是指依照税法的规定，居民个人取得综合所得以每一纳税年度收入额减除费用 60 000 元以及专项扣除、专项附加扣除和依法确定的其他扣除后的余额。

（2）非居民个人取得工资、薪金所得，劳务报酬所得，稿酬所得和特许权使用费所得，依照本表按月换算后计算应纳税额。

表 8-4　个人所得税税率表（经营所得适用）

级数	全年应纳税所得额	税率（%）
1	不超过 30 000 元的	5
2	超过 30 000 元至 90 000 元的部分	10
3	超过 90 000 元至 300 000 元的部分	20
4	超过 300 000 元至 500 000 元的部分	30
5	超过 500 000 元的部分	35

注：本表所称全年应纳税所得额是指依照《个人所得税法》第 6 条的规定，以每一纳税年度的收入总额减除成本、费用以及损失后的余额。

2. 个人所得税应纳税所得额的计算。

（1）居民个人的综合所得，以每一纳税年度取得的各项应纳税收入额减去费用 60 000 元以及专项扣除、专项附加扣除和依法确定的其他扣除后的余额，为应纳税所得额。专项扣除，包括居民个人按照国家规定的范围和标准缴纳的基本养老保险、基本医疗保险、失业保险等社会保险费和住房公积金等；专项附加扣除，包括子女教育、继续教育、大病医疗、住房贷款利息或者住房租金、赡养老人等支出，具体范围、标准和实施步骤由国务院确定，并报全国人民代表大会常务委员会备案；依法确定的其他扣除，包括个人缴付符合国家规定的企业年金、职业年金，个人购买的符合国家规定的商业健康保险、税收递延型商业养老保险的支出，以及国务院规定可以扣除的其他项目。

在计算个人综合所得时，工资薪金所得全额计入收入额；而劳务报酬所得、稿酬所得、特许权使用费所得以收入减除 20% 的费用后的余额作为收入额。稿酬所得的收入额在扣除 20% 的费用的基础上，再减按 70% 计算。

（2）非居民个人的工资薪金所得，以每月收入额减除费用 5000 元后的余额为应纳税所得额；劳务报酬所得、稿酬所得、特许权使用费所得，以每次收入额为应纳税所得额。

（3）经营所得，以每一纳税年度的收入总额，减除成本、费用以及损失后的余额为应纳税所得额。

（4）财产租赁所得，每次收入不超过 4000 元的，减除费用 800 元；4000 元以上的，减除 20% 的费用，其余额为应纳税所得额。

（5）财产转让所得，以转让财产的收入额减除财产原值和合理费用后的余额为应纳税所得额。

（6）利息、股息、红利所得和偶然所得，以每次收入额为应纳税所得额。

除上述规定的外，个人将其所得对向教育、扶贫、济困等公益慈善事业进行捐款，捐赠额不超过纳税人申报的应纳税所得额的 30% 的部分，可以从其应纳税所得额中扣除。国务院规定对公益慈善事业捐款实行全额税前扣除的，从其规定，例如，向农村义务教育的捐赠、向公益性青少年活动场所的捐赠、向汶川地震灾区的捐赠，允许在当年个人所得税前全额扣除。

居民个人从中国境外取得的所得，可以从其应纳税所得额中抵免已在境外缴纳的个人所得税税额，但抵免额不得超过该纳税人境外所得依照我国法律规定计算的应纳税额。

（三）个人所得税减免规定

根据《个人所得税法》的规定，下列各项所得，免征个人所得税：①省级人民政府、国务院部委和中国人民解放军以上单位以及外国组织、国际组织颁发的科学、教育、技术、文化、卫生、体育、环保等方面的奖金；②国债和国家发行的金融债券利息；③按照国家统一规定发给的补贴、津贴；④福利费、抚恤金、救济金；⑤保险赔款；⑥军人的转业费、复员费、退役金；⑦按照国家统一规定发给干部、职工的安家费、退职费、退休工资、离休工资、离休生活补助费；⑧依照有关法律规定应予免税的各国驻华使馆、领事馆的外交代表、领事馆官员和其他人员的所得；⑨中国政府参加的国际公约、签订的协议中规定免税的所得；⑩奖励见义勇为者的奖金或奖品，经主管税务机关核准，免征个人所得税；⑪按照国家规定，个人提取原提存的住房公积金、医疗保险金、基本养老保险金时，免予征收个人所得税。

此外，《个人所得税法》还规定下列情况之一的，可以批准减征个人所得税：残疾、孤老人员和烈属的所得；因严重自然灾害造成重大损失的；其他经国务院财政部门批准减税的。

（四）个人所得税的纳税申报和纳税期限

1. 纳税申报。个人所得税实行代扣代缴和纳税人自行申报两种计征办法。纳税人有中国公民身份号码的，以中国公民身份号码为纳税人识别号；纳税人没有中国公民身份号码的，由税务机关赋予其纳税人识别号。扣缴义务人扣缴税款时，纳税人应当向扣缴义务人提供纳税识别号。纳税人有以下情形之一的，应当按照规定到主管税务机关办理纳税申报：

（1）取得综合所得需要办理汇算清缴；

（2）取得应纳税所得没有扣缴义务人的；

（3）取得应税所得，扣缴义务人未扣缴税款；

（4）取得境外所得；

（5）因移居境外注销中国户籍；

（6）非居民个人在中国境内从两处以上取得工资、薪金所得的；

（7）国务院规定的其他情形。

居民个人取得综合所得，按年计算个人所得税；由扣缴义务人按月或者按次预扣或预缴税款，需要办理汇算清缴的，应当在取得所得的次年3月1日至6月30日内办理汇算清缴。预扣预缴办法由国家税务机关制定。

居民个人向扣缴义务人提供专项附加扣除信息的，扣缴义务人按月预扣预缴税款时应当按照规定予以扣除，不得拒绝。

非居民个人取得工资薪金所得、劳务报酬所得、稿酬所得和特许权使用费所得，有扣缴义务人的，由扣缴义务人按月或者按次代扣代缴税款，不办理汇算清缴。

纳税人取得经营所得，按年计算个人所得税，由纳税人在月度或者季度终了后15天内向税务机关报送纳税申报表，并预缴税款；在取得所得的次年3月31日前办理汇算清缴。

纳税人取得利息、股息、红利所得、财产租赁所得、财产转让所得和偶然所得，按月或者按次计算个人所得税，有扣缴义务人的，由扣缴义务人按月或者按次代扣代缴税款。

纳税人取得所得没有扣缴义务人的，应当在取得所得的次月15日内向税务机关报送纳税申报表，并缴纳税款。

居民个人从中国境外取得所得的，应当在取得所得的次年3月1日至6月30日内申报纳税。非居民个人在中国境外内从两处以上取得工资薪金所得的，应当在取得所得的次月15日内申报纳税。

个人转让不动产的，税务机关应当根据不动产登记等相关信息核验应缴的个人所得税，登记机构办理转移登记时，应当查验与该不动产转让相关的个人所得税的完税凭证。个人转让股权办理变更登记的，市场主体登记机关应当查验与该股权交易相关的个人所得税的完税凭证。

除自行申报纳税的情形之外，一律实行代扣代缴。自行申报纳税人，应当在取得所得的所在地税务机关申报纳税。

2. 个人所得税的纳税期限。扣缴义务人每月或者每次预扣、代扣的税款，都应当在次月 15 日内缴入国库，税务机关审核后，按照国库管理的有关规定办理退税。

项目四　财产税、特定行为税和资源税法律制度

引　例

张三有二套住房，并将其中一套出售给同事王武，成交价格为 100 000 元；另一套住房与李四的住房进行交换，并支付了 50 000 元的差价。

[法律问题]

请计算契税应纳税额。（已知契税税率为 5%）

引例分析

张三应纳契税＝50 000×5%＝2500 元

王武应纳契税＝100 000×5%＝5000 元

李四不缴纳契税。

基本理论

一、财产税

财产税，是以纳税人所有或属其支配的财产为征税对象进行征收的一种税。我国现行的财产税主要有房产税等。

房产税是以房产为征税对象，按照房产的计税价值或房产租金收入向产权所有人或经营管理人等征收的一种税。房产税的纳税人是房屋的产权所有人。其征收范围在城市、县城、建制镇和工矿区征收。

（一）房产税的纳税人

具体讲，产权属于全民所有的，由经营者为纳税义务人；产权出典的，由承典人为纳税人；产权所有人、承典人不在房产所在地的，由代管人为纳税人；产权未确定及租典纠纷未解决的，由房产代管者为纳税人。

（二）房产税的计税依据和税率

房产税的计税依据有两种，一是依房产价值计税的，另一是房产出租的，则依房产租金收入为计税依据。根据计税依据不同，分设两种税率：依照房产价值计税的，税率为1.2%；以房产租金收入为计税依据的，税率为12%。

从价计征的房产税，是以房产余值为计税依据。房产税依照房产原值一次减除10%~30%后的余值计算缴纳。具体扣除比例由省、自治区、直辖市人民政府确定。房产出租的，则以房产出租取得的租金收入为计税依据，计算缴纳房产税。

（三）房产税纳税期限和纳税地点

房产税实行按年计征，分期缴纳。具体纳税期限由省、自治区、直辖市人民政府规定。纳税人应当依当地税务机关的规定，将现有房产的地点、数量或租金收入等情况，如实向税务机关申报，并根据规定在房产所在地纳税。如纳税人有多处房产的，应分别在所在地纳税。

（四）减免税规定

根据有关规定，以下房产免征房产税：①国家机关、人民团体、部队自用的房产；②国家财政部门拨付事业经费的单位自用的房产；③宗教、寺庙、公园、名胜古迹自用的房产；④个人所有非营利用的房产。但是，某些地方政府为了抑制房价过快增长和房产投机行为，从2012年1月起我国在上海、重庆两地进行房产税改革试点；⑤财政部、国家税务总局批准免征税的房产。

二、行为税

行为税，是指以特定行为作为征税对象的一种税。它主要包括印花税、固定资产投资方向调节税、契税等。

（一）印花税

印花税是对经济活动和经济交往中书立、领受、使用税法规定应税凭证征收的一种行为税。即凡发生书立、领受、使用应税凭证行为的，都应按规定缴纳印花税。《印花税法》于2022年7月1日起正式施行。

1. 印花税的纳税人和征收范围。印花税的纳税人是指中华人民共和国境内书立应税凭证、进行证券交易的单位和个人。其中"应税凭证"是指《印花税法》所附的《印花税税目税率表》列明的合同、产业转移书据和营业账簿。"证券交易"是指转让在依法设立的证券交易所、国务院批准的其他全国性证券交易的股票和以股票为基础的存托凭证。

在中华人民共和国境外书立在境内使用的应税凭证的单位和个人，应当依照本法规定缴纳印花税。

2. 印花税税率（详见下表）。

表 8-5　印花税税目税率表

	税目	税率	备注
合同（指书面合同）	借款合同	借款金额的万分之零点五	指银行业金融机构、经国务院银行业监督管理机构批准设立的其他金融机构与借款人（不包括同业拆借）的借款合同
	融资租赁合同	租金的万分之零点五	
	买卖合同	价款的万分之三	指动产买卖合同（不包括个人书立的动产买卖合同）
	承揽合同	报酬的万分之三	
	建设工程合同	价款的万分之三	
	运输合同	运输费用的万分之三	指货运合同和多式联运合同（不包括管道运输合同）
	技术合同	价款、报酬或者使用费的万分之三	不包括专利权、专有技术使用权转让书据
	租赁合同	租金的千分之一	
	保管合同	保管费的千分之一	
	仓储合同	仓储费的千分之	
	财产保险合同	保险费的千分之一	不包括再保险合同

续表

税目		税率	备注
产权转移书据	土地使用权出让书据	价款的万分之五	转让包括买卖（出售）、继承、赠与、互换、分割
	土地使用权、房屋等建筑物和构筑物所有权转让书据（不包括土地承包经营权和土地经营权转移）	价款的万分之五	
	股权转让书据（不包括应缴纳证券交易印花税的）	价款的万分之五	
	商标专用权、著作权、专利权、专有技术使用权转让书据	价款的万分之三	
营业账簿		实收资本（股本）、资本公积合计金额的万分之二点五	
证券交易		成交金额的千分之一	

3. 免征印花税的情形。免征印花税的主要有以下几种：①应税凭证的副本或者抄本；②依照法律规定应当予以免税的外国驻华使馆、领事馆和国际组织驻华代表机构为获得馆舍书立的应税凭证；③中国人民解放军、中国人民武装警察部队书立的应税凭证；④农民、家庭农场、农民专业合作社、农村集体经济组织、村民委员会购买农业生产资料或者销售农产品书立的买卖合同和农业保险合同；⑤无息或者贴息借款合同、国际金融组织向中国提供优惠贷款书立的借款合同；⑥财产所有权人将财产赠与政府、学校、社会福利机构、慈善组织书立的产权转移书据；⑦非营利性医疗卫生机构采购药品或者卫生材料书立的买卖合同；⑧个人与电子商务经营者订立的电子订单。

根据国民经济和社会发展的需要，国务院对居民住房需求保障、企业改制重组、破产、支持小型微型企业发展等情形可以规定减征或者免征印花税，报全国人民代表大会常务委员会备案。

（二）契税

契税是以在中华人民共和国境内转移土地、房屋权属为征税对象，向产权承受人征收的一种财产税。

1. 契税纳税人。契税纳税人是在我国境内承受土地、房屋权属转移的单位和个人。

2. 契税的征收范围。契税以在我国境内转移土地、房屋权属的行为作为征税对象。土地、房屋权属未发生转移的，不征收契税。契税的征收范围主要包括：①国有土地使用权出让；②土地使用权转让；③房屋买卖；④房屋赠与；⑤房屋交换。⑥因共有不动产份额变化的、因共有人增加或者减少的、因人民法院、仲裁委员会的生效法律文书或者监察机关出具的监察文书等因素，发生土地、房屋权属转移的，承受方应当依法缴纳契税

3. 契税税率。契税采用比例税率，并实行3%-5%的幅度税率。具体税率由各省、自治区、直辖市人民政府在幅度内，按照本地区的实际情况来确定。自2010年10月1日起，对个人购买90平方米及以下且属家庭唯一住房的普通住房，减按1%的税率征收契税。

4. 契税的计税依据。按照土地、房屋权属转移的形式、定价方法的不同，契税的计税依据确定如下：国有土地使用权出让、土地使用权出售、房屋买卖，以土地、房屋权属转移合同确定的价格作为计税依据；土地使用权赠与、房屋赠与，由征税机关参照土地、房屋买卖的市场价格核定。

土地使用权交换、房屋交换，以交换土地使用权、房屋的价格差额为计税依据。交换价格不相等的，由多支付货币、实物、无形资产或者其他经济利益的一方缴纳契税；交换价格相等的，免征契税。（本项目导入案例即属于该类）

5. 契税应纳税额的计算。

$$应纳税额=计税依据×契税税率$$

6. 契税税收优惠。

（1）国家机关、事业单位、社会团体、军事单位承受土地、房屋用于办公、教学、医疗、科研和军事设施的。

（2）非营利性的学校、医疗机构、社会福利机构承受土地、房屋权属用于办公、教学、医疗、科研、养老、救助。

（3）承受荒山、荒地、荒滩土地使用权，并用于农、林、牧、渔业生产。

（4）婚姻关系存续期间夫妻之间变更土地、房屋权属。

（5）夫妻因离婚分割共同财产发生土地、房屋权属变更。

（6）法定继承人通过继承承受土地、房屋权属。

（7）依照法律规定应当予以免税的外国驻华使馆、领事馆和国际组织驻华代表机构承受土地、房屋权属。

（8）城镇职工按规定第一次购买公有住房。

经批准减征、免征契税的纳税人，改变有关土地、房屋的用途的，就不再属于减征、免征契税范围，并且应当补缴已经减征、免征的税款。

（三）车船税

2012年1月1日起实施、2019年修正的《车船税法》规定属于该法规定的车辆、船舶的所有人或者管理人，为车船税的纳税人，应当依照本法缴纳车船税。

1. 车船税纳税人，是指在中国境内属于法定的车辆、船舶的所有人和管理人为车船税的纳税人。从事机动车第三者责任强制保险业务的保险机构为机动车车船税的扣缴义务人。

2. 车船税的征收范围，是指在中华人民共和国境内属于车船法所规定的应税车辆和船舶。具体包括：依法应当在车船管理部门登记的机动车辆和船舶；依法不需要在车船登记管理部门登记的在单位内部场所行驶或者作业的机动车辆和船舶；境内单位和个人租入外国籍船舶的，不征收车船税，但境内单位和个人将船舶出租给境外的，应依法征收车船税。

3. 车船税税目。车船税的税目分为六大类，包括乘用车、商用车、挂车、其他车辆、摩托车和船舶。

4. 车船税税率。车船税采用定额税率，又称固定税率。根据2012年实施的《车船税法》的规定，对应车船实行有幅度的定额税率，即对各类车船分别规定一个最低到最高限度的年税额。车船的适用税额依照该法所附《车船税税目税额表》执行。

5. 车船税的计税依据。车船税的计税依据，按照车辆、船舶的种类和性能，分别确定为每辆、装备质量每吨、净吨位每吨和艇身长度每米。

6. 车船税应纳税额的计算。

（1）车船税应纳税额的计算公式为：

应纳税额＝计税单位数量×适用年基准税额

（2）购置的新车船，购置当年的应纳税额自纳税义务发生当月起按月计算。

7. 车船税的税收优惠。下列车辆、船舶免征车船税：

（1）捕捞、养殖渔船。捕捞、养殖渔船是指在渔业船舶管理部门登记为捕捞船或者养殖船的渔业船舶。

（2）军队、武装警察部队专用的车船。

（3）警用车船。警用车船是公安机关、国家安全机关、监狱、劳动教养管理机关和人民法院、人民检察院领用警用牌照的车辆和执行警务的专用船舶。

（4）悬挂应急救援专用号牌的国有综合性消防救援车辆和国家综合性消防救援专用船舶。

（5）依照法律规定应当予以免税的外国驻华使领馆、国际驻华代表机构以及有关人员的车船。

《车船税法》第4条还规定，对节约能源、使用新能源的车辆可以减征或者免于征收车船税；对受严重自然灾害影响纳税困难以及其他特殊原因确需减税、免税的，可以减征或者免征车船税。具体办法由国务院规定，并报全国人民代表大会常务委员会备案。

车船税的纳税地点为车船的登记地或者车船扣缴义务人所在地；车船税纳税义务发生时间为取得车船所有权或者管理权的当月。车船税按年申报。

三、资源税

资源税是为了调节资源开发过程中的级差收入，以自然资源为征税对象的一种税。

（一）资源税的纳税人和征税范围

资源税的纳税人是指在中华人民共和国领域及管辖的其他海域开发应税资源的单位和个人。

资源税的范围很广。我国目前资源税的征收范围仅包括矿产品和盐类，具体包括：①能源矿产，如石油、天然气、煤等；②金属矿产，如铁、铜、铅等；③非金属矿产，如石灰岩、花岗岩、玉石等；④水气矿产，如二氧化碳气、矿泉水等；⑤盐，包括固体盐、液体盐。

（二）资源税税目和税额

资源税法按原矿、选矿分别设定税率。对原油、天然气、中重稀土、钨、钼等战略资源实行固定税率，由税法直接确定。其他应税资源实行幅度税率，其具体适用税率由省、自治区、直辖市人民政府统筹考虑该应税资源的品位、开采条件以及对生态环境的影响等情况，在规定的税率幅度内提出，报同级人民代表大会常务委员会决定，并报全国人民代表大会常务委员会和国务院备案。

资源税的计税依据为应税产品的销售额或销售量，各税目的征税对象包括原矿、精矿等。资源税适用从价计征为主、从量计征为辅的征税方式。

（三）资源税的纳税地点和纳税期限

纳税人应纳的资源税，应向应税产品的开采或生产所在地主管税务机关缴纳。

资源税按月或者按季申报缴纳；不能按固定期限计算缴纳的，可以按次申报缴纳。纳税人按月或者按季申报缴纳的，应当自月度或者季度终了之日起 15 日内，向税务机关办理纳税申报并缴纳税款。

（四）资源税的减免

根据《资源税法》的规定，纳税人有下列情形之一的，免征资源税：

（1）开采原油以及油田范围内运输原油过程中用于加热的原油、天然气。

（2）煤炭开采企业因安全生产需要抽采的煤成（层）气。

有下列情形之一的，减征资源税：

（1）从低丰度油气田开采的原油、天然气减征 20% 资源税。

（2）高含硫天然气、三次采油和从深水油气田开采的原油、天然气，减征 30% 资源税。

（3）稠油、高凝油减征 40% 资源税。

（4）从衰竭期矿山开采的矿产品，减征 30% 资源税。

项目五　税收征收管理法律制度

引　例

小王在学习税法时了解到，纳税人对税务机关征税等具体行政行为不服的，可以申请行政复议。小王感到法律如此规定是保护纳税人的合法权益，但也不明白一点。

[法律问题]

为什么必须先缴纳税款及滞纳金或者提供相应的担保，才能申请行政复议？

引例分析

实行行政复议制度，以保护纳税人的合法权益不受侵害。但是，为了防止有些纳税人借行政复议之机，迟迟不缴纳税款，使国家权益受损，税法规定纳税人应当先缴纳税款及滞纳金或者提供相应的担保，再申请行政复议。只有符合几种法定情形之一时，才可以停止执行具体行政行为。这样规定，兼顾了纳税人和国家的合法权益。

基本理论

一、税收征收管理机关和管理体制

税收征收管理机关是指法律、法规规定负责管理税款征收和管理工作的职能机构。国务院税务管理部门即国家税务总局主管全国税收征收管理工作，并对全国国税系统实行垂直管理，负责中央税、共享税的征管工作。各省、自治区、直辖市的税务机关负责本辖区的税收征收管理工作。税收征收管理，是指国家税务机关，在组织税收全过程中的工作环节、程序和方法。

二、《税收征管法》的主要内容

税收征管法，是指国家规定和调整税务机关和纳税义务人在征纳税活动中的程序和责任的法律规范的总称。1992 年我国制定了《税收征管法》，2001 年 4 月 28 日修订，它对加强税收征管，保障国家税收收入，保护纳税人合法权益起到重要作用。2013 年 6 月 29 日第二次修正，2015 年 4 月 24 日第三次修正。《税收征管法》规范了税收征收和缴纳行为，保障了国家税收收入，保护了纳税人的合法权益，促进了经济和社会发展。随着时代的发展，《税收征管法》还引入了信息管理制度，规定国家有计划地用现代信息技术装备各级税务机关，加强税收征收管理信息系统的现代化建设，建立、健全税务机关与政府其他管理机关的信息共享制度。《税收征管法》主要规定了税务管理、税款征收、税务检查、法律责任等。

(一) 税务管理

税务管理是税收征收管理的重要内容，是税款征收的前提。税务管理主要包括税务登记、账簿凭证管理和纳税申报等内容。

1. 税务登记。是税务机关依据税法规定，对纳税人的生产、经营活动进行登记管理的一项法定制度，也是纳税人依法履行纳税义务的法定手续。包括开业登记、变更登记、停业复业登记、注销登记、外出经营报验登记五种。

2. 账簿、凭证的管理。账簿、凭证是纳税人进行生产、经营活动和核算财务收支的重要依据。建立账簿凭证管理制度是加强税务管理的需要。根据《税收征管法细则》的规定，从事生产经营的纳税人应当自领取营业执照或者纳税义务发生之日起 15 日内，按照国家有关规定设置账簿，根据合法有效凭证记账，进行核算。生产经营规模小又确无建账能力的纳税人，可以聘请经批准从事会计代理记账业务的专业机构或财会人员代理记账和办理账务。从事生产、经营的纳税人应当自领取税务登记证件之日起 15 日内，将其财务、会计制度或者财务会计处理办法报送主管税务机关。纳税人使用计算机记账的，应当在使用前将会计电算化系统的会计核算软件、使用说明书及有关资料报送主管税务机关备案。纳税人建立的会计电算化系统应当符合国家有关规定，并能正确、完整核算其收入或所得。

此外，《税收征管法》对发票也进行了严格的管理。因为，发票是经济收支行为发生的法定凭证，是会计核算的原始依据，也是税务稽查的重要依据。所以，法律、法规对发票的印制、领购，发票的开具和保管，发票的检查以及对违反发票管理制度的处罚等均作了明确规定。发票的管理办法由国务院规定。税务机关是发票的主管机关，负责发票印制、领购、开具、取得、保管、缴销的管理与监督。单位和个人在购销商品、提供或者接受经营服务以及从事其他经营活动中，应当按照规定开具、使用、取得发票。增值税专用发票由国务院税务主管部门指定的企业印制；其他发票按照国务院税务主管部门的规定，分别由省、自治区、直辖市国家税务局、地方税务局指定的企业印制。发票实行不定期换版制度。国家根据税收征收管理的需要，积极推广使用税控装置。纳税人应当按照规定安装使用税控装置，不得损毁或者擅自改动税控装置。

从事生产、经营的纳税人、扣缴义务人必须按照国家规定期限保管。账簿、凭证、完税凭证、发票、出口凭证以及其他有关涉税资料。除法律、法规另有规定外，应当保存 10 年。

3. 纳税申报。纳税申报是指纳税人、扣缴义务人按照法律、行政法规的规定，在申报期限内就纳税事项向税务机关提出书面申报的一种法定手续。纳税人、扣缴义务人不能按期申报的，经税务机关核准，可以延期申报。凡已办理税务登记的纳税人，无正当理由连续 3 个月未向税务机关进行纳税申报的，税务机关应当派人进行实地检查，查无下落并无法强制其履行纳税义务的，税务机关应当发出公告，责令限期改正，逾期不改正的，可以暂停其税务登记证件、发票的使用，同时制作非正常户认定书，存入纳税人档案。纳税申报的方式包括：直接申报、邮寄申报、数据电文申报。

（二）税款征收

税款征收是税务机关依照税收法律、法规的规定将纳税人应当缴纳的税款组织征收入库的一系列活动的总称。它是税收征收管理工作的中心环节，在整个税收征收管理工作中占有极其重要的地位。

《税收征管法》规定，税务机关依法征收税款，不得违反法律、行政法规的规定开征、停征、多征、少征、提前征收、延缓征收或摊派税款。

1. 税款征收的方式。我国的税款征收方式主要有以下几种：①查账征收。是由纳税人依据账簿，先自行计算缴纳，事后经税务机关核实，如有不符合税法的，可以多退少补。这种方式主要对已健全会计账簿的单位采用。②查定征收。是由税务机关根据纳税人的生产设备等情况在正常条件下生产、销售情况，对其生产的应税产品查定产量和销售额，然后依税法规定的税率征收的一种税款征收方式。③查验征收。是由税务机关对纳税人的应税产品进行查验后征税，并贴上完税证或盖查验戳。④定期定额征收。是税务机关核定纳税人在一定经营期内的应纳税经营额及收益额并以此为计税依据，确定其应纳税额的一种征收方式。

⑤委托代征税款。是指税务机关委托代征人以税务机关的名义征收税款，并将税款缴入国库的方式。这种方式一般适用于小额、零散税源的征收。⑥邮寄纳税。这是一种新的纳税方式。这种方式主要适用于那些有能力按期纳税，但采用其他方式纳税又不方便的纳税人。⑦其他方式。如利用网络申报、用 IC 卡纳税等方式。

2. 税款征收措施。为了保证税款征收的顺利进行，《税收征管法》赋予了税务机关在税款征收中根据不同情况可以采取的措施，主要有以下内容：①责令缴纳并加收滞纳金。纳税人未按规定期限缴纳税款的，扣缴义务人未按规定期限解缴税款的，税务机关除责令限期缴纳外，从滞纳税款之日起，按日加收滞纳税款0.5‰的滞纳金。②补缴和追缴税款。因税务机关的责任，致使纳税人、扣缴义务人未缴或者少缴税款的，税务机关在 3 年内可以要求其补缴，但是不得加收滞纳金。因纳税人、扣缴义务人计算等失误，未缴或少缴税款的，税务机关在 3 年内可以追征税款和滞纳金；特殊情况的，追征期可以延长到 5 年。③责令提供纳税担保。

3. 核定应纳税额。根据《税收征管法》的规定，纳税人有下列情形之一的，税务机关有权核定其应纳税额：①可以依法不设账簿的；②依照法律、行政法规应当设账簿但未设置的；③擅自销毁账簿或者拒不提供纳税资料的；④虽设置账目但账目混乱或者成本资料、收入凭证、费用凭证残缺不全，难以查账的；⑤发生纳税义务，未按照规定的期限办理纳税申报，经税务机关责令限期申报，逾期仍不申报的；⑥纳税人申报的计税依据明显偏低，又无正当理由的。税务机关核定其应纳税额的具体程序和方法由国务院税务主管部门规定。新的《税收征管法》第 37 条还规定，未按规定办理税务登记的从事生产、经营的纳税人以及临时从事经营的纳税人，由税务机关核定其应纳税额，责令缴纳；不缴纳的，税务机关可以扣押其价值相当于应纳税款的商品、货物。扣押后缴纳应纳税款的，税务机关必须立即解除扣押，并归还所扣押的商品、货物；扣押后仍不缴纳应纳税款的，经县以上税务局（分局）局长批准，依法拍卖或者变卖所扣押的商品、货物，以拍卖或者变卖所得抵缴税款。

4. 税收保全措施。根据《税收征管法》的规定，税务机关有根据认为从事生产、经营的纳税人有逃避纳税义务的，可以在规定的期限之前，责令限期缴纳应纳税款；在限期内发现纳税人有明显的转移、隐匿其应税商品、货物以及其他财产的，税务机关可责令纳税人提供纳税担保。如果纳税人不能提供担保，经县以上税务局（分局）局长批准，可以采取冻结纳税人的金额相当于应纳税款的银行存款；扣押、查封纳税人相当于应税额的商品、货物或其他财产等税收保全措施。

纳税人在限期内已缴纳税款，税务机关则应立即解除税收保全措施，否则，造成纳税人损失的，税务机关应当承担赔偿责任。

5. 强制执行措施。根据《税收征管法》的规定，从事生产、经营的纳税人、扣缴义务人未按规定的期限缴纳或解缴税款，纳税担保人未按规定的期限缴纳所担保的税款，由税务机关责令限期缴纳，逾期仍未缴纳的，经县以上税务局局长批准，税务机关可以采取扣缴纳税人银行存款；扣押、查封、依法拍卖或变卖其价值相当于应纳税款的商品、货物或其他财产，以拍卖或变卖所得抵缴税款。

税务机关采取强制执行措施时，对相应纳税人、扣缴义务人、纳税担保人未缴纳的滞纳金同时强制执行。

个人及其所扶养家属维持生活必需的住房与用品不在税收保全与强制执行范围之内，税务机关对单价在 5000 元以下的其他生活用品，不采取税收保全与强制执行措施。

阻止出境。根据《税收征管法》的规定，欠缴税款的纳税人或者他的法定代表人需要出境的，应当在出境前向税务机关结清应纳税款、滞纳金，或提供纳税担保。未结清税款、滞纳金或者又不提供担保的，税务机关可以通知出境管理机关阻止其出境。

税收优先权。《税收征管法》第 45 条第 1、2 款规定：税务机关征收税款，税收优于无担保债权，法律另有规定的除外；纳税人欠缴的税款发生在纳税人以其财产设定抵押、质押或者纳税人的财产被留置之前的，税收应当优于抵押权、质权、留置权执行。纳税人欠缴税款，同时又被执行机关决定处以罚款、没收违法所得的，税收优先于罚款、没收违法所得。

(三) 税务检查

税务检查是指税务机关根据税收法律、法规的规定，对纳税人、扣缴义务人履行纳税义务和扣缴义务的情况进行的审查监督活动。根据《税收征管法》及相关法律制度的规定，税务机关有权进行下列税务检查：

1. 检查纳税人的账簿、记账凭证、报表和有关资料，及扣缴义务人的各种纳税资料。

2. 到纳税人的生产、经营场所和货物存放地检查纳税人应税商品、货物或其他财产。

3. 责成纳税人、扣缴义务人提供与纳税或者代扣代缴、代收代缴税款有关的文件、证明材料和有关资料。

4. 询问纳税人、扣缴义务人与纳税或者代扣代缴、代收代缴税款有关的问题和情况。

5. 到车站、码头、机场、邮政企业及其分支机构检查纳税人托运、邮寄应纳税商品、货物或其他财产的有关单据、凭证和有关资料。

6. 经县以上税务局局长批准，凭全国统一格式的检查存款账户许可证明，查询从事生产、经营的纳税人、扣缴义务人在银行或其他金融机构的存款账户。

纳税人、扣缴义务人及其当事人对未出示税务检查证和税务检查通知书的检查，有权拒绝检查。

（四）违反税法的法律责任

1. 一般违反税法的法律责任。根据《税收征管法》第 60 条的规定，纳税人有以下行为的，由税务机关责令限期改正，可以处 2000 元以下罚款，情节严重的，处 2000 元以上 1 万元以下的罚款：①未按规定期限申报各项登记；②未按规定设置、保管账簿和有关纳税资料；③未按规定将财务制度或会计处理办法和会计核算软件报送税务机关备查的；④未按照规定将其全部银行账户向税务机关报告的；⑤未按照规定安装、使用税控装置，或者损毁、擅自改动税控装置的。

纳税人未按规定使用税务登记证件，或者转借、涂改、毁损、买卖、伪造税务登记证件的，处 2000 元以上 1 万元以下罚款，情节严重的，处 1 万元以上 5 万元以下的罚款。

《税收征管法》第 61 条规定，扣缴义务人未按照规定设置、保管代扣代缴、代收代缴税款记账凭证及有关资料的，由税务机关责令限期改正，可以处 2000 元以下的罚款；情节严重的，处 2000 元以上 5000 元以下的罚款。

《税收征管法》第 69 条规定，扣缴义务人应扣未扣，由税务机关向纳税人追缴税款。对扣缴义务人处以应扣未扣税款 50% 以上 3 倍以下罚款。

《税收征管法》第 70 条规定，纳税人、扣缴义务人逃避、拒绝或者以其他方式阻挠税务机关检查的，由税务机关责令改正，可以处 1 万元以下的罚款；情节严重的，处 1 万元以上 5 万元以下的罚款。

2. 逃税行为的法律责任。逃税是指纳税人伪造、变造、隐匿、擅自销毁账簿、记账凭证，或者在账簿上多列支出，不列或少列收入，或者税务机关通知申报而拒不申报或者进行虚假的纳税申报，不缴或少缴应纳税款的行为。对纳税人逃税的，由税务机关追缴其不缴或少缴的税款、滞纳金，并处以不缴或少缴税款 50% 以上 5 倍以下的罚款。构成犯罪的，税务机关应当依法移送司法机关追究刑事责任。根据《刑法》规定，纳税人采取欺骗、隐瞒手段进行虚假纳税申报或者不申报，逃避缴纳税款数额较大并且占应纳税额 10% 以上的，处 3 年以下有期徒刑或者拘役，并处罚金；数额巨大并且占应纳税额 30% 以上的，处 3 年以上 7 年以下有期徒刑，并处罚金。

扣缴义务人采取前款所列手段，不缴或者少缴已扣、已收税款，数额较大的，依照前述的规定处罚。

对多次实施前述行为，未经处理的，按照累计数额计算。

3. 妨碍追缴欠税的法律责任。妨碍追缴欠税行为是指纳税人采取转移或者隐匿财产的手段，妨碍税务机关追缴欠缴的税款的，由税务机关追缴欠缴的税款、滞纳金，并处欠缴税款50%以上5倍以下的罚款；构成犯罪的，应移送司法机关追究刑事责任。根据《刑法》规定，逃避追缴欠税款使税务机关无法追缴欠缴的税款数额在1万元以上不满10万元的，处3年以下有期徒刑或拘役，并处或单处欠缴税款1倍以上5倍以下罚金；数额在10万元以上的，处3年以上7年以下有期徒刑，并处欠缴税款1倍以上5倍以下罚金。

4. 骗取出口退税的法律责任。骗取出口退税简称骗税，是指以假报出口或者其他欺骗手段，骗取国家出口退税款的行为。骗税由税务机关追缴其骗取的退税款并处骗取税款1倍以上5倍以下罚款，构成犯罪的，税务机关应当依法移送司法机关追究刑事责任。根据《刑法》规定，以假报出口或者其他欺骗手段，骗取国家出口退税款，数额较大的，处5年以下有期徒刑或者拘役，并处骗税款1倍以上5倍以下罚金；数额巨大或有其他严重情节的，处5年以上10年以下有期徒刑，并处骗税款1倍以上5倍以下的罚金；数额特别巨大或有其他特别严重情节的，处10年以上有期徒刑或无期徒刑，并处骗取税款1倍以上5倍罚金或者没收财产。

5. 抗税行为的法律责任。抗税是指以暴力、威胁方法拒不缴纳税款的行为。对于抗税行为除由税务机关追缴其拒缴的税款、滞纳金外，情节轻微，未构成犯罪的，并处拒缴税款1倍以上5倍以下罚款；构成犯罪的，处3年以下有期徒刑或者拘役，并处拒缴税款1倍以上5倍以下罚金，情节严重的，处3年以上7年以下有期徒刑并处拒缴税款1倍以上5倍以下罚金。

《税收征管法》还确定了税务所的罚款权限：该法规定的行政处罚，罚款额在2000元以下的，可以由税务所决定。

6. 虚开增值税发票行为的法律责任。是指虚开增值税专用发票或虚开用于骗取出口退税、抵扣税款的其他发票的行为。有为他人虚开、为自己虚开、让他人为自己虚开、介绍他人虚开上述专用发票行为之一的，即构成虚开增值税专用发票、用于骗取出口退税、抵扣税款发票罪。

根据《刑法》第205条的规定，虚开增值税专用发票或者虚开用于骗取出口退税、抵扣税款的其他发票的，处3年以下有期徒刑或者拘役，并处2万元以上20万元以下罚金；虚开的税款数额较大或有其他严重情节的，处3年以上10年以下有期徒刑，并处5万元以上50万元以下罚金；虚开的税款数额巨大或有其他特别严重情节的，处10年以上有期徒刑或无期徒刑，并处5万元以上50万元以下罚金或没收财产。

7. 非法出售增值税专用发票行为的法律责任。出售增值税专用发票罪是指违反国家发票管理法规，非法出售增值税专用发票的行为。根据《刑法》第207条的规定，非法出售增值税专用发票的，处3年以下有期徒刑、拘役或管制，并处2万元以上20万元以下罚金；数量较大的，处3年以上10年以下有期徒刑，并处5万元以上50万元以下罚金；数量巨大的，处10年以上有期徒刑或无期徒刑，并处5万元以上50万元以下罚金或者没收财产。

思考题

一、问答题

1. 什么是税法？税法的构成要素有哪些？

2. 简述税收的特征？

3. 什么是流转税？其特征有哪些？

4. 增值税的纳税义务人有哪些？

5. 简述消费税的征收范围？

6. 什么是关税？关税的法定优惠有哪些？

7. 企业所得税的税收优惠体现在哪些方面？

8. 什么是个人所得税的居民纳税人和非居民纳税人？

9. 简述税务机关的职权？

10. 试述税收保全措施与强制执行措施的区别？

二、案例分析题

1. 便民修车行是一家小规模纳税人。2021年5月，其修理、配件业务收入共计10万元，本月购进修车零件、配件等共计2万元。其应纳的增值税是多少？（已知增值税适用征收率为3%）

解析：小规模纳税人不得抵扣进项税额，应采用简易计税办法，即应纳增值税=10÷（1+3%）×3%=0.2913（万元）。

2. 某汽车生产企业为增值税一般纳税人。2018年12月，该企业向各地汽车销售公司销售汽车整车，开具的增值税专用发票上注明不含税金额500万元；向各地汽车修配站销售汽车零配件，取得含税收入90万元；购进钢材等材料取得的增值税专用发票上注明增值税税额50万元。取得的发票均已在当月通过主管税务机关认证并申报抵扣。计算该企业当月应纳增值税。

解析：一般纳税人当月应纳税额=当期销项税额−当期进项税额

当期销项税额=500×13%+90÷（1+13%）×13%=75.35（万元）

当期可抵扣的进项税额=60（万元）

当期应纳增值税=75.35−60=15.35（万元）。

3. 小王 2021 年度每月工资 15000 元，每月应扣除三险一金 1000 元，每月可以办理的专项附加扣除为赡养老人支出 2000 元，无其他扣除项目。此外，小王在 2021 年 3 月份取得劳务报酬 3 万元，8 月份取得稿酬 1 万元，11 月取得特许权使用费 5000 元，问按照《个人所得税法》年度汇算，小王本年度需要缴纳多少个人所得税。

解析：第一步：先计算综合所得收入额：

（1）工资薪金的收入额 = 15000×12 = 180000 元

（2）劳务报酬的收入额 = 30000×（1-20%）= 24000 元

（3）稿酬的收入额 = 10000×（1-20%）×（1-30%）= 5600 元

（4）特许权使用费的收入额 = 5000×（1-20%）= 4000 元

综合所得收入额合计 = 213600 元

第二步，再计算全年应纳税的所得额：小王的工资薪金所得、劳动报酬所得、稿酬所得以及特许权使用费用应当纳入综合所得计算，以每一纳税年度取得的各项应纳税收入额减去费用 6 万元以及专项扣除、专项附加扣除和依法确定的其他扣除后的余额，为应纳税所得额。

应纳税所得额 = 213600-60000-12×1000-12×2000 = 117600 元

第三步，计算全年应纳税额。居民个人综合所得应纳税额的计算公式应为：

应纳税额 = 全年应纳税所得额×适用税率-速算扣除数

表 8-6 综合所得个人所得税税率表（含速算扣除数）

级数	全年应纳税所得额	税率（%）	速算扣除数（元）
1	不超过 36 000 元的	3	0
2	超过 36 000 元至 144 000 元的部分	10	2 520
3	超过 144 000 元至 300 000 元的部分	20	16 920
4	超过 300 000 元至 420 000 元的部分	25	31 920
5	超过 420 000 元至 660 000 元的部分	30	52 920
6	超过 660 000 元至 960 000 元的部分	35	85 920
7	超过 960 000 元的部分	45	181 920

所以，根据税率表，应纳税额 = 117600×10%-2520 = 9240 元。

参考书目

1. 杨紫烜、徐杰主编：《经济法学》，北京大学出版社 2001 年版。

2. 李正华编著：《经济法》，中国人民大学出版社 2002 年版。

3. 刘隆亨：《经济法概论》，北京大学出版社 2002 年版。

4. 刘瑞复：《经济法学原理》，北京大学出版社 2002 年版。

5. 潘静成、刘文华主编：《经济法》，中国人民大学出版社 1999 年版。

6. 许明月主编：《经济法学论点要览》，法律出版社 2000 年版。

7. 吴景明、魏敬淼、张今：《经济法、商法、知识产权法基础课堂笔记》，九州出版社 2004 年版。

8. 朱崇实主编：《经济法》，厦门大学出版社 2002 年版。

9. 刘亚天、李美云编著：《经济法原理与案例解析》，人民法院出版社 2000 年版。

10. 张守文主编：《经济法概论》，北京大学出版社 2005 年版。

11. 李昌麒主编：《经济法学》，中国政法大学出版社 2017 年版。

12. 漆多俊：《经济法基础理论》，法律出版社 2017 年版。

13. 谢慧主编：《经济法》，重庆大学出版社 2020 年版。

14. 崔巍、韩磊主编：《经济法》，北京理工大学出版社 2019 年版。

15. 朱长根、张靖、谢代国主编：《新编经济法教程》，北京理工大学出版社 2020 年版。

16. 仇兆波主编：《经济法》，北京理工大学出版社 2021 年版。

17. 马慧娟、李丹萍主编：《经济法概论》，云南大学出版社 2021 年版。

18. 叶林：《证券法》，中国人民大学出版社 2013 年版。

19. 吴弘主编：《证券法教程》，北京大学出版社 2017 年版。

20. 朱晓娟主编：《中国证券法律制度》，中国民主法制出版社 2019 年版。

21. 李东方主编：《证券法学》，中国政法大学出版社 2021 年版。

22. 刘剑文、熊伟：《财政税收法》，法律出版社 2017 年版。

23. 彭伟主编：《税法》，北京理工大学出版社 2020 年版。